中传博士文库

人工智能时代新闻媒体主流价值引领研究

郭海威 ◎ 著

本书系国家社会科学基金重大项目
"我国新闻传播业人工智能应用现状与发展趋向研究"
（19ZDA327）阶段性成果

中国传媒大学出版社
·北京·

图书在版编目(CIP)数据

人工智能时代新闻媒体主流价值引领研究/郭海威著. -- 北京：中国传媒大学出版社，2024.9.

ISBN 978-7-5657-3782-4

Ⅰ.G229.2

中国国家版本馆CIP数据核字第20240UK145号

人工智能时代新闻媒体主流价值引领研究
RENGONG ZHINENG SHIDAI XINWEN MEITI ZHULIU JIAZHI YINLING YANJIU

著　　者	郭海威
策划编辑	李明远
责任编辑	李水仙
特约编辑	李明远
封面设计	拓美设计
责任印制	李志鹏

出版发行	中国传媒大学出版社		
社　　址	北京市朝阳区定福庄东街1号	邮　编	100024
电　　话	86-10-65450528　65450532	传　真	65779405
网　　址	http://cucp.cuc.edu.cn		
经　　销	全国新华书店		
印　　刷	唐山玺诚印务有限公司		
开　　本	787mm×1092mm　1/16		
印　　张	13.5		
字　　数	256千字		
版　　次	2024年9月第1版		
印　　次	2024年9月第1次印刷		
书　　号	ISBN 978-7-5657-3782-4/G·3782	定　价	65.00元

本社法律顾问：北京嘉润律师事务所　郭建平

序　言

新闻媒体是人类社会发展进程中不可或缺的重要组成部分，扮演着传播、引领和塑造社会价值观念的关键角色。过去几十年里，新闻传播业发生了翻天覆地的变化，从传统的报纸、广播、电视到互联网时代的新闻门户网站、社交媒体平台，再到如今，人工智能、大数据、云计算等技术的应用正在深刻改变着新闻媒体的生态格局。这种变革不仅影响着新闻的传播方式与形式，更深层次地影响社会的信息获取与价值观念塑造。

智能手机的普及、社交媒体的兴起、人工智能技术的应用等因素，使信息传播的速度、模式得到前所未有的改变，并且带来了海量、碎片化的信息洪流。在这个信息过载的时代，舆论场存在诸多不确定性、不稳定性，人们的注意力成为稀缺资源，而新闻媒体如何在流量竞争激烈的信息市场中脱颖而出，以及如何塑造和引领主流价值观念，是一项必要且重要的时代课题。这本书正是聚焦这一主题，进行了系统性的研究分析。

作者自2019年即开始追踪关注智能传播相关议题，并陆续产出一批学术成果，其对新闻传播领域相关前沿课题表现出较强学术敏感性和前瞻性。在成书过程中，依托国家社科基金重大项目"我国新闻传播业人工智能应用现状及发展趋向研究"以及其他相关课题，作者本人开展和参与多项实地调研工作，收集了丰富的一手资料，为研究推进奠定了扎实基础。从内容来看，这本书通过梳理相关理论、研究现状与案例分析，深入剖析了智媒时代新闻媒体对主流价值传播的影响机制与路径，揭示了其对社会文化、政治经济和个体认知的影响。同时，这本书从跨学科的视角出发，结合新闻学、传播学、社会学、心理学等多个学科的研究成果，为我们呈现出一个全景式研究框架和理论体系。

书中对政策、人才、内容、用户、技术等方面的策略提案，或将为相关各方推进人工智能在新闻传播业的应用、将主流价值融入新闻传播全流程等提供学术意见和参考依托。书中对于全面提升主流价值引领力的相关结论及建议，既是对中央决策部署的积极响应，又初步厘清和指明了新闻媒体数智化发展的目标定位。以主流价值为引领，人工智能技术在新闻媒体中的应用不仅不会取代人类智能导致技术失控，反而会成为助力国家和社会高效治理的有力工具。

于我个人而言，多年来专注于传媒人才培养和媒体发展研究，深感新闻媒体主流价值传播与引领的意义重大。新闻媒体不仅仅是信息生产与传递者，更是社会主流价值的培育者、守护者与引导者，在复杂多变的信息环境中，如何保持好新闻媒体的专业性与公信力，如何正确引导公众获取信息、形成正确价值观念？如何平衡好媒体的社会责任与商业利益？如何在新形势下培养复合型新闻传播人才？这本书尝试对这些问题做了相应解读与分析，为新闻媒体从业者及相关研究人员提供了一份有一定参考价值的学术资料，希望能够为关注我国新闻媒体发展的各界同仁带来新的思考路径。

王晓红

2024 年 6 月 7 日

于媒体融合与传播国家重点实验室（中国传媒大学）

目　录

第一章　人工智能环境下新闻媒体主流价值传播的理论基底　/ 1
　　第一节　新闻媒体主流价值引领研究的背景及意义　/ 2
　　第二节　主流价值的相关概念辨析　/ 8
　　第三节　人工智能应用于新闻媒体的理论基础　/ 12
　　第四节　人工智能应用于新闻媒体的研究现状　/ 17

第二章　人工智能技术推动新闻媒体主流价值传播变革重构　/ 34
　　第一节　人工智能技术推动新媒体变革创新　/ 34
　　第二节　智媒时代新闻媒体的发展逻辑　/ 36
　　第三节　智媒时代新闻媒体主流价值传播体系重塑　/ 44
　　第四节　智媒时代新闻媒体主流价值引领的内在机理　/ 49

第三章　万物皆媒环境下的新闻媒体价值共创　/ 55
　　第一节　新闻媒体价值共创的内涵与模型构建　/ 55
　　第二节　新闻媒体价值共创的必要性与迫切性　/ 59
　　第三节　新闻媒体价值共创的实现模式　/ 66

第四章　新闻媒体主流价值引领的创新实践　/ 74
　　第一节　新型主流媒体主流价值引领的思路与模式　/ 74
　　第二节　智能视听新生态下主流价值传播的转型与创新　/ 83

第三节　社会价值视域下短视频内容生产及其优化　/ 93

第四节　"一带一路"影像传播与中国国家形象建构　/ 97

第五节　跨文化传播视域下中国叙事体系的现代转型与创新构建　/ 107

第五章　人工智能环境下新闻媒体的舆论引导　/ 115

第一节　我国新闻媒体的网络舆论引导能力　/ 115

第二节　全媒体时代塑造主流舆论新格局的探索　/ 126

第三节　我国运用新媒体拓展国际话语权的难点与思考　/ 133

第四节　智媒时代主流媒体在信息战中的发声实践　/ 140

第六章　主流价值传播的历史方位与发展趋向　/ 146

第一节　主流价值传播环境分析　/ 146

第二节　主流价值传播面临的机遇与挑战　/ 151

第三节　我国网络空间治理整体态势　/ 156

第四节　主流价值传播的未来发展趋向　/ 163

第七章　全面提升主流价值引领力的观念与对策　/ 168

第一节　全面提升主流价值引领力的基本原则　/ 168

第二节　全面提升主流价值引领力的重要任务　/ 173

第三节　全面提升主流价值引领力的方法策略　/ 177

第八章　新闻媒体主流价值引领的当下与未来　/ 183

第一节　主流价值传播探讨的逻辑理路　/ 183

第二节　主流价值传播的阶段性演进　/ 185

第三节　强化主流价值引领的未来展望　/ 189

附录一　/ 190

附录二　/ 195

参考文献　/ 196

后记　/ 207

第一章

人工智能环境下新闻媒体主流价值传播的理论基底

作为新一轮科技革命和产业变革的重要驱动力量，人工智能技术是当今世界科技领域具有重要代表性的前沿课题，它在全球作为战略性技术，给经济发展、社会进步、全球治理等方面都带来了重大而深远的影响。智媒时代，人工智能技术的广泛应用与深度嵌入为信息传播领域的发展与变革带来不竭动力。随着人工智能技术的迅速升级，信息传播渠道、手段、形态等越发丰富多元，信息生产与传播机制、传播效果等不断发生调整与变革。在新一轮科技革命和产业变革的有力驱动下，新闻媒体如何有效把握时代机遇，继续引领主流价值，不断扩大主流价值的影响力版图，成为不可回避的重要议题。

面对新形势、新任务、新要求，我国新闻媒体要实现主流价值的持续有力引领，人工智能技术既是机遇，又是挑战。一方面，基于人工智能、大数据、云计算等技术的信息传播系统致力于为人民群众提供多领域、多层次、多面向的信息内容，信息内容的智能推荐机制将更加有效地实现传播的精准化、个性化；与此同时，借助人工智能技术，信息传播的互动形式更加丰富多样，更能满足多元用户的信息接收习惯与需求，使得主流价值的传播舞台更加广阔。另一方面，在信息传播的智能化变革大潮中，如何探索打造一批具有品牌影响力的主流媒体，打造"第一信源"和掌握"第一解释权"；如何引导民众运用新技术、新语态、新形式正确表达观点；如何及时有效回应社会关切；如何适应智媒时代网络空间中的多元文化，贴近民众，将主流价值以人民群众喜闻乐见的方式进行表达；如何预测技术发展在可见的未来给主流价值引领带来的诸多新挑战……这些问题都亟待深入思考，需要我们探寻行之有效的解决方案。

第一节 新闻媒体主流价值引领研究的背景及意义

一、研究缘起

舆论引导工作一直是党和国家高度重视的工作。面对人工智能技术的发展,习近平总书记强调,我们要增强紧迫感和使命感,推动关键核心技术自主创新不断实现突破,探索将人工智能运用在新闻采集、生产、分发、接收、反馈中,用主流价值导向驾驭"算法",全面提高舆论引导能力。[①] 本书紧紧围绕全面提高舆论引导能力这一重要课题展开研究,力图探索人工智能时代新闻媒体主流价值引领的现状、方向与路径。具体而言,研究的出发点包括以下三个方面。

第一,技术要素层面,人工智能技术应用的透明度有待提高。

人工智能技术的固有属性为它的发展轨迹、应用图景埋下伏笔。剖析人工智能技术在新闻传播各环节的应用原理,研究人工智能技术如何重塑新闻传播业态,提高人工智能技术应用的透明度,从而实现我们对人工智能技术的理解、应用、控制,这有利于我们看清技术应用背后的逻辑,为研究人工智能助力主流价值引领提供支撑。同时,人工智能技术以各种方式渗透到新闻传播领域的各个环节,应用方式日新月异,并不断实现新突破。虽然这些应用在一定程度上解决了行业内的痛点,但是真正的应用程度、应用效果需要我们摸清,我们需要对技术的应用进行客观的判断和理性的反思。

第二,理论研究层面,舆论引导的理论亟待优化与丰富。

智媒时代,人工智能的广泛嵌入与深度应用无疑加速了信息爆炸,万物皆媒、人人皆媒导致信息数量呈指数级增长,舆论引导的受力面持续变大,舆论引导力很容易被海量信息稀释。大数据将人标签化,算法推荐使个人兴趣和取舍被放大,智能生产使得传播呈现定制化、个性化趋势,千人一面的舆论引导的方法和手段难以适应个性化传播的现实局面,这给智媒时代的全面舆论引导带来了新问题和新挑战,学界亟须适应新场景、新形势的舆论引导理论。

第三,现实应用层面,我国主流媒体承担了坚守主流权威、弘扬社会价值的重要职责,其成败关系着国家发展、社会进步。

---

① 习近平. 加快推动媒体融合发展 构建全媒体传播格局[J]. 求是,2019(6):4-8.

智媒时代,我国主流媒体如何实现主流价值全面引领,是不可回避的问题。当前,从中央到地方,一批具有强大影响力、竞争力的新型主流媒体逐渐成型,人工智能赋能下的新闻生产新系统正在形成,但部分媒体对人工智能技术的应用还停留在初级层面,距离达到媒体与人工智能深度融合还很远。

二、研究价值

(一)学术价值

多学科协同丰富研究视角。本书以新闻学、传播学的研究视角为基础,并有机结合政治学、社会学、伦理学等学科的理论体系,力图突破现有智能媒体研究的窠臼,从跨学科、系统论的视角进一步完善新闻传播业人工智能应用的理论体系。

产学结合使理论研究更贴合实际。本书基于对人工智能在新闻传播领域应用的系统、深入、切实的调研,从实践中总结规律,建构理论,从而更深刻分析新闻传播业人工智能应用所面临的根源性问题与挑战。

(二)应用价值

解析问题,指导实践。本书尝试厘清新闻传播业人工智能应用的基本生态版图,阐释技术应用过程中的新问题和新现象。人工智能技术应用背景下的新闻传播业态重构研究,将为我国今后新型主流媒体建设提供可靠借鉴,也为相关政策、规划的制定提供科学的理论参考。

建构中国特色逻辑范式。本书从社会治理的视角为新闻传播业人工智能应用提供切实有效的策略及依据,总结和提出当前新闻传播业人工智能应用的中国生态、中国模式,为构建新闻传播业发展新格局、提升智媒时代新闻媒体的主流价值引领力提供参考。

(三)社会价值

服务国家整体战略。本书服务党和国家关于媒体融合、新一轮科技革命、产业转型升级、社会治理、舆论引导等方面的一系列重大战略,为国家在人工智能领域的整体布局提供参考。

更好服务用户需求。本书聚焦于人工智能技术如何更好地嵌入新闻传播领域,为用户提供更为多元、更为精准、更为有效的综合性信息服务,以更好满足用户的个性化、差异化需求，继而更好地服务于新闻媒体的主流价值引领。

提供主流价值引领解决方案。本书详细剖析了人工智能技术如何重塑新闻传播业态，以及它在新闻媒体主流价值引领中承担何种角色，分析新时代背景下主流价值引领的新要求，从而找寻提升新闻媒体主流价值引领力的具体方案。

三、研究方法

（一）案例分析法

本书分类梳理分析我国近年来有社会影响力的主流价值传播成果，基于实地调研和深度访谈，对具有代表性的新闻媒体的智能化建设实践以及主流价值传播实践进行系统性考察，试图在具体创新实践案例的研究中发掘具有较高参考性的思维模式，为制定可行性解决方案提供借鉴。

本书主要对人民日报社、新华社的智能化建设实践进行针对性和深入性考察。依托现有文件、档案、访谈、媒体产品等获取分析资料，通过对人民日报社、新华社两家新闻媒体在智能化建设过程中开展主流价值引领的创新实践进行研究，厘清人民日报社在主流算法主导下的智能媒体建设布局及其探索主流价值引领的思维逻辑，梳理与分析新华社智能媒体建设实践的基本模式及其进行主流价值引领的策略与思路。基于此，本书力图为智媒时代我国新闻媒体主流价值引领提供借鉴经验，为探索更加科学合理的主流价值引领的现实方案提供参考。

（二）深度访谈法

笔者对涉及主流价值传播的职能部门、主要媒体、参与主体进行深度访谈，深入了解主流价值引领的现状；笔者对研究人工智能等前沿技术的专家进行访谈，了解技术发展趋势及运用的可能性，从而保证研究结论的价值及长效性。

一方面，依托国家社科基金重大项目"我国新闻传播业人工智能应用现状及发展趋向研究"及互联网内容建设等相关研究课题，笔者深度参与了赴中央网信办、内蒙古自治区党委网信办、新华网、中国旅游报社、内蒙古日报社、字节跳动、腾讯等单位的调研座谈，获得丰富的调研资料。另一方面，围绕研究主题，笔者有针对性地对来自网信部门及宣传部门的领导干部、高校及科研院所的专家学者、媒体及商业平台的从业者进行深度访谈，进一步充实了研究内容，形成有力支撑。

表1-1为访谈对象信息登记表。

表1-1 访谈对象信息登记表

编号	访谈对象	身份	所在城市	学历
1	张先生	网信工作者	北京	研究生
2	陈先生	网信工作者	北京	研究生
3	李女士	网信工作者	呼和浩特	研究生
4	杜先生	网信工作者	呼和浩特	研究生
5	冯先生	网信工作者	呼和浩特	大学本科
6	沈先生	网信工作者	呼和浩特	大学本科
7	田先生	网信工作者	呼和浩特	大学本科
8	王女士	媒体从业者	北京	研究生
9	徐先生	媒体从业者	北京	研究生
10	金女士	媒体从业者	北京	研究生
11	徐女士	媒体从业者	北京	研究生
12	杨女士	媒体从业者	北京	研究生
13	卢女士	媒体从业者	北京	大学本科
14	陈女士	媒体从业者	北京	研究生
15	程女士	媒体从业者	北京	研究生
16	班先生	媒体从业者	北京	研究生
17	阎女士	媒体从业者	郑州	研究生
18	荣先生	媒体从业者	呼和浩特	大学本科
19	吴先生	媒体从业者	呼和浩特	大学本科
20	吴先生	科研人员	北京	研究生
21	任先生	科研人员	北京	研究生
22	杜先生	科研人员	北京	研究生
23	罗先生	科研人员	北京	研究生
24	秦先生	科研人员	北京	研究生
25	付先生	科研人员	北京	研究生
26	陈先生	科研人员	北京	研究生
27	张先生	技术研发人员	北京	研究生
28	沈先生	技术研发人员	北京	研究生
29	王先生	技术研发人员	北京	研究生
30	于先生	技术研发人员	成都	大学本科
31	胡先生	技术研发人员	广州	研究生
32	刘先生	技术研发人员	上海	研究生

(三)问卷调查法

本研究主要通过网络渠道发放与回收"智媒时代新闻媒体主流价值传播调查问

卷"。本研究在分析已有文献资料的基础上,结合对相关专家学者的前期访谈,完成了调查问卷初稿,经过预调查及专家反馈,笔者对问卷问题设置等进行调整,从而获得最终的调查问卷。该调查共回收有效问卷1,110份。在对所获取样本进行综合性分析时,本研究对样本数据进行了信度检验,各主要变量的克朗巴赫系数均在0.8以上,这表明所获取数据在可靠性和一致性方面具有较高水平。

调查问卷所获得样本的具体分布情况如表1-2所示。

表1-2 调查问卷样本分布情况

题项	分类	样本数量(个)	百分比
性别	男	436	39.28%
	女	674	60.72%
年龄	19岁及以下	25	2.25%
	20-29岁	646	58.20%
	30-39岁	239	21.53%
	40-49岁	120	10.81%
	50-59岁	69	6.22%
	60岁及以上	11	0.99%
学历	初中及以下	14	1.26%
	高中/中专/技校	17	1.53%
	大专	29	2.61%
	大学本科	629	56.67%
	硕士及以上	421	37.93%
居住地	一线城市	663	59.73%
	新一线城市	254	22.88%
	二线城市	89	8.02%
	三线及以下城市	74	6.67%
	乡镇及农村	30	2.70%

四、研究的创新性

(一)问题选择的创新

1. 研究人工智能环境下如何全面提升舆论引导力

习近平总书记用全程媒体、全息媒体、全员媒体、全效媒体四个层次对媒体发展进行了深刻阐释。① 其中,全效媒体的提出,强调了在复杂媒体环境下,全面提升舆论引导力的重要性。媒介新技术常常给新闻媒体的舆论引导带来挑战,本书致力于实现对这一问题研究的突破,具有一定的创新性。

2. 力求对人工智能在新闻传播业的应用趋势进行科学判断

中国是技术应用大国,庞大的人口基数和快速的经济发展,可以使一种媒介技术迅速到达引爆点。媒介技术的创新和迭代已经成为常态,理论研究以及监管的滞后不利于媒介技术的发展。因此,对媒介技术发展趋势的合理预判显得紧迫而重要。本书用前瞻的眼光对现实进行审视与研究,用科学的方法、合理的推导和严谨的论证,对人工智能在新闻传播业的应用趋势做出预判。

(二)学术观点的创新

在学术观点上,本书基于现实研究和理论反思,对主流价值传播与引领的基础理论展开研究,探索万物皆媒环境下社会价值共创的机遇与可能性,并基于实际调研发掘主流媒体价值引领的创新实践,立足当前主流价值传播的历史方位,剖析其未来可能的发展方向及趋势,继而提出全面提升主流价值引领力的对策与路径。整体来看,本书围绕党和国家的需求,创新性地探索和提出智媒时代全面价值引领的方法论。

本书提出,人工智能环境下我国新闻媒体的主流价值引领可以用赋能、表征、迷思、异化、祛魅加以概括,这五个关键词既体现了主流价值实现传播与引领,又体现了主流价值传播循序渐进并最终实现价值引领的完整过程。

(三)研究方法的创新

1. 协同联动的跨界视角

有效实现政府、学界与业界的协同联动是本研究的一大创新。在政府部门及社会组织方面,本研究依托相关课题,从中央网信办、内蒙古自治区党委网信办、中国网络社会组织联合会、内蒙古互联网行业联合会等部门和组织获得丰富的资料;在学界,本研究依托中国传媒大学、中国社会科学院大学、对外经济贸易大学、宁夏大学、中国社会科学院新闻与传播研究所、北京市科学技术研究院等单位展开联合研究,有效实现观点碰撞与激发;在业界,笔者基于对新华网、字节跳动、腾讯、美团等单位相关技术研发人员的深度访谈,拓宽研究的技术视野。通过跨界协同联动,保证研究执行过程中

---

① 习近平. 加快推动媒体融合发展 构建全媒体传播格局[J]. 求是,2019(6):4-8.

政产学研用的有机协作、国内国际视野的兼具、理论与实践的紧密结合。

2. 共时性的研究方法

本研究对我国新闻传播业的人工智能应用进行动态追踪,笔者对新闻媒体的智能化进程保持积极关注,不断获取一手材料,通过这种紧密跟踪、深度参与、及时反思,确立研究的共时性,提高研究对现实的指导意义和应用价值。

第二节 主流价值的相关概念辨析

一、价值的概念阐释

从现有研究来看,国内外学者针对价值的定义进行了多种解释,其中存在诸多分歧。有研究指出,从词源分析,"价值"这一词语来源于古代梵文与拉丁文,究其本义而言,其意义丰富且指涉广泛。我们大致可以将"价值"理解为受到重视、令人珍惜等,它后来逐渐演化为对人有保护、维护等作用的含义。在不断发展过程中,"价值"一词的内涵也变得更加丰富,而人们对这一词语意义的辩论也由来已久,不同视角、不同领域对价值的理解表现出显著差异。①

西方学者中,毕达哥拉斯、亚里士多德、伊壁鸠鲁、马克思等都就价值的定义进行过阐释。在柏拉图看来,价值是理性思考所体现出的内容,其体现的是个体或群体所赞同的态度取向,其中包含了对事物的肯定与认可。亚里士多德与伊壁鸠鲁对价值的看法相近。亚里士多德提出,价值体现的是人的兴趣,以及事物所想要达到的目的,而伊壁鸠鲁则提出价值的最终体现是快乐。另有其他学者也对价值的概念做了讨论,大致涉及主观、客观、情绪、使用、存在主义等方面的价值,众说纷纭,这甚至使一些价值论专家都陷入迷惑。索罗金认为,人们对价值概念产生争议的关键原因是这种分析建立在虚无的内容之上。马克思从主体与客体二者相互关系的视角对价值问题进行了分析,为后续研究提供了参考。马克思提出,价值的概念源于人们对待满足其需求的外部事物的关系中。②

国内的多位学者也就价值问题做了深入探究。李德顺认为,价值体现的是主体对

---

① 巨乃岐,王建军. 究竟什么是价值:价值概念的广义解读[J]. 天中学刊,2009(1):43-48.
② 马克思恩格斯全集:第19卷[M]. 北京:人民出版社,1960:406.

客体的需要,其体现在客体的存在与变化能够满足主体的某种需求。[1] 袁贵仁提出,价值所体现的是客体对于主体而言所表现出的积极意义或者消极意义。[2] 阮青认为,价值的内涵在于人的生存、发展等各类活动所体现出的意义。[3] 李剑锋提出,价值所体现的是客体之于主体所呈现出的功能与意义。[4] 赵守运则认为,主体对于客体的改造成果,就是价值的体现。[5] 李连科则是从主客体之间的关系视角对价值进行了定义阐释。[6] 王玉樑从客体所体现出的正负效应角度对价值的内涵进行了解释。[7] 总体来说,国内学者从需求、意义、功能、劳动、关系、效应等视角对价值的定义进行了具体分析和研究。

综合国内外研究可以发现,针对价值定义的探讨主要包括三个视角,即主观价值、客观价值与关系价值。

对于某一事物是否具有价值,普遍的权衡标准是这一事物能否满足人的某种需求,通俗而言就是该事物是否有用,但价值的大小及有无,不仅与事物的功能有关,也与人们的主观情感、需要等有重要关系。价值的体现,需要主体、客体相互作用,二者缺一不可。因此,本研究认为,价值就是客体对于主体需求的满足程度,主客体二者之间的相互关系与相互作用影响着价值的发挥。

在认知价值定义的基础上,可以发现,价值时刻存在于日常生产生活实践中,基于实践,人们逐渐形成一定的价值观念。价值观念是人们对客观世界所表现出来的一种相对稳定的看法和态度,价值观念形成于实践中,又不断作用于实践,在此过程中价值观念不断自我更新。

价值与价值观念二者相互联系。价值观念反映的是一定的价值关系,而价值关系体现的是特定的价值观念,价值观念所表达的是人们对某一事物所蕴含的价值的评价性态度,或赞成或反对,价值观念是对价值关系的具体说明。具体而言,价值关系体现出一定的相互性,而价值观念则体现出一定的指向性、确定性和具体性。

与价值观念不同,价值观表现出一定的抽象性、概括性,且相比价值观念更为宏观,可以将其视为价值观念的集合。价值观与人生观、世界观等相对应,其所表现的是对各类现象和事物的系统性、一致性的态度和观点取向。

综上所述,本书认为,价值观更具抽象性,既是所有价值关系的综合性体现,又是

---

[1] 李德顺. 价值论[M]. 2版. 北京:中国人民大学出版社,2007:79.
[2] 袁贵仁. 价值与认识[J]. 北京师范大学学报,1985(3):47-57.
[3] 阮青. 价值哲学[M]. 北京:中共中央党校出版社,2004:13.
[4] 李剑锋. 价值:客体主体化后的功能和属性[M]. 西安:陕西师范大学出版社,1988:11.
[5] 赵守运,邵希梅. 现行哲学价值范畴质疑[J]. 哲学动态,1991(1):24-26.
[6] 李连科. 哲学价值论[M]. 北京:中国人民大学出版社,1991:62.
[7] 王玉樑. 价值哲学新探[M]. 西安:陕西人民教育出版社,1993:140.

价值观念的集合,价值观往往通过具体的价值观念进行表达。

二、主流价值的概念阐释

主流价值观是对大多数的社会成员普遍认可的价值取向的抽象统一,体现的是社会成员对共同价值观的普遍认可与接受。① 主流价值观主要表现出以下特点。一方面,主流价值观具有普遍认可性,作为主流价值观,其关键在于能够被多数社会成员遵从与认可。基于此,主流价值观必然是社会成员的多种价值观的公约化体现,既体现出一定的包容性,又体现出一定的普遍性,是社会多元价值观的汇集,能够在最大限度上凝聚社会共识。另一方面,主流价值观又表现出一定的层次性和系统性,主流价值观的形成,取决于社会中的主流意识形态。社会中的主流意识形态是主流价值观得以形成和获得认可的基础,面对庞杂的社会结构体系,主流价值观并非一纸条文,它更多代表的是一种社会价值标准。对于不同社会群体而言,主流价值观的表现并非完全一致,但整体都建立在共同的价值取向之上,且以社会主流意识形态为基本方向。②

具体到主导价值观,它是指在社会中占据主导地位的价值观,通常也被理解为官方倡导的价值观。这种价值观体现的是政府主导的价值取向,在不同国家体制下通常有不同体现。主导价值观主要是指政府倡导社会民众切实遵循的价值观,其更多表现为社会规范或行为准则,告诫人们什么可为、什么不可为,主流价值观则是指社会民众自发形成的相对统一的价值取向,其形成具有一定的自组织性。

不同于主流价值观和主导价值观,核心价值观是一个社会中价值取向的核心体现,其通常是社会精神文化理论体系的核心组成部分。核心价值观是社会价值体系的基石,是国家、民族、社会以及个体所坚守的根本价值,也是社会价值取向的重要标志。社会的核心价值观具有强烈的基础性、指引性,是社会成员普遍奉行和信仰的根本价值准则,它引领社会精神文化发展,是精神文化健康发展的驱动力。

综合上述分析可知,主流价值观、主导价值观、核心价值观体现的是不同维度的价值取向,其各自的侧重点有所不同,主流价值观被社会民众普遍认可和奉行,主导价值观强调的是官方占据主导地位,而核心价值观则体现出一定的统领性和基础性、指引性,三种价值观相互联系,共同作用于社会观念引领。③

---

① 臧志彭,解学芳. 人工智能时代文化产业主流价值传播:重塑与建构[J]. 毛泽东邓小平理论研究,2019(4): 48-54,108-109.
② 龙耘,袁肖琨. 智媒时代的主流价值引领:内涵、挑战及策略[J]. 新闻与写作,2020(12):40-46.
③ 刘勇. 当代中国主流价值观话语权的思想溯源与现实建构[D]. 合肥:安徽大学,2017:18.

本书认为，主流价值是在某一特定社会环境下，大多数社会成员共同认可、遵从或信仰的价值取向，是主流价值观、主导价值观、核心价值观的有机统一，对社会大众具有较强的凝聚力和引领力。

三、新时代中国主流价值

新中国成立至改革开放之前，我国实行计划经济，在这一时期，计划经济的时代背景在一定程度上决定和影响着当时的社会主流价值。党的十一届三中全会之后，我国开始实行改革开放，并逐渐进入社会主义市场经济时期。社会主义建设的新时期开启后，改革开放成为我国社会主流价值新的社会背景。这两个阶段的社会主流价值虽然都是社会主义主流价值，但是由于经济体制等时代背景的不同，主流价值的具体含义与指向不尽相同。

党的十八大以来，中国特色社会主义进入新时代，这一时期的社会主流价值较前两个阶段又有了新的内涵。在新时代背景下，我国的经济基础、社会环境、社会结构等各方面都在不断发生新变化，呈现出新特征。我国社会主要矛盾也发生了变化，人民日益增长的美好生活需要和不平衡不充分的发展之间的矛盾成为我国社会主要矛盾，由此，我国主流价值的内涵更加丰富，外延也得到一定拓展。新时代中国主流价值是符合当前阶段我国民众基本价值诉求和发展需要的价值观，与此同时，它表现出显著的层次性。社会主义核心价值观是凝聚人心、汇聚民力的强大力量。新时代以来，从将"倡导社会主义核心价值观"写入宪法，到印发《关于培育和践行社会主义核心价值观的意见》等指导性文件，再到在全社会范围内组织开展评优树先、学雷锋志愿服务等活动，我国社会主义核心价值观建设深入推进。①

在新时代背景下，我国主流价值呈现出以下突出特征。

第一，新时代主流价值体现出显著的时代性特征。从我国主流价值的演进来看，不同的发展阶段，主流价值的内涵与外延也不尽相同。主流价值是体现某一社会发展阶段社会民众普遍认同和奉行的观念、态度等的集合，是广泛信仰和践行的价值取向。当前，我国现代化建设新征程已然开启，我国正处于"两个一百年"奋斗目标的历史交汇期，我国经济社会发展面临着新的发展目标、发展任务。要实现新目标、完成新任务，满足人民群众对美好生活的需要，新时代中国主流价值也应与时俱进。

第二，新时代主流价值体现出强大的引领性特征。主流价值是社会中具有统领性

---

① 凝魂聚气、强基固本的基础工程[N].人民日报,2024-02-01(5).

的价值观,表现出一定的大众性、集中性和归一性。与此同时,它还具有一定的层次性。在新时代背景下,我国社会主流价值表现出较以往更为强大的引导性,这一特征可以从近年来多个重大时间节点、重大事件、重大战略实施中体现出来。新时代中国主流价值表现出强大的号召力、行动力和引领力。

第三,新时代主流价值体现出鲜明的前瞻性特征。随着我国各领域不断发展向前,发展视野更加广阔,新时代中国主流价值立足当下,并在统筹国内国际两个大局的同时,倡导瞄准前沿、面向世界的新理念。全民参与、协同合作是新时代背景下主流价值的重要价值取向,这一点可以从国家治理、社会治理等方面得到验证。面向未来的发展理念正在渗透至经济社会发展的各个领域和环节,这对于实现新发展目标、满足新发展需求、解决新发展问题、探索新发展模式等具有重要促进意义。

第三节 人工智能应用于新闻媒体的理论基础

人工智能应用为新闻媒体变革提供了技术支持,要进一步探究技术发展与新闻媒体之间的关系,需要我们从理论视角进行剖析,从而更加深刻地认识技术发展与新闻媒体变革之间的作用机制。与此同时,从理论视角分析人工智能在新闻媒体中的应用,可以为考察智媒时代新闻媒体主流价值引领提供理论基础与支撑。

一、媒介环境学视角下的新闻媒体人工智能应用

媒介环境学关注媒介及其构成的环境给人带来的影响,媒介环境学的多位学者就媒介发展及其属性提出多个概念,这成为后期媒介环境研究的重要理论基础。

麦克卢汉提出,媒介是人的延伸,它能够在潜移默化中改变人的感官平衡。[①] 在此视角下,报纸是对人视觉的延伸,广播是对人听觉的延伸,电视是对人视觉和听觉的综合延伸。随着人工智能技术在新闻媒体中的广泛应用,各种媒体平台、形式等也成了人的延伸,借助大数据、云计算、传感器、虚拟现实、语音交互等技术,智能媒体一定程度上实现了对人体感官的全方位延伸,人体感官的丰富性进一步提升,基于人工智能的富媒体形式能够集人的视觉、听觉、触觉等多种感觉于一体,让用户感觉自己在面对面地进行交流,由此为用户构筑了一个超真实的信息消费环境。

---

① 麦克卢汉. 理解媒介:论人的延伸[M]. 何道宽,译. 北京:商务印书馆,2000:33.

莱文森提出媒介进化的三种趋势,包括人性化趋势、补偿性媒介趋势和媒介软决定论。①

其中,人性化趋势与麦克卢汉提出的"媒介是人的延伸"一脉相承,媒介发展的人性化趋势即媒介向着能够更好满足人的需求、更贴近人的使用习惯的方向演进。② 这种人性化趋势追求的是人体感官的平衡,因为在以往的传播环境中,由于不同媒介往往体现出对不同感官的延伸,一些感官得到延伸与丰富,另一些感官则被忽视,这导致人体感官延伸的失衡。然而,人工智能在新闻传播领域的应用正在逐渐消除这一感官失衡的现象,人工智能应用能够在一定程度上实现对人体各种感官的延伸,人体感官的丰富性得到有效还原,信息传播逐渐与面对面的交往情境相契合,人类社会传播"重回部落时代"。目前来看,由于一些技术应用尚不完全成熟,人工智能在具体应用过程中并未能够完全实现对人体感觉的充分还原,但在人性化发展趋势下,这种发展不足与不充分或将在不久的将来得以补足,新闻媒体将为人们提供更具深度的全息体验,从而也给主流价值传播与引领带来一定积极意义。

补偿性媒介趋势是指在媒介发展过程中,一种新媒介会补足上一阶段媒介的短板,但又会出现新的问题。人工智能在新闻媒体中的应用在一定程度上解决了以往媒体所存在的问题。③ 从媒介内容视野来看,人工智能有效拓展了新闻媒体的内容边界,信息采集、信息挖掘、内容生产、内容分发、用户体验等都不断实现跨越式升级,在一定程度上解决了以往媒体环境下的技术局限、人力局限等问题,新闻内容的丰富性得到显著提升,新闻传播渠道与边界得到拓展,用户体验得以优化升级,全场景、全息传播成为可能,新闻传播业态重构得以有效推动。虽然人工智能应用能够实现对已有新闻媒体短板的补足,但人工智能在新闻传播领域的应用也暴露出诸多问题。如人工智能所标榜的"技术中立"通常只是一种伪命题,算法无论是在设计之初还是在具体使用过程中,都有偏见或歧视问题的存在,难以真正做到技术中立。这对于主流价值传播与引领无疑是一大挑战。另外,在人工智能实现高效传播、精准传播过程中,信息茧房效应、数字鸿沟效应也不断凸显,容易导致观点极化、舆论纷争、社会不公等问题,亦须引起重视。由于算法对信息的鉴别能力有待提升,人工智能新闻中不时有假新闻出现,人工智能技术对于信息的识别度不够,容易使不良信息在网络中大肆扩散,产生

---

① 莱文森. 软利器:信息革命的自然历史和未来[M]. 何道宽,译. 上海:复旦大学出版社,2011:31,33,119.
② 王瑜. 保罗·莱文森媒介思想研究[D]. 大连:大连理工大学,2019:38.
③ 程明,程阳. 论智能媒体的演进逻辑及未来发展:基于补偿性媒介理论视角[J]. 现代传播(中国传媒大学学报),2020(9):1-5.

不良影响,对主流价值造成冲击。①

受访者杜先生认为:"智媒时代的到来,对于主流价值传播而言,有促进意义。但它也给大数据支撑的精准分发、推荐等带来挑战,让我们看到更多短板,比如说网络理论宣传弱势、主流媒体未完全发挥自身能力、新闻传播人才培养的针对性不强、政务新媒体的阵地建设弱势、风险预警与防范不足等。"

在对人工智能新闻的信任度调查中,有超过半数的受访者表示非常信任或比较信任人工智能新闻,同时也有超过五分之一的受访者表示不信任或不太信任人工智能新闻,如图1-1所示。人工智能新闻的来源、发布平台以及是否有精确信息等直接影响用户对人工智能新闻的信任度。

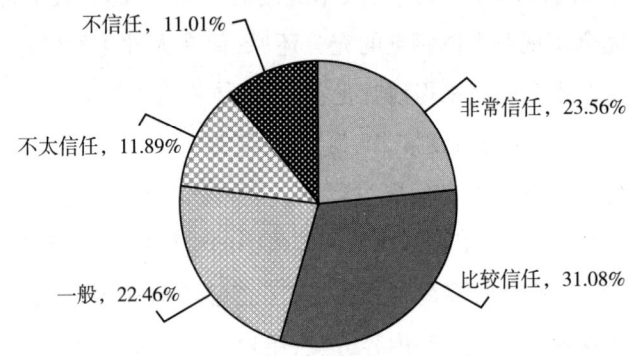

图1-1 对人工智能新闻的信任度调查

(数据来源:智媒时代新闻媒体主流价值传播调查问卷,N=1110)

媒介软决定论主要是指媒介不能够直接决定事件的发生,但能够为事件的发生提供可能。作为重要的信息传播中介与渠道,媒介必然会对社会发展产生重要影响。如媒介技术能够影响人的思维模式,媒介所建构的拟态环境能够影响人们观察客观世界的方式,同时也影响着人们对客观世界的具体态度、看法等。在以往媒介环境下,媒介对人和世界的影响已经较为凸显,对于经济社会发展、国际格局等都产生了巨大影响。随着人工智能在新闻传播领域的深度嵌入,由人工智能驱动或主导的新闻媒体正在全方位、多层次地对世界进行重塑,改变着经济社会发展模式和人们的思考方式,但人们对人工智能技术的影响力大小这一议题仍然存在较大争议。总而言之,人工智能为新闻媒体的发展变革提供了更多想象空间,继而直接或间接作用于用户等其他主体,使得经济社会发展面临诸多机遇与挑战。

---

① 刘海明,付莎莎. 技术的界碑:人工智能对新闻真实的伦理挑战[J]. 现代传播(中国传媒大学学报),2019(9):76-81.

在媒介环境学视野下,新闻媒体中的人工智能应用有力实现了对人体感官的延伸,进一步丰富了人的感觉系统,助力实现人的感官平衡,使得新闻媒体的发展逐渐呈现出更加人性化的趋势,人工智能应用为新闻传播业以及其他相关领域等各类主体提供了更多发展空间和参与可能。整体而言,人工智能有助于新闻媒体发展不断向好。在人工智能应用于新闻媒体过程中,虽然人工智能能够助力传播格局转型重塑、实现人的自主创新发展,但它可能引发的负面效应同样需要重视。推进人工智能技术的正向驱动作用得到充分发挥,并防范其可能带来的各种安全风险,对于新闻媒体的主流价值传播与引领的实际效果具有重要影响。

二、结构功能主义视角下的新闻媒体人工智能应用

结构功能主义亦被称为功能主义,该理论提出者将社会视为由多个部件或系统构成的复杂系统。各个子系统在总体系统中协调运行,共同致力于维持社会稳定和可持续发展。帕森斯提出,在结构功能主义范式下,社会总系统中的各子系统均具有独立完善的功能体系,在确保子系统能够正常运行的基础上,作为社会总系统的组成部分,推动总系统不断发展向前。[1]

在帕森斯看来,社会总系统的各子系统遵循一种基本的动态运行模式,即 AGIL 模式。[2] A 表示 adaption,是指对系统环境的适应能力;G 表示 goal attainment,是指系统对目标的达成;I 表示 integration,是指对系统内外资源的整合能力;L 表示 latency pattern maintenance,是指对潜在模式的维持能力。AGIL 模式为各子系统的分析提供了基础框架。

在传统媒体环境下,我们可以用 AGIL 模式来分析媒体系统的运行模式。从适应能力来看,新闻媒体致力于服务国家整体战略和新闻用户,媒体系统通过不断调整信息采集方式、内容生产方式、传播方式等,实现对新闻媒体用户需求的适应,同时实现对整个传播环境的适应,通过与整个社会环境有机交互,媒体系统能够在特定环节或方向上及时调整、创新,不断提升内容生产与传播能力、盈利能力等,进而更好支撑媒体系统发展演进,提升对系统环境的适应能力。从目标达成来看,新闻媒体承担着传递信息、促进交互等功能,为促成这些功能的正常运行,新闻媒体坚持以客观公正的态度进行新闻报道,向用户传递价值。从资源整合角度来看,在传统媒体环境下,新闻媒

---

[1] 吴晓林. 结构依然有效:迈向政治社会研究的"结构-过程"分析范式[J]. 政治学研究,2017(2):96-108,128.
[2] 帕森斯. 经济与社会[M]. 刘进,林午,李新,等译. 北京:华夏出版社,1989:1-16.

体在新闻内容生产、传播等过程中一直掌握较大的主动权与主导权,能够有效协调新闻传播所涉及的各类主体,共同服务于新闻内容生产与传播。新闻媒体的资源整合既包括新闻媒体对其内部各部门、各子机构的资源整合,又包括新闻媒体对其他行业主体的资源整合。新闻媒体通过对各类资源进行整合、分类、配置和重组,在新闻生产与传播过程中实现对各类新闻资源的有效利用,促进经济效益和社会效益的共同产出,保障新闻媒体系统的正常运行,继而促进社会总系统的协调运行。从潜在模式维持角度来看,在新闻媒体的不断运行过程中,媒体系统内逐渐形成一套较为成熟完善的运营机制,涉及信息采集、内容生产、内容传播、用户反馈、广告运营、出版运营等多个环节。与此同时,媒体系统与社会总系统之间形成有效的交互机制,由此确保媒体系统始终在正常轨道上运行,而不受其他影响因素的干预或冲击。可以发现,在传统媒体环境下,媒体通过对内部结构的调整以及强化与社会总系统的有机联系,保障媒体系统功能的正常发挥,使新闻媒体的价值创造、价值实现以及社会总系统的价值创造得以顺利进行。

人工智能技术给新闻媒体带来诸多机遇与挑战,媒体系统在变革与重塑中向前发展演进。从 AGIL 模式来看,智媒时代的媒体系统积极拥抱新技术新应用,加快探索新模式新路径,使得媒体系统整体趋向智能高效,助力价值创造与实现,并推动和维持社会总系统的健康运行。

从适应能力来看,智媒时代,媒体系统的适应性得到显著提高。人工智能使得新闻媒体能够无差别地对大数据、移动化背景下的庞大数据体系进行挖掘、分析,呈现出强劲的适应能力。媒体系统以人工智能技术为支撑,能够实现对新闻信息的迅速采集、筛选、归类,对新闻内容进行自动化、定制化制作。同时,媒体系统以大数据为依托,将新闻内容向用户进行精准推送与分发。新闻媒体能够实现在任意时间、任意地点,针对任意主题、任意主体进行个性化、差异化的内容生产与传播,为价值共创与实现提供有力保障。

从目标达成来看,智媒时代的新闻媒体作为社会的子系统,与其他社会子系统能够协同联动,这使得新闻内容的生产与传播效率更高,新闻媒体在舆论引导、主流价值传播与引领的目标达成上具有更大优势。一方面,随着技术支撑更为有力,媒体系统自身的内容生产力、传播力、影响力等都不断获得提升,媒体服务用户的能力也显著提高,新闻媒体的自身价值得以实现;另一方面,在新闻媒体自身价值实现的基础上,媒体在社会总系统中的地位也显得愈加重要,对于社会总系统运行的支撑更为强劲。

从资源整合来看,智媒时代,媒体系统的资源整合能力主要体现在四个方面。一是对各类信息资源的整合。在人工智能技术驱动下,新闻媒体能够实现对各类数据库的广泛接入,同时结合传感器、无人机等实现对多层次信息的采集,由此,新闻媒体获得了庞大的信息资源体系支撑,继而能够实现对各类信息的挖掘分析与整合利用。二是对新闻传播所涉及各类主体的整合。智媒时代的新闻传播不再只是简单的信息传递,新闻媒体与各类服务资源形成联动,为用户提供综合性的服务。新闻媒体能够实现与监管部门、技术平台、用户、行业协会等多类主体的协调配合,保障新闻传播整个流程的顺利进行和价值创造的有效实现。三是对新闻传播各环节的整合。智媒时代,新闻媒体的信息采集、内容生产、内容传播、用户反馈等环节逐渐精简化、智能化,用户等其他主体也参与到内容生产与传播过程中,新闻传播不再严格遵循既有的传播流程,新闻生产与传播效率得以提高。四是对其他社会资源的整合。智媒时代,新闻媒体对政治、经济、文化、社会等各领域的介入程度加深。在此过程中,与其他领域的各类主体的有机交互能够助力新闻媒体资源与其他领域资源的协调联动,如围绕新冠疫情防控,新闻媒体能够有效集结新闻领域、医疗卫生领域、教育领域等各类资源,形成合力,服务于社会总系统。

从潜在模式维持来看,随着人工智能在新闻传播领域的介入程度逐渐加深,新闻媒体已经基本形成符合新发展趋势和需求的运行模式。围绕这一运行模式,在监管部门、技术平台、行业协会、用户等主体的共同介入下,具有统领性和指导性的政策措施、准则等已基本形成,以保证媒体系统的健康运行。然而,在此过程中,受到潜在模式维持的影响,新闻媒体在应用人工智能技术过程中出现的算法偏见、对不良信息无法有效识别、流量至上等问题,容易引发信息茧房、数字鸿沟、社会撕裂等负面效应,这需要引起警惕和重视。

受访者陈先生认为:"对比内容和技术,内容更为重要。当人工智能深度参与新闻内容生产、传播等流程,潜在风险需要引起重视。现在的泛娱乐平台众多,对用户使用的技术要求比较低,每个人都能参与内容生产与传播,而一些平台为了赢得流量,经常打擦边球。算法虽不是始作俑者,但当它被不当利用时,负面效应却出奇地大。"

第四节 人工智能应用于新闻媒体的研究现状

一、国内研究综述

近年来,在新一轮科技革命和产业变革过程中,人工智能技术得到快速发展和普及应用,加上我国高度重视科技创新应用,对人工智能等前沿技术发展的支持力度不断加大,人工智能技术日益渗透和嵌入新闻传播领域的核心领地。在此过程中,人工智能技术同大数据、云计算、物联网、虚拟现实等技术相互促进,新闻传播业在信息采集、内容生产、渠道分发以及用户反馈等环节实现颠覆性变革,至此,人工智能技术给新闻传播领域带来的机遇与挑战并存。随着人工智能技术在新闻传播领域的应用日益广泛、影响日益深刻,国内学界对人工智能在新闻传播领域应用的关注度也迅速提升,学者从多个视角对这一主题进行了广泛深入的研究,研究成果丰富。

(一) 人工智能应用于新闻采集的研究

人工智能在新闻传播领域得到应用后,新闻信息采集的渠道、手段及方式等方面得到有效拓展,尤其借助于大数据、云计算等技术,新闻采集变得更加高效。各类人工智能应用在新闻传播领域的普及也进一步推动了传感器在新闻采集等方面的广泛应用,并在近几年逐渐成为学者们的关注热点。

作为一种监测装置,传感器能够通过一定的信号规律对所需要的信息进行采集、记录与存储。[1] 基于对美国新闻界操作实践的考察分析,有研究者提出,美国新闻界对传感器的应用主要包括三种方式:一是结合应用较为成熟的相应设备,研发出新闻媒体所需要的信息传感系统;二是从现有可以接入的传感系统中提取相关数据;三是从源头创新,自主研发传感器。该研究在对借助公共设施、以众包方式收集、自主收集、从政府部门获取、运用无人机收集五种通过传感器获取信息的方式进行探究基础上,提出数据精准度、隐私保护、技术升级等是传感器新闻面临的主要挑战。[2]

在万物皆媒的环境下,有研究者提出传感器重新定义了新闻源与新闻反馈机制,一方面,传感器的广泛分布与应用使得新闻信息的收集方式变得更加丰富,新闻媒体的信息感知能力、搜寻能力、提取能力等都得到显著提升,新闻信息内容的广度、深度、宽度与厚度进一步提升。另一方面,传感设备的使用将用户直接纳入新闻信息搜集的流程中,用户在情感、态度、行为等多重维度的信息反馈能够直接回流至新闻媒体,并影响和作用于下一步的新闻生产。[3]

基于对传感器采集新闻的多样性、精准性等的探讨,有研究提出,传感器成为人体的一种新的延伸,它有效拓展了人们对外部信息的感知和发现能力,新闻信息的来源

---

[1] 许向东. 数据新闻中传感器的应用[J]. 新闻与写作,2015(12):70-72.
[2] 许向东. 大数据时代新闻生产新模式:传感器新闻的理念、实践与思考[J]. 国际新闻界,2015(10):107-116.
[3] 彭兰. 移动化、智能化技术趋势下新闻生产的再定义[J]. 新闻记者,2016(1):26-33.

维度更加多元,由此打破了人在新闻信息观察与采集方面的局限性。① 新闻信息的采集正越发突破传统渠道,各类交互数据、环境数据、行为数据等通过传感器成为新闻的信息来源,每个人的每个行为都可以成为新闻信息的提取对象,通过或宏观或微观的视角,依托传感器的新闻采集使得新闻内容更加丰富多样。②

伴随技术发展,智能硬件、机器人、无人机等在新闻传播领域作为信息采集的重要工具变得越发普及,它们能够有效降低新闻工作者的工作量,显著助力新闻信息采集的效率提升。③ 研究者在对美联社的智能化新闻采集进行研究时指出,美联社通过充分利用自动化技术,及时高效地处理各类数据;通过规模化的数据处理方式,有效提升了新闻信息采集的丰富性与高效性;通过借助包含海量信息数据的数据库,精准析出所需要的信息内容,使新闻采集环节实现巨大变革。④ 智媒时代,新闻信息的选择与采集方式正在发生巨大变化,新闻媒体可以基于大数据系统针对特定信息的传播轨迹、辐射人群等进行分析,结合用户反馈,及时地找到用户普遍关注的热点议题,从而有效提升新闻策划的效率。⑤

在信息爆炸的当下,媒体既要注重提升新闻生产效率,又要重视提升新闻生产效益,人工智能可以有效帮助媒体提升选题效率,规避用户不感兴趣的话题内容,通过数据扫描和关联分析,找到具有新闻价值的选题。⑥ 在新闻采访方面,有研究提出,人工智能或机器人助力采访主要通过两种方式,包括对事实进行核实以及通过线上采访获取信息,推动新闻信息采集与生产流程变革。⑦ 在把握人工智能给新闻采集带来的机遇的同时,我们也应对其中的挑战保持警惕与关注,如在利用人工智能技术进行新闻信息采集时,媒体难以完全确定信息的真实性和及时性,从而可能收集到一些虚假信息、过时信息,进而向公众传播没有价值或有负面价值的信息内容。⑧ 对此,有研究提出,一方面,要及时进行技术优化与完善,推动算法及时搜集到有价值的内容;另一方面,要将算法与人工有机结合起来,在新闻采集过程中兼顾技术理性与人文理性,避免过度依赖算法可能导致的突破道德底线的事件的出现,确保输出的新闻内容传递正确

---

① 喻国明. 人工智能的强势崛起与新闻传播业态的重构[J]. 教育传媒研究,2018(1):95-96.
② 喻国明,兰美娜,李玮. 智能化:未来传播模式创新的核心逻辑:兼论"人工智能+媒体"的基本运作范式[J]. 新闻与写作,2017(3):41-45.
③ 赵蓓,张洪忠. 2019年人工智能技术在中国传媒业的应用与思考[J]. 新闻与写作,2019(12):23-29.
④ 徐健. 人工智能助力美联社新闻生产变革[J]. 传媒,2019(1):58-59.
⑤ 贺岭,南一飞. 人工智能时代新闻生产方式的变革研究[J]. 出版广角,2018(7):66-68.
⑥ 张超,钟新. 从比特到人工智能:数字新闻生产的算法转向[J]. 编辑之友,2017(11):61-66.
⑦ 郭晶,崔家勇. 专用人工智能在新闻业的应用领域、关键技术与研究模式[J]. 科技与出版,2019(8):77-82.
⑧ 段蕾. 人工智能时代新闻业面临的挑战与对策[J]. 传媒,2019(15):47-49.

的价值观。①

综上所述,我们可以发现,目前学界对相关议题的研究聚焦于大数据与算法的信息采集、挖掘方面。以人工智能、大数据、传感器等技术为支撑的新型新闻信息采集方式,有效丰富和拓展了新闻信息采集的渠道,使得信息来源更加丰富,信息种类更加多样,信息内容也相对更具代表性和普遍性,显著提升了新闻信息采集效率,是智能传播环境下新闻采集环节革新的重要体现。然而,从目前的研究现状来考量,多数研究仍主要集中于理论探究,其中思辨性研究居多,围绕人工智能技术发展与应用程度、对新闻采集环节的改进程度的研究较少,关于新闻采集方面的前瞻性发展趋势的研究相对较少。与此同时,当前技术迭代升级速度不断加快,学界对最新的人工智能技术应用的关注度仍有待提升。

(二)人工智能应用于新闻生产的研究

在新技术背景下,视听信息处理、自然语言处理、算法学习等技术在新闻传播领域应用程度不断加深,应用范围持续拓展,使得人工智能在文本写作、视听内容制作、内容编辑方面表现越发突出,人工智能的广泛应用正推动新闻生产走向变革。围绕人工智能在新闻生产环节的应用的研究也不断增加,学者们从多个视角对新闻生产革新进行了深入探讨,取得了诸多研究成果。

有研究者对写稿机器人进行了分析,认为其在新闻生产中表现出快速高效和精准全面的比较优势,但也存在模式化和类型化等不足,写稿机器人在变革新闻生产者角色的同时,也在冲击着传统新闻理念,推动新闻生产流程再造。② 有研究认为,人工智能正在重构新闻生产方式,它通过简化流程、个性化推送、突破时空限制等优势实现了对传统新闻生产方式及流程的再造,推动传统新闻业不断走向创新升级。但与此同时,我们也须对人工智能应用于新闻生产的局限性保持关注,其有限的报道范围、深度报道的不足,以及新闻情怀的缺失是今后亟须改进的重要方面。③ 有研究提出,基于大数据和人工智能的新闻生产不断趋向便捷化、规模化,新闻内容所涵盖范围更加广泛,主题更具多样性,能够满足不同用户的差异化需求。新闻生产的逻辑不再只是新闻工作者发现了什么内容,而是新闻媒体的用户需要什么样的内容,由此也将推动新

---

① 高常. 人工智能与新闻工作[J]. 新闻与写作,2017(4):98-100.
② 何芳明. 写稿机器人对新闻生产的影响及应用前景[J]. 青年记者,2018(33):77-79.
③ 张亮. 人工智能时代新闻生产的流程再造[J]. 出版广角,2019(3):40-42.

闻研究范式的转变与革新。① 随着传感器的应用成为新闻生产的重要推动力,新闻生产关系也在发生深刻变化,新闻生产的主体不再局限于传统媒体环境下的专业新闻工作者,机器也开始成为新闻生产主体,基于用户数据的新闻生产也变得越发普遍,多元主体开始共同参与新闻生产,共构新闻价值。②

得益于人工智能技术加持,新闻生产模式、机制等发生颠覆性变革,但与此同时,其中的黑箱化现象仍然需要重视和警惕。在万物皆媒的时代,人工智能新闻生产变得普遍,且其往往会被贴上精准、客观等标签,而在追逐流量的过程中,技术理性有时表现并不尽如人意,过度迎合用户、追逐流量的现象时有出现,机器生产新闻的可信度有待评估。③ 另外,有研究提出,人工智能在应用于新闻生产领域过程中,逐渐出现了模式化、同质化以及浅薄化的问题,要实现新闻内容生产坚持客观公正和传播正确价值观,需要将技术理性与内容感性相结合,促使新闻内容传播正确社会价值。④

随着机器人新闻在新闻生产领域的应用拓展,它所体现出的同质化特征将给新闻传播生态的多样性带来一定挑战与冲击,容易造成新闻信息表达缺少多样性。加上受到技术逻辑的影响,人的创造性与主体性容易被流量追逐所淹没,由算法主导的议程设置或将占据主导地位。⑤ 作为当前新闻传播领域的现象级应用,机器人新闻写作推动新闻生产实现全方位、多层次变革。在新闻内容生产方面,机器人新闻的优势主要体现为:能够及时生产、快捷发布类型化的新闻内容;基于对各类语料库的学习,能够精准利用各类话语体系,使得新闻内容生产能够精准符合不同群体用户需求;利用大数据,能够实现有机联动,挖掘并生成更有价值的新闻内容。⑥ 在新媒体环境下,智能新闻生产为新闻生产模式创新提供了新可能,能够显著提升新闻生产效率,缩短新闻生产时间,有研究认为,这体现着技术的自主性。⑦

在智能传播环境下,人工智能生产的新闻内容是否受著作权法保护这一话题引发诸多讨论。有研究认为,人工智能生产的内容是基于特定规则的数据排列,并不体现出独特性,不受著作权法保护。⑧ 但也有不同意见,有研究认为,人工智能的内容生产

---

① 南瑞琴.从"独家新闻"到"标准生产":人工智能时代新闻生产模式的"价值位移"[J].郑州大学学报(哲学社会科学版),2019(2):109-112,128.
② 李蓉.传感器新闻:新闻的生产变革与价值重构[J].中国出版,2019(20):51-54.
③ 仇筠茜,陈昌凤.黑箱:人工智能技术与新闻生产格局嬗变[J].新闻界,2018(1):28-34.
④ 于海婷."技术理性"与"内容感性":人工智能时代的新闻生产研究[J].现代视听,2018(11):11-14.
⑤ 许加彪,韦文娟,高艳阳.技术哲学视角下机器人新闻生产的伦理审视[J].当代传播,2019(1):89-91,99.
⑥ 喻国明."机器新闻写作"时代传媒发展的新变局[J].中国报业,2015(23):22-23.
⑦ 曾庆香,陆佳怡.新媒体语境下的新闻生产:主体网络与主体间性[J].新闻记者,2018(4):75-85.
⑧ 王迁.论人工智能生成的内容在著作权法中的定性[J].法律科学(西北政法大学学报),2017(5):148-155.

是基于算法的自主学习而生成的作品,其著作权归属有待探讨。①

展望新闻传播发展生态,有研究认为,机器、数据、云将构成未来的新闻生产系统。在此过程中,新闻生产参与主体多元化,新闻源变得越发广泛,对于新闻信息的处理将更多移到云端。与此同时,未来的新闻生产不能单纯依靠人工智能,人机协同共生是未来新闻发展的必然路径。② 基于对新闻生产智能化的应用现状分析,有研究提出,新闻生产流程智能化将向三个方向发展:一是算法与人工相结合,规避信息茧房的出现;二是注重人机协同,兼顾价值理性与工具理性;三是充分利用虚拟现实技术,注重打造沉浸感,推出互动性新闻内容产品。③

在人机融合背景下,有研究者提出了媒介智能机器生产的发展观、技术观、用户观与伦理观,由此建构出了针对人工智能新闻生产的系统性的考量框架,从而为媒体的智能化发展趋势及策略制定提供参考。④

综上所述,围绕新闻生产的人工智能应用研究对新闻实践进行了充分考察,分析较为详细,但结合实践分析的理论化研究还不够。与此同时,当前人工智能技术发展较为迅速,各类新兴技术快速涌现并不断被深度嵌入新闻生产环节,随着应用程度持续加深,给新闻生产环节带来颠覆性影响。从现有研究成果来看,学者们对各类新兴人工智能技术的研究不够深入,更多驻足于技术描述阶段,技术应用程度、应用效果等方面缺少深入细致的研究。

(三) 人工智能应用于新闻分发的研究

随着差异化传播、个性化传播、精准化传播等传播理念的盛行,基于算法的内容分发逐渐兴起,各类网络内容平台纷纷加快推行以算法为核心的推荐机制,算法分发也日益成为学界业界的热点议题。整体来看,目前研究主要聚焦于对算法分发的技术解析、算法给新闻传播业带来的变革以及算法推荐过程中的技术伦理等方面。

有研究认为,在算法传播时代,算法日益成为新闻的"把关人",居于新闻内容与用户之间,由于秉持用户优先原则,用户需求、用户偏好往往被过度放大,并直接作用于新闻内容的议题选择、内容生产、内容分发等环节,算法逻辑越发成为内容分发的主导机制,且其常被冠以"技术中立"等标签,人在内容分发环节的作用被削弱,这无疑

---

① 吴汉东. 人工智能时代的制度安排与法律规制[J]. 社会科学文摘,2017(12):76-78.
② 彭兰. 未来传媒生态:消失的边界与重构的版图[J]. 现代传播(中国传媒大学学报),2017(1):8-14,29.
③ 李欣,许泳佳. 再造流程:新闻生产智能化应用现状及前景分析[J]. 中国出版,2021(2):44-48.
④ 栾轶玫. 人机融合情境下媒介智能机器生产研究[J]. 上海师范大学学报(哲学社会科学版),2021(1):116-124.

是一种权力的争夺与让渡,即算法开始构建人们所要感知的拟态环境,并从更深层次塑造着人们对真实世界的认知。① 随着人工智能、大数据技术等在新闻传播领域的广泛应用,算法分发与推荐是新闻内容分发的一种必然趋势,但我们需要关注价值中立这一伪命题。有研究指出,以算法为主导的内容分发机制容易造成社会意识形态领域的无序、分化、极化、堕化等问题,继而给主流意识形态带来严重威胁与挑战,主流意识形态被消解的风险不容小觑。通过技术规制、价值引领、法制规范、主体驾驭等手段,以实现价值理性与工具理性的相得益彰,是今后智能算法推荐的发展方向。②

另有研究认为,算法作为人与信息之间的连接者、简化者与协同者,是未来新闻传播发展的必然路径和有力工具,但它并非信息茧房形成的原因。在不断优化算法的过程中构建正确的价值观,是算法分发的演进方向。应从应对流量经济、传递正确价值观等方面着手,以解决算法分发过程中所面临的伦理困境。③

有学者基于田野观察和深度访谈,研究了算法分发过程中的新闻透明性问题。该研究发现,平台的组织架构、人机协同的复杂构成以及编辑个体自身的数据化倾向,导致算法分发过程中出现新闻透明度低的现象。基于此分析结论,该研究提出应从优化算法设计、协调算法所涉相关方的合作、重新定位与调整人机关系等视角扫清算法分发过程中提升新闻透明度所遇到的各种障碍。④ 针对新闻分发过程中的算法争议问题,有研究指出,当前各类主体对算法分发的态度不一,在对于算法的支持与批判的讨论中,官方媒体往往占据主导地位,官方媒体的态度倾向始终是其他主体的重要参考。其中,政治逻辑超越了新闻逻辑和技术逻辑,在算法规训过程中占据着更具主导性的地位。⑤

另有研究提出,当前新闻分发已经过渡至以算法为核心的智能分发模式。在此模式下,假新闻、权力潜移、信息茧房、过滤泡以及算法偏见等是亟待解决的关键问题,这些问题是新闻业健康发展的严重阻碍,它们可能导致的个体极化与知识沟扩大等问题亟须引起重视。⑥ 基于行动者网络理论,有研究提出算法正在挑战和解构传统新闻传播业所体现出来的公共性,基于算法的新闻媒体不再受制于人,与算法结合的新闻媒

---

① 全燕,向钎铭. 算法传播时代的选择性议题建构[J]. 传媒观察,2021(2):85-90.
② 张林. 智能算法推荐的意识形态风险及其治理[J]. 探索,2021(1):176-188.
③ 喻国明,曲慧. "信息茧房"的误读与算法推送的必要:兼论内容分发中社会伦理困境的解决之道[J]. 新疆师范大学学报(哲学社会科学版),2020(1):127-133.
④ 毛湛文,孙曌闻. 从"算法神话"到"算法调节":新闻透明性原则在算法分发平台的实践限度研究[J]. 国际新闻界,2020(7):6-25.
⑤ 白红义,李拓. 算法的"迷思":基于新闻分发平台"今日头条"的元新闻话语研究[J]. 新闻大学,2019(1):30-44,117.
⑥ 靖鸣,管舒婷. 智能时代算法型内容分发的问题与对策[J]. 新闻爱好者,2019(5):9-13.

介正凌驾于人,人开始受制于算法,并成为媒介的重要组成部分。①

有研究对算法推荐与预测模型进行分析,对协同过滤及潜在因子两种推荐方式进行解读分析。有研究指出,基于个人数据的大数据分析成为当前媒体环境下身份识别和标签化的重要手段,在此基础上,用户能够被精准锁定,继而被推送相应内容和服务。新闻媒体要坚持对算法使用的度,既要注重算法分发带来的巨大机遇,又应保持基本的新闻价值理性。②

有研究认为,算法在新闻分发中正进一步扮演着控制性的角色,它通过迎合当前传播过程中用户的兴趣偏好成为用户的隐蔽控制者,它所标榜的中立性实为伪中立。在此过程中,用户也日益成为各算法平台的数字劳工,在无意识地被控制中实现流量输出。③ 具体到算法对用户的影响机制,有研究认为,算法往往会通过内容审核机制、信息操控机制以及特定价值取向等实现对用户态度及情感的影响和作用。基于此,我们可从信息来源规范化、监管信息流动过程、完善推荐机制等方面着手,推动新闻业在重塑中持续健康发展。④

有研究从双重视角对算法分发进行了探讨分析。一方面,算法分发能够帮助用户处理内容过剩以及信息噪音等问题,有效提升用户的信息接收效率,使用户以最优路径获取想要的信息内容与服务,大大降低信息获取成本。另一方面,算法分发也会带来一系列负面问题,观念极化、分化等问题需要引起重视。我们要利用好这把双刃剑,在迎合与引领、开放与封闭、知识鸿沟等问题上展开深入思考,从而将算法分发的优势最大化,并将其负面影响最小化。⑤

综上所述,在新闻分发领域的人工智能应用研究方面,研究成果较为丰富,现有研究主要聚焦于新闻内容的算法分发,且多集中于对算法分发所带来的负面效应的讨论,对于算法分发可能出现的问题较少提出可操作的解决方案,对于算法分发过程中的假新闻、谣言、舆论引导等主题的讨论相对较少,并局限于宏观层面,对于算法分发及其影响的微观作用机理探讨较少。

(四)人工智能应用于新闻体验的研究

随着人工智能在新闻传播领域的应用越发广泛,尤其随着5G、云计算、大数据、物

---

① 姜红,鲁曼. 重塑"媒介":行动者网络中的新闻"算法"[J]. 新闻记者,2017(4):26-32.
② 范红霞,孙金波. 数据新闻的算法革命与未来趋向[J]. 现代传播(中国传媒大学学报),2018(5):131-135.
③ 尚帅. 传播的兴趣偏向和浑然不觉的符号暴力:基于今日头条的算法控制研究[J]. 现代传播(中国传媒大学学报),2018(10):58-62.
④ 方师师. 算法如何重塑新闻业:现状、问题与规制[J]. 新闻与写作,2018(9):11-19.
⑤ 张强. 算法分发的效应与忧思[J]. 青年记者,2019(18):38-39.

联网、虚拟现实等技术快速发展及应用,新闻传播体验不断得以优化。围绕新闻体验方面的人工智能应用,也越发引起学界的普遍关注。

AI主播成为人工智能在新闻体验方面应用的重要表现形式。AI主播以大数据、人工智能等技术为支撑,通过人机协同实现了新闻主播的多样化、多元化。针对不同新闻内容、传播场景等,新闻媒体可以设定不同主播类型,AI主播在确保新闻播报质量的同时,兼顾新闻的逻辑性、人文性与丰富性,新增了传统播音主持中所缺少的数据处理、无误播报、特殊场景播报等能力,助力优化新闻主持业务。① 近年来,AI主播频频亮相,将智能化、具身性等融于一体,能够同具体情境、场景有效互动,并实现同用户的智能互动,为用户带来全新的新闻体验。另外,随着人工智能技术不断发展,各大新闻媒体逐渐推出个性化、差异化的新闻播报形式,打造超级智慧媒体。与此同时,AI主播的局限性仍然凸显,如在情感表达、播报节奏、互动效果等方面与真人主播存在一定差距。② 还有研究就相关议题对虚拟主播进行了分析,指出基于人工智能的虚拟主播在展现亲和力等方面仍然面临一些障碍。③

具体到新闻体验,有研究从具身性出发分析了人工智能应用所催生的新型新闻传播体验。一方面,媒体通过智能交互给用户带来具身性体验,如通过智能语音实现人机实时高效交互,有助于增强用户在接收新闻过程中的亲近感、趣味感和投入感,助力提升用户对媒体的信任度。另一方面,媒体通过沉浸式传播给用户带来具身性体验,通过3D、VR等技术打造沉浸式新闻传播场景,使用户能够与场景实现即时交互,形成以用户为中心的新闻传播场域,让用户沉浸其中,获得良好的新闻体验。④

在智能传播语境下,有研究对未来影像进行了探析。该研究认为,无人机、传感器、大数据、云计算等为智能媒体的发展奠定基础,而未来影像正是以智能媒体为依托和支撑的新的影像展示形式,包括虚拟现实、全息影像等。未来影像的显著特征主要体现为沉浸与在场,智能媒体有效实现了人体的延伸,用户能够在感官上获得更加丰富的交互式、沉浸式体验。⑤

有研究将智能机器人称为"第六媒介",研究者认为智能机器人的出现推动以往的单向传播转向人机交互。算法、大数据、云计算等为智能传播视域下的沉浸式体验提供了可能,全息影像、全景影像、虚拟现实等技术的快速发展进一步加深了虚拟与现

---

① 张宇楠. 智媒体时代新闻主持内容生产及传播探究[J]. 新闻传播,2020(21):96-97.
② 刘漾榴,莫梅锋. 从仿真到说服:电视AI主播的迭代创新与具身升级[J]. 当代电视,2021(2):99-102.
③ 官奕聪,吕欣. AI虚拟主播的具象化情感表达设计研究[J]. 传媒,2020(23):35-37.
④ 刘彦鹏,毛红敏. 人工智能重塑新闻生产:量化转向、价值扩展与体验升级[J]. 中国出版,2020(20):24-28.
⑤ 段鹏. 智能媒体语境下的未来影像研究[J]. 人民论坛,2018(24):40-49

实的融合程度,为用户提供具身性沉浸式体验。与此同时,人机交互将进一步转增强用户的在场感与体验感,新闻体验进一步转向拟人化、感性化。① 有研究以封面新闻为例,具体分析了其打造的沉浸式互动新闻体验。该研究认为,封面新闻通过打造全息智能媒体,实现了新闻的可视化与沉浸化,其智能语音交互系统使得用户新闻体验不断优化,有效增强了用户黏性。② 另有研究提出,人工智能、VR 等技术所催生出的新的传播形态,使媒介概念的内涵与外延都发生了巨大变化。该研究将具有沉浸特征的新兴媒介称为沉浸媒介,研究者认为沉浸媒介打破了时空界限,进一步推动了人机协同,人与媒介越发合为一体。③

综上所述,围绕新闻体验方面的人工智能应用研究虽然数量众多,但是研究视角与维度较为单一,对于沉浸式体验、具身性体验等内容的研究多从技术的局限性等方面进行解读,缺乏理论深度,针对人工智能应用于新闻体验的影响机制、未来发展方向及针对现存问题的解决方案等方面的研究有待丰富。

(五)人工智能应用于新闻传播具体领域的研究

随着人工智能技术的发展,人工智能在新闻传播领域的应用越发广泛而深入,技术、媒体与人的融合程度逐渐加深,人工智能成为当下新传播生态的重要组成部分,以人工智能技术为支撑和依托的新传播格局形成。学者们从多维视角进行了详细解读。

有研究认为,人工智能技术被深入应用到内容行业,有力驱动内容生产、内容分发与内容消费等环节的全方位迭代升级,内容生产、分发与消费的关系得以重新建构,且三者的边界也越发模糊,以人工智能技术为支撑的内容革命逐渐开启。④

当人工智能技术与媒体实现深度融合,媒体边界得以逐渐拓展,媒体业态得以重构,人工智能深度嵌入媒体内容生产与传播等环节,并作用于媒体市场、用户体验、运营模式等,推动新闻内容生产效率提升、新闻产品形态丰富、新闻传播效果优化、商业运营模式革新。⑤

以电视媒介为例,人工智能技术的应用为电视媒体带来新的发展机遇。人工智能技术通过助力新闻写作、多模态内容生产、新闻事实核查等推动电视新闻生产更加高

---

① 林升梁,叶立. 人机·交往·重塑:作为"第六媒介"的智能机器人[J]. 新闻与传播研究,2019(10):87 - 104,128.
② 张丽伟. "智能 + 智慧 + 智库":"封面新闻"的智媒体之路[J]. 传媒,2019(5):53 - 55.
③ 李沁. 沉浸媒介:重新定义媒介概念的内涵和外延[J]. 国际新闻界,2017(8):115 - 139
④ 彭兰. 智能时代的新内容革命[J]. 国际新闻界,2018(6):88 - 109.
⑤ 范以锦. 人工智能在媒体中的应用分析[J]. 新闻与写作,2018(2):60 - 63.

效和多样化;人工智能元素的植入为电视节目带来新的想象空间;电视媒体通过强化人机协同,不断创新节目形式,强化观众的投入感、在场感,进一步增强用户对电视的亲近感和信任感。与此同时,人工智能技术的应用也在给电视媒体带来挑战,传播过程中不时出现的伦理失范、过度依赖、信息鸿沟等现象需要引起关注,如何有效规避人工智能应用所带来的社会风险、技术风险等问题亟须探讨。[①]

有研究具体剖析了人工智能技术在广电行业中的典型应用。该研究指出,语音识别、语音合成、图像识别、人脸识别等是常用的人工智能技术,具体到媒资系统中,人工智能技术能够助力实现智能审核、智能运营等功能,为广电媒体转型发展提供重要支撑和驱动力。[②] 另有研究聚焦于语音交互,分析了语音交互在广电监测系统中的应用方式及实现流程。语音交互技术为广电监测提供了一套融合各类平台的有效解决方案,能够帮助广电媒体在第一时间确认播出状态、检查播出异常情况,并及时解决问题。[③]

在新闻出版领域,有研究发现,学界、业界虽然对人工智能应用于新闻出版领域保持关注,但是研究多停留在现象描述阶段。该研究认为,人工智能在当下及未来都将是新闻出版领域的重要驱动力,如何用好大数据与人工智能,是新闻出版业转型升级必须面对的议题。[④]

围绕网络舆情,有研究针对智媒时代的政府舆情治理进行了分析。该研究指出,智媒时代,舆情治理正面临着观念亟须更新、制度建设亟须优化、监管机制亟须完善、服务模式亟待提升等困境,借力人工智能技术,推进网络舆情治理的智能化、灵敏化、网络化、共治化是今后的必然发展方向。[⑤] 具体到广电舆情监测,有研究基于广电媒体开展舆情监测的需求,构建了以人工智能技术为支撑的广电舆情监测与分析系统,其中包括完整的系统部署架构以及详细的部署方案,加上大数据、云计算等技术的运用,该监测系统或将为当前广电舆情监测系统的创新演进提供新的发展思路和实施方案,助力优化用户体验,提升广电媒体的传播效果。[⑥]

结合上述分析可以发现,关于人工智能在新闻传播各领域应用的研究成果丰硕,

[①] 张蓝姗,黄高原. 人工智能技术给电视媒介带来的机遇和挑战[J]. 中国电视,2018(7):52-55.
[②] 王志明. 人工智能在广电媒资系统中的应用[J]. 有线电视技术,2019(7):22-26.
[③] 何艳秋. 语音交互方式在广播电视监测系统中的应用[J]. 广播电视信息,2019(7):45-48.
[④] 丁晓蔚,王雪莹. 科技的渗透与融入:大数据、人工智能应用于新闻出版的研究综述[J]. 西南民族大学学报(人文社科版),2019(7):150-156.
[⑤] 姚翼源. 人工智能时代政府网络舆情治理的逻辑、困局与策略[J]. 西南民族大学学报(人文社科版),2020(3):205-211.
[⑥] 万倩,朱里越,欧阳峰. 基于人工智能的广电舆情分析系统[J]. 广播与电视技术,2019(12):46-52.

研究主题涉及媒体融合、新闻出版、舆情监测等,研究视角也较为多元。与此同时,围绕人工智能在新闻传播领域应用的研究较为分散,围绕特定主题的研究在深度和充分性上有所不足,未能形成较为系统完整的研究框架,尚存在着研究视野广阔但研究层次较浅、理论性与系统性有待提升等问题。

二、国外研究综述

人工智能技术在全球范围内引发了巨大关注,它被多个国家和地区视为推动经济社会变革发展的关键驱动力。随着人工智能技术的快速发展,人工智能与国外新闻传播领域的结合也越发紧密。以人工智能技术为支撑的融合发展、变革创新是国外新闻传播领域的重要发展趋势,人工智能技术推动着新闻传播形态、业态、格局等不断发展变革,由此也在学界引发广泛讨论。具体而言,国外就人工智能应用于新闻传播领域的相关研究主要集中在以下几个方向。

(一) 人工智能在新闻传播领域的具体应用研究

在人工智能研究应用方面,谷歌、微软、脸书等多家互联网公司都致力于在深度学习上加快研发攻坚,并不断收购大量人工智能初创公司,从而获得更强大的智力团队。与此同时,英特尔等公司也着手建立人工智能研究实验室,这些公司不断投入大量人力、物力、财力,凸显了人工智能革命的规模之大。至此,人工智能在新闻传播领域中的应用将越发深入,影响越发深刻。[1]

通过对《纽约时报》架构重设的研究,研究者发现,该报正逐渐从平台转向用户,通过加大对人工智能应用的投入力度,加快实现自身的智能化转型。[2]

针对人工智能应用,美联社根据在新闻工作中积累的实际经验,发布了《智能机器时代的新闻编辑室指南》,为新闻传播领域同人工智能合作提供重要参考。该项报告探讨了智能媒体编辑室的人才配备与培训、新闻编辑室中人工智能系统的实用性等问题。报告提出,当前新闻业尚未跟上人工智能技术的发展步伐,人工智能在具体应用过程中容易出现与人类相同的偏见和错误。与此同时,新闻传播在具体应用人工智

---

[1] Metz C. The battle for top AI talent only gets tougher from here[EB/OL]. (2017-3-23)[2019-12-13]. https://www.wired.com/2017/03/intel-just-jumped-fierce-competition-ai-talent/.

[2] Doctor K. The New York Times'redesign aim to match the quality of its products to its journalism[EB/OL]. (2017-7-13)[2019-12-13]. https://www.niemanlab.org/2017/06/newsonomics-the-new-york-times-redesign-aims-to-match-the-quality-of-its-products-to-its-journalism/.

能过程中需要兼顾道德考量。①

有研究提出，媒体能够利用人工智能技术精准识别和匹配用户需求，根据用户个性化特征，媒体可以制作与用户风格相适应的新闻内容，并且其中涵盖多种新闻格式，诸如深度长篇报道、可视化报告等，从而进一步优化用户体验。②

（二）人工智能给新闻传播领域带来的变革研究

一份研究报告显示，作为机器智能的重要组成部分，人工智能基于快速增长的大数据、更加庞大的分布式系统、更加智能的算法，不断实现升级迭代。人工智能技术的模拟学习能力更加强大，能够高效实现认知、学习、识别、参与，从本质上变革新闻传播整个生产传播流程，从而更好地服务于新闻用户。③

随着人工智能在各领域的应用越发广泛，其受重视程度也显著提升。作为关键核心技术，人工智能技术关系到公司、机构等多方的核心竞争力，因此，各大人工智能研发机构高度重视技术专利，由此也形成一定的技术壁垒，新的技术垄断问题开始出现，引发各界关注和担忧。④ 对此，有研究提出，缺少足够资金和人才支撑的新闻机构可以从协同视角出发，整合相关资源，解决人工智能技术应用成本过高的问题，实现自身升级发展。⑤

在感知偏见方面，有研究测试了自动化新闻与人工新闻的可信度。研究结果表明，当接触到由机器与新闻记者联合制作发布的新闻时，受众对偏见的认知会减弱，这会对新闻可信度产生积极影响。⑥ 围绕人工智能对新闻工作者的影响，有研究提出，自动化新闻具有99%的可靠性，记者可以利用人工智能技术展开调查工作或辅助日常工作，却面临人工智能应用所带来的失业压力，如何权衡好技术与人工的双重作用，是研究者在自动化新闻未来发展方面需要关注的议题。⑦

---

① Marconi F, Siegman A, Machine Journalist. The future of augmented journalism: a guide for newsrooms in the age of smart machines[EB/OL]. [2019-12-13]. https://www.coursehero.com/file/28587354/ap-insights-the-future-of-augmented-journalismpdf/.

② Ghuman R, Kumari R. Narrative science: a review[J]. International Journal of Science and Research, 2013, 2(9): 205-207.

③ Webb A. 2017 Tech trend report[R/OL]. (2016-12-16)[2019-12-13]. https://futuretodayinstitute.com/2017-tech-trends.

④⑤ Hansen M, Roca-Sales M, Keegan J, et al. Artificial intelligence practice and implications for journalism[R/OL]. [2019-12-13]. https://academiccommons.columbia.edu/doi/10.7916/D8X92PRD.

⑥ Waddell T F. Can an algorithm reduce the perceived bias of news? Testing the effect of machine attribution on news readers' evaluations of bias, anthropomorphism, and credibility[J]. Journalism & Mass Communication Quarterly, 2019, 96(1): 82-100.

⑦ Crespo M. How artificial intelligence is transforming journalism[EB/OL]. (2018-11-27)[2019-12-13]. https://www.equaltimes.org/how-artificial-intelligence-is? lang=en#.XN-p3PZuJuk.

随着新闻生产与传播越发依赖于算法和人工智能,自动化新闻给新闻组织、新闻工作者及用户带来重要影响,其中涉及政治、社会心理、法律和职业等方面的影响,但最具争议的仍是算法新闻的版权问题。基于多学科理论框架,有研究提出,对于算法新闻的署名和版权问题,不同主体仍存在显著争议。[1]

计算新闻学涉及软件和技术在新闻活动中的具体应用,它涵盖计算机科学、社会科学以及媒体和通信领域。人工智能等新技术能够进一步推动新闻业创新发展,并引发新闻工作者与信息和通信技术专家实现更大互动。随着人工智能技术在新闻传播领域应用更加广泛,多元化的数据收集与利用、软件技术革新、数字经济发展等将直接影响人工智能的应用效果。有研究认为,计算新闻技术能够为调查新闻提供技术支撑,并创新媒体与读者互动的形式。[2]

有研究探究了算法如何影响冲突报道。该研究发现,人工智能驱动的新闻生产与分发可以有效推进建设性的战争新闻报道,尤其是能够通过抵消新闻工作者自我审查影响,推动冲突报道的多样化,但这一目标的实现取决于多种系统设计解决方案,优化算法、提升新闻工作者的算法素养至关重要。在此过程中,人们既要充分挖掘人工智能在促进和平方面的潜力,又要对人工智能可能带来的负面影响保持关注和警惕。[3]

大数据时代,新闻编辑室越来越多地使用人工智能进行数据管理,人工智能开始接管新闻信息汇总、优先级划分、新闻编写等工作。随着机器变得更加智能,并且能够进行自我学习和自我判断,研究者有必要针对新闻生产的社会动力进行调查。有研究提出,人工智能正在给新闻传播业带来颠覆性的变革,尤其是在新闻信息采集和新闻发布环节,人工智能对新闻写作的介入程度逐渐加深,但新闻工作者坚持认为应继续做好新闻把关工作。[4]

(三)人工智能应用于新闻传播领域的社会影响研究

有研究关注了竞选活动中的人工智能应用。该研究提出,社交机器人模仿并潜在操纵社交网络中的人类行为,导致公共领域特别容易受到影响。基于对德国竞选活动

---

[1] Montal T, Reich Z. I, robot. You, journalist. Who is the author: authorship, bylines and full disclosure in automated journalism[J]. Digital Journalism, 2017, 5(7): 1 – 21.
[2] Flew T, Spurgeon C, Daniel A, et al. The promise of computational journalism[J]. Journalism Practice, 2012, 6(2): 157 – 171.
[3] Bastian M, Makhortykh M, Dobber T. News personalization for peace: how algorithmic recommendations can impact conflict coverage [J]. International Journal of Conflict Management, 2019, 30(8): 309 – 328.
[4] Wu S, Tandoc E C, Salmon C T. Journalism reconfigured: assessing human – machine relations and the autonomous power of automation in news production[J]. Journalism Studies, 2019, 20(10): 1440 – 1457.

的分析,研究者提出,在选举期间,社交机器人的份额从7.1%增加到9.9%,活跃的社交机器人的百分比则大致保持不变,对于最受欢迎和最活跃的机器人所分发内容进行分析可以发现,其传播内容的政治标签很少。[①]

有研究聚焦于智媒时代的假新闻,该研究基于超过240万用户发送的1,400万条推文进行分析。研究者发现,多数假新闻帖子的来源是机器人,这可能影响用户对主流媒体的信任度,同时用户或将受到假新闻的负面影响。该研究为剖析网络垃圾邮件发送者与主要参与者提供了重要思路。[②]

有研究者提出,近年来越来越多的媒体研究和其他同类学科的研究开始关注信息网络等基础设施。该研究认为,当前以人工智能等技术为支撑的数字媒体平台正越发深入渗透到政治、经济、社会、文化等多重场域中,并产生重要影响。该研究认为,应将媒体基础设施纳入广泛的学术和公众讨论之中,对于其可能带来的影响与挑战,应鼓励多学科、多机构进行协同研究,从而推动人工智能更好地嵌入媒体网络并服务经济社会发展。[③]

大数据和数据科学改变了组织的决策,人们越来越多地将决策交给算法,随着算法深度嵌入组织内部,它变得越来越有影响力且越来越不透明,算法设计者可能会在数据价值链的所有阶段做出任意决定,但这些主观性却难以被发现。研究认为,算法开始反映出设计者的偏见,它可以强化既定的思维模式,并可能蕴含某些政治倾向,这需要引起关注。[④]

三、国内外相关研究述评

基于对国内外相关研究成果的梳理分析,我们可以发现,现有研究已经覆盖人工智能在新闻传播各领域、各环节的应用,研究视角多元,研究主题广泛,研究所涉主体多样。现有研究主要表现出以下特点。

第一,学界和业界高度关注人工智能在新闻传播领域的应用,但由于受到人工智

---

① Keller T R, Klinger U. Social bots in election campaigns: theoretical, empirical, and methodological implications[J]. Political Communication, 2019, 36(1):171-189.
② Al-Rawi A, Groshek J, Zhang L. What the fake? Assessing the extent of networked political spamming and bots in the propagation of #fakenews on Twitter[J]. Online Information Review, 2019, 43(1):53-71.
③ Plantin J, Punathambekar A. Digital media infrastructures: pipes, platforms, and politics[J]. Media, Culture & Society, 2019, 41(2):163-174.
④ Jakko K, Daan K. Transparent to whom? No algorithmic accountability without a critical audience[J]. Information, Communication & Society, 2019, 22(14):2081-2096.

能技术本身具有较强的专业性和复杂性等限制,研究者更多是从宏观视角出发进行描述性研究。研究主题多为实际操作过程中遇到的困境与问题,在策略分析上较为宏观,缺乏行之有效的问题解决方案。

第二,目前的研究主题涉及新闻传播的信息采集、内容生产与分发、用户体验等方面,研究者对人工智能在新闻传播具体领域应用保持关注,研究体现出一定的现实性,但针对特定问题探讨的视角较为单一,研究范式方面的创新性不足,研究者对相关研究主题的理论性思考有所欠缺,未能形成系统性研究框架。

第三,针对用户体验方面,研究者多从技术伦理、体验升级等角度展开研究。一方面,研究者对人工智能技术可能带来的投入感、在场感、沉浸感等保持期待,提出诸多前瞻性展望。另一方面,研究者对人工智能技术带来的信息茧房、观念极化等问题进行了深入剖析。然而,针对用户体验的效果如何、用户对人工智能技术的态度、人工智能对用户消费习惯影响的探究很少,整体来看,研究者对用户的研究更为宏观,针对性、微观性研究较少。

第四,研究者虽然对人工智能技术应用进行了多视角分析,但是他们针对近年来新兴人工智能技术应用的分析较为浅显,多数从现象层面进行简单描述,前瞻性、预测性研究有所不足。

综合上述分析,本书认为,围绕人工智能在新闻传播领域的应用研究还有较大发展空间。具体而言,主要包括以下几个方面。

第一,深入调研发展现状。现有的人工智能在新闻传播领域的应用研究聚焦于特定生产环节,或缺少一手资料支持,或由于跨学科造成理解壁垒,分析不够深入。研究者可以通过访谈多学科专家、调研业界代表性机构、融合学界业界及中外视野,深入调研人工智能技术在新闻传播领域应用的发展现状,形成涵盖全环节、多实例的研究成果,为理论延伸提供重要基础。

第二,强化业界实践验证。当前,围绕人工智能在新闻传播领域应用的基本问题的研究缺乏业界实践的充分支撑,我国主流媒体在智能编辑部、中央厨房等平台打造上取得了巨大成就,该领域尚未有系统性梳理。从逻辑支撑和主流价值引领需求的角度来看,研究者可以充分强化业界实践验证,为理论问题研究提供一手资料,同时展现我国技术应用的先进成果。

第三,确定技术治理使命。人工智能技术不仅能够助力新闻内容的生产效率提升和信息质量优化,还能够有效发挥舆论引导功能。通过做好顶层设计,加快建成新型主流媒体,打造新型传播平台,构建新型传播机制,形成新型传播模式,新闻媒体能够有效扩大主流价值的影响力版图,实现人工智能为社会治理所用。

第四,提供具体解决方案。为了更好地适应和满足智能媒体时代新闻媒体的主流价值引领任务,我们应致力于加快探索适应新传播格局的主流价值传播体系,制定全面提升新闻媒体主流价值引领力的实施战略。通过梳理分析现有文献,我们可以发现,技术应用的途径问题研究主要由新闻传播学科的研究者完成,这就造成了研究者缺乏跨学科背景的视野局限。研究者应从人文、监管、技术、行业等多个视角齐头并进,试图进一步盘活技术赋能路径,寻找更多人工智能赋能新闻媒体主流价值引领的解决方案。

第二章

人工智能技术推动新闻媒体主流价值传播变革重构

习近平总书记多次就加快推动媒体融合发展发表重要论述,对我国新闻工作者提出希冀,包括"巩固壮大主流思想舆论""用主流价值导向驾驭'算法',全面提高舆论引导能力""扩大主流价值影响力版图"等。① 新闻工作者要传播好、引领好主流价值,首先必须对主流价值有清晰深刻的认识。主流价值来源于马克思主义理论体系、中国特色社会主义理论体系、中华优秀传统文化等人类思想文明瑰宝,其具体内涵与外延需要进一步挖掘、探索和掌握。

在这一认识的基础上,本书将对智媒时代新闻媒体的发展逻辑进行综合性考察,剖析人工智能技术对新闻传播事业的作用机制,完成对智媒时代新闻媒体主流价值传播体系的构建,总结新闻媒体在传播主流价值过程中积累的宝贵经验,为研究的后续开展打下基础。

第一节　人工智能技术推动新媒体变革创新

技术是变革的动因,技术的固有属性也为其发展轨迹和应用图景埋下了伏笔。当前,人工智能以各种方式渗透到新闻媒体的各个环节,在新闻传播业中的应用日新月异。人工智能技术在精准识别、数据标引等方面不断实现技术突破和行业应用,以一种全新方式改变着新闻媒体内容生产与传播机制,推动实现新闻传播业态重构。② 本书将在剖析人工智能技术原理的基础上,透视其背后的逻辑与具体应用程度,从而提

---

① 习近平. 加快推动媒体融合发展　构建全媒体传播格局[J]. 求是,2019(6):4-8.
② 黄楚新,郭海威. 人工智能推动新闻媒体变革创新[J]. 新闻战线,2021(24):44-47.

高人工智能技术在新闻媒体中应用的透明度,助力新闻媒体对人工智能技术的理解、应用、控制。

社会性是人作为社会主体的重要体现,它是人的重要属性之一。人需要与其他人类个体或群体联系与交流,这种交往的需求是人的本质性需求。随着人类社会不断向前发展,交往需求不断得到更大满足。由于媒介技术不断迭代,媒介技术越发丰富着人的感官系统,为人们带来更好的信息交互体验。

从媒介发展历程来看,人类社会大致经历了语言、文字、印刷、电子和网络传播几个重要阶段。在不同的传播阶段,信息传播所依托的主要媒介有所不同,但整体趋势是媒体内容更加丰富,信息接收体验更加优化。在语言产生之后,人能够通过动作、声音、符号等具有特殊意义的标志进行信息传播与交互,但在这一阶段,由于语言没有太多支撑性媒介,其在传播范围和传播距离方面有限,传播效果欠佳。在文字产生之后,人们可以用文字表达特定意义,实现对信息的记录、交流、传输等,信息传播与交互的有效性得到进一步提升,信息传播范围不断扩大。随着印刷术的出现与使用,文字逐渐成为信息传播与交流的最重要中介,信息能够实现远距离和跨时空的传输,这也进一步推动了人类文明的进步。在印刷术发展成熟之后,报纸媒体变得广泛而普及,人类社会开始进入大众传播时代,信息传播成本下降,传播准确性有效提升。随着电子媒介的出现与应用,人类社会开始进入电子传播时代,广播电视给人类社会信息传播带来巨大变革,传播更具时效性,传播范围更加广泛,广播电视所承载的信息内容也更加丰富,显著提升了信息传播效率。随后,网络媒介开始出现,互联网能够集聚各种传播形态与渠道,是以往各类媒介形式的集合体。由于互联网具有较强的交互性与及时性,互联网环境下的信息传播生态更加庞杂,尤其近年来随着各种新技术新应用的涌现,媒介形态更加丰富,人们能够通过互联网实现对信息的有效搜索、及时查看和实时交互,人们的信息传播与交互需求得到更大程度的满足。

在媒介技术的发展过程中,一种媒介的出现并不意味着另一种媒介的消失或被取代,每一种媒介都有自己的特殊属性与功能,在媒介技术演进过程中,新媒介是对已有媒介的延伸与丰富,其内容种类和内容形式也变得更加多样。

随着人工智能技术的快速发展,它在新闻传播领域的渗透也越发深入,产生着深刻影响。人工智能技术以较强的计算能力、学习能力、识别能力等特点推动新闻传播业实现变革式发展。通过大数据技术,人们能够实现从海量网络数据中提取有效信息、筛选重要议题、自动生成新闻内容、向用户进行个性化差异化分发。与此同时,通过人工智能技术与虚拟现实等技术的结合,人们能够打造新闻内容的虚拟情境,为用户带来沉浸式体验。智媒时代,新闻传播业发展与变迁的重要目标仍然是借助媒介实现对获取信息和交往互动需求的满足,这也是媒介技术演进的动力来源。[①]

借助人工智能技术,新闻媒体的变革发展主要体现在对新闻传播边界的突围与拓展。首先是信息采集边界。在以往的媒体环境下,限于技术手段和新闻工作者的精力、能力等,新闻信息采集的范围相对狭窄。然而,在当前的媒体环境下,新闻媒体能够借助人工智能、传感器、无人机等工具在更广阔的视角、更深层的联系中实现对重要新闻信息的提取与挖掘,新闻内容来源更加广泛,主题更加丰富。其次是内容生产边界。在以往的媒体环境下,新闻工作者承担着内容生产制作的重要任务,内容产量与效率相对较低。智媒时代,新闻媒体能够借助人工智能等技术实现对新闻内容的自动化生产与编辑,并生成文字、图片、视频等多种内容形式,新闻媒体的生产效率显著提升。最后是内容传播边界。一方面,借助人工智能,新闻媒体能够实现对用户的精准识别并进行个性化分发,根据用户数据计算和预测用户偏好,使得针对用户的定制化、个性化传播成为可能。另一方面,借助人工智能技术,新闻媒体在内容生产、传播的过程中能够融入用户喜爱的元素,以用户喜闻乐见的方式传输新闻内容或提供关联服务,传播效果在深度上得以拓展。

人工智能技术是新闻传播流程革新、平台再造的重要驱动力。在人工智能技术助力下,新闻媒体能够生产多种表现形态的内容,集聚过往媒体的所有功能,新闻的边界得到拓展,深度得到拓展。

第二节 智媒时代新闻媒体的发展逻辑

人工智能的快速发展及其在新闻传播领域的深度应用,不仅有效推动着新闻媒体生产流程、新闻传播格局与生态的重塑,也有力推动着社会变革。智媒时代,新闻媒体面临着新的发展环境、发展需求,新闻媒体内在的发展逻辑正在发生深刻变化。在传统媒体环境下,新闻本位、媒体本位正逐渐向用户本位、流量本位转移。满足用户需求意味着媒体价值的实现,新闻内容的采集、生产、分发、反馈等诸多环节均开始围绕满足用户需求发力,新闻媒体力求最大限度输出符合用户偏好和价值取向的内容。[②] 基于此,智媒时代的新闻媒体将在技术、用户、市场等多维驱动下升级,构筑媒体领域的新发展格局。

---

① 曾静平. 智能传播的实践发展与理论体系初构[J]. 人民论坛,2018(24):67-73.
② 郭海威,楚颖盈. 智媒时代新闻媒体主流价值传播创新研究[J]. 贺州学院学报,2023(2):66-71.

一、强化技术支撑:推进媒体智能化升级

人工智能是依托大数据、算法、深度学习以及相关传感器,对人的核心智能进行模拟、延伸与拓展的技术科学。① 通过综合逻辑主义、联结主义、行为主义②,人工智能表现出高度的逻辑性、学习性和预测性,在社会生产生活各领域的渗透越发深入,应用越发广泛,有效加速了社会生产生活方式变革。

在新闻传播领域,人工智能结合其他前沿技术应用,使得新闻媒体的内容采集、生产机制、传播逻辑等都发生深刻变化,驱动新闻媒体不断走向网络化、移动化、智能化。随着人工智能应用更加成熟,它越发成为媒体深度融合的技术基石。③ 人工智能有效提升了新闻制作与分发效率,以人工智能为支撑的智能编辑部能够融合各类信息和数据,并实现快速提取、有机整合、高效制作、精准分发。通过人机协作,新闻生产与分发在技术理性和价值理性上将逐渐趋向平衡,驱动媒体生态走向最优化。

受访者吴先生提出:"人工智能在新闻传播业中的应用,决定了媒体不能延续过去的老路,过去的媒体做内容、报道信息,现在的媒体要提供多元化服务。媒体的体制机制创新应该更灵活,媒体应将时政报道、文旅、乡村振兴、舆情监测预警、大数据管理、智慧天气等系列布局纳入智能媒体、智慧城市建设中。比如天气预报精准化帮助景区运作、高清监控帮助当地社会治理,这些其实都属于信息服务的范畴,媒体可以通过统一管理,形成综合信息枢纽。"

调查数据显示,围绕"人工智能对新闻媒体的促进作用"这一话题,有88.66%的受访者认为人工智能促进"变革新闻传播理念",有79.39%的受访者认为人工智能推动"新闻传播流程重塑",具体数据如图2-1所示。

从新闻媒体的信息采集环节来看,人工智能技术应用将实现全时段、多场景、多模态的内容采集。新闻媒体的信息来源将不再局限于新闻工作者自主挖掘及用户反馈,信息挖掘处理开始更多交由媒体的智能大脑进行。媒体通过连接各类交通信息数据库、环境信息数据库、行业发展数据库等,在第一时间获取精准信息数据,同时借助图像、文字、声音等呈现形式的有机集成,使信息内容呈现出丰富多样、精准等特征。与此同时,基于对网络数据的挖掘,人们能够利用人工智能技术对特定用户或用户群体进行精准画像,快速挖掘出某一时段的热点议题,通过对网络中各类相关内容的汇总

---

① 吴军. 智能时代:大数据与智能革命重新定义未来[M]. 北京:中信出版社,2016:2.
② 解学芳,臧志彭. 人工智能在文化创意产业的科技创新能力[J]. 社会科学研究,2019(1):35-44.
③ 沈浩,袁璐. 智能媒体:智能技术助力媒体融合纵深发展[J]. 人工智能,2020(2):5-12.

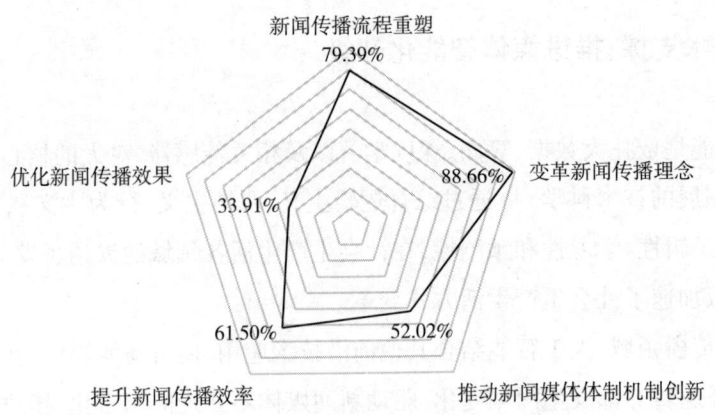

图 2−1　人工智能对新闻媒体的促进作用调查

（数据来源：智媒时代新闻媒体主流价值传播调查问卷，N=1110）

集成，实现热点事件梳理、热点议题排序等功能。在辅助新闻工作者进行采访时，依托语音识别、面部识别等技术，人工智能能够快速、实时将采访内容进行转换归类，并同步至媒体资源库，由此大大减少记者的工作量，显著提升新闻信息采集工作效率，进而提升新闻媒体的整体效率，让新闻内容能够在最短时间内到达用户。[①] 人工智能应用于新闻采集，不仅打破了时空界限，也突破了以往新闻工作者难以分析庞杂数据的局限性，帮助新闻工作者在海量的无序信息中搜寻重要信息，透过现象看到本质，透视事物的发展规律，预测未来发展态势。人工智能显著拓展了新闻采集的边界，同时也进一步提升了新闻价值。在注重人工智能对新闻采集产生促进作用的同时，我们也需要对人工智能介入下的新闻线索挖掘可能存在的问题保持警惕。对于某些虚假信息和谣言，人工智能技术尚未能做到精准识别，仍然需要人工介入审核与把关。另外，在接入用户行为数据库时，用户隐私数据泄露等问题时有发生，需要政府部门、技术平台、用户等多方的协同合作，制定规范的数据采集和使用规则，保护用户隐私。

受访者杨女士表示："目前媒体的新闻议题选择已经不再仅仅局限于记者到处找线索，而是基于大数据挖掘、关联分析等，新闻线索源源不断地被推到记者面前，人工智能扮演着非常重要的角色。人工智能技术应用改变了新闻线索的渠道来源。"

从新闻媒体的内容生产环节来看，人工智能应用能够帮助人们实现对已有新闻资料的迅速整合制作。基于对媒体已有新闻内容的深度学习模仿，人工智能技术能够仿照媒体固有风格和模式进行新闻生产制作。在选定新闻议题后，媒体依托人工智能技

---

① 刘芳，范紫云．人工智能在传媒领域的应用与思考［J］．传媒，2020（23）：38−40．

术能够迅速对相关数据进行识别和技术处理,继而生成符合既定需求的图文或视频内容。① 在2017年的新兴媒体产业融合大会上,新华社的媒体大脑借助各类传感器、摄像头及网络中的数据,生产了第一条人工智能新闻内容。借助庞大的数据库体系,媒体在新闻制作时就占有了丰富的信息资源,这为精准化、个性化内容生产提供了先决条件。虽然目前尚未有完全针对特定用户个体的新闻内容生产,但是面向特定群体的新闻生产已经成为现实并被广泛应用。人工智能应用通过对特定用户群体进行偏好分析,能够实现对该群体的内容偏好准确识别并进行标签化,当出现与其兴趣偏好相关的议题时,媒体依托人工智能技术能够迅速生成相关新闻内容,从而更好满足用户需求。目前来看,机器人写作、创作新闻内容在国内外应用已经较为普遍,且应用成熟度较高,机器人新闻已然在新闻传播格局中占据重要地位。其中存在的黑箱化等问题也需要引起关注。技术中立的标签或将使人工智能在新闻生产制作中占据主导地位,对于可能到来的技术主导问题,我们需要提前思考并做好应对预案。

受访者陈女士提出:"类似媒体大脑这种新闻生产新机制、新模式在以后的新闻生产过程中会变得越来越常态化。作为新闻从业者或者新闻传播领域的研究者,我们需要关注的不仅是技术带给我们何种便利,同时也要思考技术可能带来的问题。技术除了提升新闻生产、传播效率之外,是不是也会在潜移默化中造成人的异化、主体性的丧失等,(我认为)思考这一问题很有必要。"

从新闻媒体的内容分发环节来看,人工智能应用能够实现对新闻内容的个性化、差异化、精准化分发。依托广泛串联的信息数据库,人们利用人工智能技术能够实时掌握社会环境、具体场景、用户状态、用户需求等动态,尤其随着媒体融合程度逐步加深,各类信息服务能够集中于媒体平台。基于对用户状态、兴趣、所处场景等方面的分析,新闻媒体能够对用户进行精准内容分发,包括新闻信息、健康信息、消费信息等,进一步增强与用户的紧密感、亲近感。② 依托人工智能技术,已经生成的各类新闻内容能够按照用户的需求在第一时间找到用户,一改以往的"人找信息"局面。未来,随着人工智能技术越发成熟,以及其他技术及设备支撑的更加完善,新闻分发将更加趋向智能化。在此过程中,由人工智能所主导的新闻内容分发也面临着一些挑战。如人工智能可能带来信息茧房、过滤气泡等影响,容易导致社会价值观念极化、分化问题,同时基于不同知识层次的信息分发可能会导致知识鸿沟的扩大,而对于未能及时甄别的假新闻的分发则容易引发舆论争议乃至社会动荡,这些都是人工智能今后发展过程中

---

① 李欣,许泳佳. 再造流程:新闻生产智能化应用现状及前景分析[J]. 中国出版,2021(2):44-48.
② 周葆华,骆陶陶. 人工智能重塑新闻业:进展、问题与价值[J]. 南京政治学院学报,2018(6):83-89.

亟须解决的问题。

调查数据显示,当被问及发现人工智能制作或传播假新闻/过期新闻,会如何应对时,有93.46%的受访者表示不会回应,有11.78%的受访者表示会通过评论反馈,有4.47%的用户表示会通过私信反馈,具体数据如图2-2所示。用户对假新闻和过期新闻不作回应将更易造成此类内容的增加,这将给整个内容生态带来负面影响。

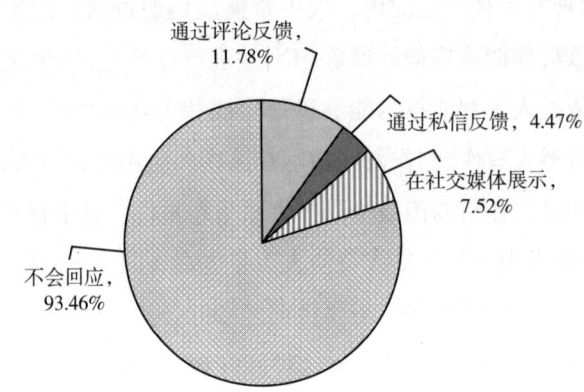

图2-2 对人工智能制作或传播假新闻/过期新闻的回应调查

(数据来源:智媒时代新闻媒体主流价值传播调查问卷,N=1110)

从新闻媒体的用户体验方面来看,人工智能在推动媒体融合走向深入的过程中,它所提供的新闻内容形态更加丰富,主题更加多样,有助于进一步拓宽用户视野,为用户提供多样化、个性化新闻服务。随着融合程度不断加深,技术支撑更加有力,在5G环境下,虚拟现实等技术逐渐应用于各类场景中。在虚拟情境中,用户能够与周边环境事物等进行实时互动,良好的交互性、仿真情境等能够有效增强用户的沉浸感与在场感,为用户提供超真实的信息服务体验。① 在人工智能技术发展过程中,它将更加高效地引领用户参与新闻内容制作与传播,用户的参与感也将进一步增强。用户既是新的"媒体人",又是内容消费者,多元主体的参与将进一步驱动媒体融合走向智能化、人性化,推动媒体生态向好发展。目前,一些技术的成熟度还有待提升,用户体验仍有待优化,这也是今后技术发展的重要方向。

作为技术研发人员的受访者张先生表示:"我们专注于人工智能技术研发和应用,从日常工作视角来看,我们的工作常态就是不停地对这些技术应用进行试错、纠错,说白了就是让它不停地学习,知道和判断什么是有利于人的,什么是不利于人的。比如智能辅助驾驶,安装在驾驶员前方的摄像头,它的基本作用就是通过监测驾驶员

---

① 刘彦鹏,毛红敏. 人工智能重塑新闻生产:量化转向、价值扩展与体验升级[J]. 中国出版,2020(20):24-28.

的目光方向来判断驾驶员是否集中精力,从而实现对疲劳驾驶等行为的提示,但目前来说它还不是特别准确,可能我是在通过观察左右后视镜来判断是否可以安全变道、超车等,这时候系统却提示驾驶员注意力不集中,那么这种错误提示就形成一种干扰,反而不利于驾驶安全。新闻媒体的信息分发或接收体验同样如此,目前的智能应用还相对较为机械化,但人性化趋势只会越来越显著。"

二、坚持人本至上:凸显媒体人性化趋势

在人工智能技术尚不够成熟的当下,人工智能在新闻媒体领域中的应用还存在着巨大安全风险,这类风险的承担者主要是新闻媒体的用户群体。由于算法的不可解释性、不透明性以及数据信赖性等技术局限,新闻传播业的业态重构面临重重困境。目前,人工智能技术在新闻传播实践中的应用,以个性化推荐、即时交互等最为常见,由于算法在设计过程中,对于模型的选择和数据的使用都带有开发人员一定的主观意愿,使得其中隐藏的算法歧视问题呈现出来。采集用户数据、智能推荐等技术一旦被别有用心的人获取和利用,可能使虚假信息、涉黄涉恐信息、违规言论等不良信息内容透过技术漏洞进行传播,形成重大安全隐患。与此同时,人工智能技术在音视频合成等方面迅速发展,以假乱真现象频频发生,个人隐私和肖像权保护等问题成为当前新闻媒体发展过程中不可忽视的问题。

受访者张先生认为:"以假乱真现象现在很常见,有些技术可以说已经非常成熟了,并不像大家日常议论那样好玩、高级,一旦有出格的事情发生,可以说是恐怖的。比如,目前对视频人物进行换脸,通过对口型让外国人说中国话,这些技术已经成熟,但在没有约束、没有底线的情况下,可能引发许多连锁性问题。"

目前,我国人工智能技术与产业发展方面的政策较为开放,以促进激励为主,希望各行各业积极利用人工智能发展优势,努力成为新一轮技术和产业变革的引领者。在新闻媒体的应用实践过程中,对于人工智能安全风险进行有效管控尚处于摸索阶段,坚持以人为本、探寻具有行业针对性的技术安全框架,推动新闻媒体更加人性化,是今后人工智能技术应用的发展与研究重点。

无论是技术的迭代升级,还是行业的创新发展,归根结底,我们的最终目标都是服务于人的发展,满足人的各方面需求,具体到新闻传播领域同样如此。人工智能应用于新闻媒体,对新闻生产、传播、反馈等流程革新与再造,显著提升了新闻生产效率,变革了新闻媒体运营模式,但其价值的根本体现依然在于对新闻用户需求的满足。满足多元化需求,优化新闻获取、接收与交互体验,是新闻媒体中人工智能应用的重要价值

追求。

首先,智媒时代的新闻媒体致力于满足用户的精神文化需求。伴随我国经济社会发展水平不断提升,人民对美好生活的向往越发强烈。其中,人们对高质量的精神文化需求越发旺盛。智媒时代,新闻媒体发展的基本逻辑中蕴含着丰富用户精神文化生活的要求。近年来,短视频、直播、互动视频等快速发展,为人们提供了丰富多彩的娱乐方式。人们既可以通过短视频、直播等观看丰富多彩的视听内容,又可以根据自己兴趣拍摄剪辑短视频、开通直播等,分享自己的美好生活。VR 技术日益成熟地嵌入各类新闻媒体和内容平台,它使用户能够随时随地置身于虚拟情境之中,并以强烈的在场感、沉浸感打造超真实的情境体验。

受访者刘先生提出:"现在大家都在提技术向善,就是让技术更好地为人服务。目前我们也在尝试提供沉浸式体验,虽然在硬件、软件方面都还有很多问题要解决,但整体效果比较令人满意。需要明确的是,技术研发和应用是一个系统性工作,需要多家公司进行跨领域的合作。你很快就会发现,现在所提到的沉浸式体验会成为一种日常化体验,跟我们现在在手机上看资讯一样日常。"

其次,智媒时代新闻媒体致力于满足用户的能力提升需求。随着媒体融合程度进一步加深,新闻媒体成为各类信息内容的聚合平台,也成为庞大的知识数据库。知识传播较以往体现出更强的便捷性、具身性、精确性、互动性,人们可以根据自身需要,通过主动搜索或系统智能推荐等方式,发现对自己有用的知识信息,尤其随着在线课程等内容传播方式的普及,人们可以通过线上学习获取生活常识、专业知识等,进而提升自身能力水平。基于人工智能自身的逻辑性、关联性等特征,一些应用人工智能技术的平台在向用户推荐特定知识内容时,也会根据用户特质和知识属性,向用户推送具有较强关联性的知识内容,从而帮助用户实现对系统性知识的梳理与学习,进而提升用户的综合素质与能力。

最后,智媒时代的新闻媒体致力于满足用户的交往互动需求。作为社会性的人,人们始终存在同其他社会个体或群体进行交往互动的需求。① 智媒时代,新闻传播实践越发重视为用户提供交互信息服务。一方面,新闻媒体平台本身提供交互功能,用户通过即时评论、点赞、发送弹幕、发送私信等,与新闻媒体形成交互关系,将自身的态度、意见等即时反馈,对后续的新闻生产制作、分发等环节产生一定影响。另一方面,新闻媒体能够为用户提供互动平台和渠道,用户能够在媒体平台上同其他用户、主播等进行评论互动,这满足了用户的社会交往需求、社会参与需求。随着技术应用越发

---

① 於春. 传播中的离身与具身:人工智能新闻主播的认知交互[J]. 国际新闻界,2020(5):35-50.

成熟,交互功能将在今后新闻媒体发展过程中表现得更为多样和抢眼。

随着人工智能在新闻媒体领域的应用程度加深,媒体将进一步成为人身体的延伸,能够准确感知用户的所思、所想、所需,并通过多渠道、多模式为用户提供多样化、多模态的内容服务。在人工智能驱动下,新闻媒体的人性化趋势将进一步凸显,新闻媒体在满足用户信息需求的同时,向不同用户推出更加个性化、差异化的服务策略。

三、创新运营模式:提升媒体市场竞争力

随着我国对新闻媒体领域的市场化运营进一步放宽,一些新闻媒体依托自有优势资源,加快创新市场化运营模式,展现出旺盛的发展活力,发展潜力不断被释放。在人工智能技术驱动下,新闻媒体能够充分整合内容资源、用户资源与技术资源,着力提升媒体的核心竞争力,加上逐渐涉足各类商业领域,新时代的媒体经济正在快速增长,并由此反作用于媒体产品力的提升,推动打造具有强大竞争力的新型媒体。[①]

就新闻内容产品而言,智媒时代的新闻媒体通过提供多样化的内容产品来赢得用户,基于内容进行变现是新闻媒体市场化过程中的基本发展逻辑,用户可以通过对新闻内容产品的订阅、打赏等实现对新闻内容产品的付费使用。与此同时,在当前媒体融合过程中,"新闻+"模式应用越发广泛,政务、商务、生活服务等都能同新闻相联结,为用户提供一站式服务。其中,新闻媒体正逐渐打通与电子商务网站的连接通道,人们在享受新闻服务的同时,可以快速高效地跳转至电商平台,此项服务也是当下新闻媒体重要的增值服务模式之一。[②] 优质内容一直是新闻媒体的核心竞争力,在信息量庞大、无效信息铺天盖地的新传播环境下,人们对优质内容的需求不断增加,但优质内容供给相对仍显不足。由于新闻媒体具有丰富的内容生产经验,并且拥有内容生产制作团队,通过版权收费也是新闻媒体重要的盈利模式。另外,新闻媒体基于内容产品所嵌入的广告,借助大数据、人工智能等技术能够实现精准推送、分发,通过向用户推送相关性较强的商品信息获得可观的广告收入。

受访者徐女士认为:"从目前媒体融合这种大趋势来看,媒体的转型从本质上来说只是新闻传播载体和介质的变化。传统媒体要应对新媒体发展所带来的强烈冲击,仍要坚持内容为王,很多从形式上做的改版,我认为意义和价值并不大。"

就新闻衍生服务而言,智媒时代的新闻媒体正在逐渐涉足新闻传播领域之外的商

[①] 郭海威,张守信. 人工智能技术发展与新媒体伦理规制研究[J]. 新闻论坛,2021(5):95-97.
[②] 徐琦,赵子忠. 中国智能媒体生态结构、应用创新与关键趋势[J]. 新闻与写作,2020(8):51-58.

业场景,以期打通更多盈利渠道,创新盈利模式。近年来,全国相继成立多家传媒集团,这些传媒集团在盘活新闻媒体资源、打造核心竞争力的同时,依托自身影响力及资本基础、人才基础、技术基础,尝试进入娱乐、地产、健康、养老、智慧城市等领域,通过输出各类解决方案,打造多样化的商业模式。与此同时,亦有新闻媒体基于自身内容产品打造各类周边产品,通过线上线下渠道销售产品或举办商业活动实现盈利。

受访者阎女士认为:"面对传统媒体式微的情况,对于一些行业性媒体而言,拓宽受众面的意义可能并不太大,服务好行业内的用户更具价值。行业性媒体需要提供更具深度的服务和更有价值的服务。"

人工智能技术应用为新闻媒体的价值变现提供了更多路径。在今后发展过程中,推动新闻媒体自身数据要素市场化也是其市场化发展的重要方向,商业模式的创新探索能够为新闻媒体发展提供资本支撑,是媒体持续输出优质新闻产品的保障。随着技术支撑更加有力,各种传媒新业态将相继出现,为新闻媒体赋能,推动更好实现新闻价值。

与此同时,人工智能技术的广泛应用也对媒体的运营模式变革与创新提出了新的挑战,如何以人工智能技术应用为支撑,将媒体运营做大做强,实现业务转型、经营拓展,是当下和今后一段时期媒体所面对的重要议题。

作为媒体从业者的受访者金女士表示:"媒体融合纵深发展进入深水区,报社的媒体融合已经基本解决了'有没有'的问题,官网、App、各种平台账号都有,其他家媒体有的我们都有。但是在经营方面,尤其是面对人工智能技术的广泛应用,在'十四五'时期,我们需要开阔视野和(请专家)指点迷津,一是新媒体如何变现,二是如何处理坚持主业与多元化经营的关系,三是如何面向行业用户和大众用户开展市场营销。"

第三节 智媒时代新闻媒体主流价值传播体系重塑

传播主流价值是新闻媒体重要的功能,也是新闻媒体得以持续健康发展的内在坐标。主流价值蕴含于新闻媒体所推出的新闻内容产品之中,通过向广大用户传播新闻内容,媒体潜移默化地对用户实现价值引领,进而推动民众的精神文明素养水平提升。

智媒时代,新闻媒体在实践中变革发展,其主流价值传播体系也在此过程中不断实现解构与重构。厘清智媒时代新闻媒体的主流价值传播体系,是实现驾驭算法的关键所在。在当前媒体环境下,新闻媒体依托人工智能,将主流价值自然、生动地蕴含于新闻内容的制作、传播与消费过程中,使得用户在接受智能化的新闻内容服务时,将主流价值内化于心。这是新闻媒体在未来能够持续健康发展的重要保障。

一、以算法为驱动：主流价值有机融入内容生产

在人工智能等技术驱动下,新闻媒体的智能化程度不断提升。新闻内容的生产制作模式较以往发生了显著改变,以往由新闻工作者主导的内容生产逐渐实现权力转移,每个用户都可以贡献内容,成为新闻内容的生产者与制作者。与此同时,人工智能生产新闻越发普遍。由此,新闻内容生产方式转向以人工智能技术为支撑的智能媒体平台的内容制作,主流价值在新闻内容中的体现形式有所变化。智能编辑部通过整合信息库中的庞杂数据,能够进行议题筛选、聚焦,快速、高效实现新闻内容的自动化生成,同时结合各种视听呈现技术打造全新内容体验。[①] 人工智能主导和驱动下的新闻内容生产,可以精准聚焦社会焦点议题,以用户喜闻乐见的方式将主流价值导向蕴含其中,一改往常的生硬嵌入,尤其借助对用户偏好与需求的精准把握,能够在最大限度上赢得用户好感,从而实现主流价值的有效构建、传播与培育。

受访者冯先生提出:"要建设可持续发展的良好网上内容生态,最重要的目标就是实现主流价值影响力的扩大。从我们所接触的主流媒体、商业媒体来看,在它们内容生产过程中,主流价值引领力正逐渐提高。如今的舆论宣传不是生硬地灌输,而是用跟老百姓切身利益息息相关、符合老百姓表达习惯的方式来传播主流价值。在这个过程中,人工智能技术功不可没,通过挖掘、分析行为数据,算法对主流价值传播与引领的影响力不断提高。"

调查数据显示,围绕"人工智能对主流价值传播的支撑作用",有71.32%的受访者选择"差异化、个性化传播提升主流价值传播效果",有63.14%的受访者选择"增加主流价值传播内容供给",具体数据如图2-3所示。借助人工智能等技术支撑,用户可以参与新闻内容生产制作过程。新闻生产与社会价值链有机连接,如此协同、开放的新闻内容制作方式,使得新闻媒体在融合主流价值内容后,更容易对用户的价值观念等产生积极影响,增进用户对新闻媒体、主流价值的内在认同。

在技术逻辑视域下,人工智能促进主流价值融入新闻媒体内容生产的过程,主流价值也保障着人工智能技术在应用过程中向正确方向演进,防止出现"价值偏向"。随着多元主体进入内容生产领域,社会中的各种价值观、思潮也随之涌入,新闻内容生产在迎来创新机遇的同时,也面临着可能夹杂不良社会思潮的挑战。在此背景下,实

[①] 郭海威. 智媒时代新闻媒体主流价值传播模式重塑研究[J]. 现代视听,2023(7):40-43.

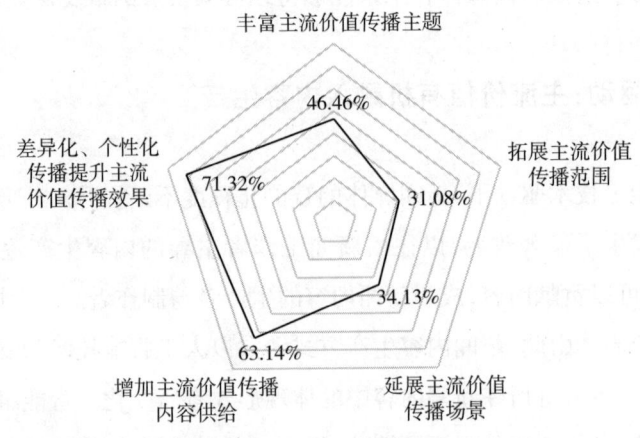

图 2-3　人工智能对主流价值传播的支撑作用调查

(数据来源:智媒时代新闻媒体主流价值传播调查问卷,N=1110)

现主流价值的有机融入能够为新闻内容生产提供参考基准,有效防范意识形态领域风险。

在新传播格局下,人工智能产品通过接入数据库进行自我学习,加上算法设计过程中对主流价值含义的嵌入,使其能够在海量信息中实现对主流价值的独特理解与判断。在新闻内容生产过程中,这种理解与判断将会融入内容制作环节中。由此可见,人工智能驱动之下的新闻媒体,在新闻生产的源头环节就将主流价值导向融入其中。[①] 主流价值的这种嵌入方式是基于对大数据的理解,体现出较强的普遍性和适用性,因此往往能在具体传播过程中取得较好的传播效果。用户在获取和接受与自身趣味一致的信息内容时,无形中对其中蕴含的主流价值产生认同,这有助于相关内容在更广范围内凝聚社会共识。

二、以数据为主导:主流价值调控引导内容运营

智媒时代,新闻媒体内容运营的主导权逐渐被人工智能分流,在用户偏好读取、议题设置、内容分发等环节,人工智能开始占据更多主动权和主导权。随着技术升级,人工智能的学习能力、数据挖掘能力等不断提高,新闻媒体将内容运营逐渐放权,把内容运营交给人工智能进行处理。在此过程中,主流价值正在从离场转向在场,有机嵌入内容运营的各环节,为新闻媒体的内容运营划定范围,防止突破底线

---

① 张志勇. 把握受众需求 弘扬主流价值:谈融媒语境下媒体主流价值传播的供给侧改革[J]. 现代视听,2020(5):63-66.

的行为出现。

首先,在对内容的把关与核验方面,新闻媒体在运用人工智能过程中需要将主流价值纳入其中,以主流价值为基准,构建信息选择的基本框架。由于当前用户等主体均可自由参与内容的生产制作,新闻媒体作为内容聚合平台在进行内容分发之前,需要做好信息的把关,选取符合社会主流价值观的优质内容,摒弃包含错误价值取向的不良内容。在此过程中,媒体必须引入主流价值,确保平台上的内容都符合主流价值,从源头上切断不良内容的传播可能。在把关过程中,由于网络空间中的内容体量巨大,其中不乏假新闻、谣言等信息,要实现对信息的有效核验,除了应在算法设计与升级上下功夫之外,引入主流价值同样至关重要。以主流价值为参考,媒体能够有效过滤诸多虚假信息。将主流价值引入内容的把关、核验与评价体系,能够帮助媒体建立良好的内容审核机制,确保为用户提供的媒体内容均在可管可控的范围之内。

受访者秦先生指出:"具体到内容审核,目前这些体量较大的内容平台以人工智能审核为主,以人工审核为辅,人机协作是内容审核把关的基本工作模式。在这个过程中,无论是对人还是对算法,在前期培训或训练过程中,将主流思想、主流价值融入其中至关重要。换言之,就是用主流思想、主流价值驾驭算法、指导人的实践,继而将它运用到对信息内容的把关环节。主流价值的融入将直接提升媒体对不良信息的识别发现能力。"

其次,在对用户的识别与画像方面,人工智能主导的新闻媒体通常能够基于用户行为数据精准识别其兴趣偏好,进而基于用户画像向其推送符合其偏好的内容。然而,需要注意的是,由于用户的知识水平、媒介素养水平等存在差异,部分用户可能会对错误社会思潮和价值取向感到好奇,亦不乏青少年群体沉迷网络,如果媒体仅仅依靠人工智能从用户数据来进行识别和预测,必然会为不良内容提供生存和泛滥空间,给我国文化安全、意识形态安全带来威胁。目前,新闻媒体在运用人工智能进行用户识别的过程中,主流价值成为一项重要的参考标准,媒体要确保在对用户数据进行读取时,发掘其中积极向上的个性化需求,并以此为目标,向用户推送相应内容,在满足用户需求的同时,助力构建良好内容生态。

最后,在对内容的分发与配给方面,新闻媒体在应用人工智能过程中也将主流价值模型嵌入其中,通过对用户心理、需求、消费习惯等方面的深度挖掘和精准识别,辅以主流价值导向,向用户定向分发特定类型的新闻内容,满足用户的丰富精神文化生活、提升自我能力水平、实现社会交往互动等需要。在此过程中,由主流价值驾驭的算法基于预测模型,兼顾用户需求、社会效益与经济效益,致力于实现传播效果最优化,切实提升主流价值的引领力、号召力与影响力。① 从目前的新闻实践效果来看,人工智能主导的内容分发仍存在一定的局限性,人工智能所谓的"技术中立"无疑难以实现。主流价值导向在内容分发过程中虽然产生一定作用,但是也不时与个别媒体或内容平台的流量追求产生冲突,主流价值导向让位于流量的现象时有发生,在今后发展过程中,主流价值模型需要继续优化和完善。

三、以用户为中心:主流价值深度介入内容消费

智媒时代,新闻媒体的内容消费模式特征正在从大众化转向数字化、网络化、智能化、社交化,用户内容消费习惯与消费环境发生巨大变化。人工智能在新闻传播领域的深度应用使得用户内容消费更多基于人机协同所提供的智能化内容服务,新闻媒体的内容消费迎来强技术支撑、富媒体情境、深交互体验时代。一方面,借助人工智能、大数据、虚拟现实等技术,新闻媒体能够基于用户所处地理位置、数据轨迹为用户量身定制服务,打造体验式消费场景。另一方面,基于对用户行为数据的分析,人工智能能够精准洞察用户偏好与需求,并通过不断学习,提供符合用户需求的媒体内容。从新闻媒体实践经验来看,在内容消费机制方面,新闻媒体积极探索以主流价值为标准,引导形成智媒时代的内容消费新机制。

受访者付先生认为:"人工智能等新技术给媒体带来了很多发展机会,媒体的经营方向也应该向着非传播类产品去转移,如文创产品、电商产品、地产项目、行业分析、策划方案、旅游投资等,但在此过程中,媒体的政治方向、舆论导向、价值取向绝不能发生偏移,主流价值引领这一重要原则必须坚持。"

从媒体内容本身来看,其内在蕴含的主流价值对用户的价值认同起到培育和塑造作用。在人工智能技术影响下,新闻媒体在内容生产、分发等方面既参考用户的需求偏好,又注重结合具体主题融入主流价值,使用户在潜移默化中受到主流价值熏陶与感染,从而提升自我修养。从情境营造来看,新闻媒体在进行内容传播时,结合5G、大数据、云计算、虚拟现实等技术,为用户构筑富媒体消费情境,与此同时,增加即时交互等功能,使用户能够与周围情境实现互动。在此过程中,主流价值融入信息场景之中,润物无声,从而真正将主流价值融入用户内容消费的各个环节,强化用户对主流价值的认同感。

在用户内容消费环节,媒体利用人工智能技术不仅能够在主流价值引导下向用户

---

① 宋建武.全媒体传播格局中的主流价值引领[J].新闻与写作,2019(11):1.

输出高品质的新闻内容,还可通过提供与新闻内容具有显著关联性的其他产品或服务,提升主流价值在用户消费过程中的影响力与引领力。不可否认的是,具体到用户内容消费过程中,不良信息仍然存在,无论是人工智能,还是人机协同,尚不能完全过滤不良信息,这容易对用户形成价值误导,进而带来主流价值的安全风险。进一步优化人机协同在用户内容消费过程中的把关、过滤与推荐机制,是今后新闻媒体人工智能应用继续改进的重要方向。

第四节　智媒时代新闻媒体主流价值引领的内在机理

智媒时代,技术革新与应用改变着新闻传播格局与生态。万物皆媒体、人人皆媒体导致数据体量呈现指数级增长。大数据对人进行标签化,算法推荐凸显了用户个体兴趣,人工智能使得新闻媒体的内容生产与传播呈现出个性化、差异化、定制化等趋势,千人一面的主流价值传播与引领的方法手段已经难以适应分层化、个性化传播的现实局面,这些都对智媒时代新闻媒体的主流价值引领提出了新挑战。我国新闻事业作为党和人民的耳目喉舌,承担着坚守主流权威、弘扬社会主流价值等重要职责。智媒时代,新闻媒体如何全面引领主流价值,是不可回避、必须要解决的问题。

习近平总书记曾就"四全媒体"作出重要论述,为新时代新闻媒体发展提供了基本遵循和方向指引。[①] 基于此,本书认为,智媒时代新闻媒体实现主流价值引领的关键在于提升全程融合力、激发全息创新力、提升全员生产力和提升全效传播力。[②]

一、推进技术应用深度,提升全程融合力

全程是指信息生产、传播与消费的完整的时空流程。智媒时代,新闻媒体利用人工智能技术,能够从时空维度突破传统媒体的局限,有效消除新闻内容传播与消费之间的地理与时空区隔,进一步推进新闻内容的采集、生产、传播、消费、反馈等全流程重塑再造,使传播过程变得更加扁平化,有效提升信息生产效率。[③]

从全程视角来看,新闻媒体在智媒时代的主流价值引领主要体现在两个方面。

一是人工智能的深度嵌入应用推动新闻传播全链条革新再造。在此过程中,新闻

---

① 习近平. 加快推动媒体融合发展　构建全媒体传播格局[J]. 求是,2019(6):4-8.
② 王晓红. 智媒时代主流价值引领需要"四个力"[J]. 现代视听,2020(5):1.
③ 李怡然. 人工智能时代新闻生产创新模式建构研究[D]. 广州:暨南大学,2018:10.

媒体积极拥抱新技术新应用,不断创新信息采集手段、生产模式、传播机制与消费理念,将主流价值引入新闻传播的全链条,从新闻源头到用户消费整个流程,均被纳入主流价值引领的范畴。但技术的嵌入和应用并不等于人们对技术有了掌控权或主导权,如何将技术作为工具,实现价值增值,是一些新闻媒体正在探索的。

作为媒体从业者的受访者徐先生表示:"2014年,我们与社科院合作建立了本行业的舆情智库,现在也在做,但没有从根本上去突破,目前没有实体支撑,有效果和收益,但效果和收益有限,实体化方面面临体制机制问题,国有资本和社会资本怎么紧密合作、技术上怎么突破一直困扰我们。我们的多元化尝试也很多,目前探索中的一些有初步效果的项目如何继续发挥作用,我们还没理清楚。"

以人工智能技术为支撑的新兴技术应用体系为新闻媒体的融合发展提供了重要驱动力,随着媒体融合不断向纵深推进,新闻媒体的全程融合力有效提升,这直接影响了主流价值在新闻媒体以及新传播格局中的嵌入深度、广度,强化了主流价值对多元社会主体的统领力。

二是人工智能等技术的应用在推动新闻生产传播全流程更加透明的同时,也使得新闻事件变得更加透明,事件发生的整个过程都被置于传播链条中,事件的每一步进展都被社会公众的关注和热议。借助人工智能的成熟应用及快速迭代,新闻媒体不断提升自身对新闻事件的监测能力,包括新闻事件的具体进展、民众关注度和议论焦点、民众对事件的态度走向、民众对相关新闻内容的评价等在内的内容,以及与新闻事件相关的所有信息都能够被快速抓取、分类、分析,继而成为下一步内容生产、传播的信息基础。在此过程中,主流价值引领至关重要。新闻媒体以主流价值为基准,以人工智能为支撑,能够有效强化对社会舆论的响应与引导。

当下,人工智能技术加速迭代,它正在从侧重脑结构启发逐渐转向结构与功能并举的双重启发,技术发展与应用前景广阔。在此背景下,新闻媒体在技术应用与升级方面将迎来更多机遇,为媒体融合纵深推进提供更强有力的技术支撑,同时更加高效助力主流价值的传播与引领。

二、探索新型内容形态,激发全息创新力

全息是指新闻媒体的内容形式正变得更加多元化,信息的呈现形式更加立体化,从而使得人类信息接收的方式不再局限于传统媒体时代的听、读、看,而是逐渐转向更加综合化、立体化、多层次的富媒介形式。借助人工智能、大数据、虚拟现实、传感器等技术,新闻媒体能够实现对数据信息的价值判断、关联分析和意义重组,在监管方式、

传播形态、传播渠道等方面实现创新。

受访者沈先生提出:"从策划、采访、编辑、分发,到最后的评论,媒体通过人工智能进行业务的满足,如语音转文字等,其实都是基于语音、视觉、语义这三大方面来进行相应的拓展。"

以人工智能为支撑的新闻媒体充分利用技术优势,不断在新闻内容形态、呈现形式、体验方式等方面发力创新,为用户提供全息化内容。在此过程中,主流价值通过基础模型嵌入其中,或隐含或凸显,使得用户在收获良好内容体验的同时,潜移默化地将主流价值内化于心,成为自身价值观的重要组成部分。

首先,在内容呈现方式方面,传统媒体时代的图文、视频等形式固然重要,随着新传播格局的移动化、网络化、智能化、碎片化等趋势越发显著,新闻媒体开始加快探索在呈现形式方面的创新。借助人工智能、虚拟现实、传感器等,新闻媒体制作推出临场化新闻、传感器新闻、数据新闻等,新闻内容的可视化程度不断提高,用户能够更加直观地获取和理解内容。随着短视频、直播等传播形式兴起,新闻内容的表现形态更加多样。短视频的短小精悍、直播的亲近在场都在最大限度上向用户需求靠近,适应用户的时间碎片化、场景移动等特征及互动参与需求。这一点可以从统计数据体现出来,如图2-4所示,我国网络直播用户及网络视频用户规模整体呈增长态势。

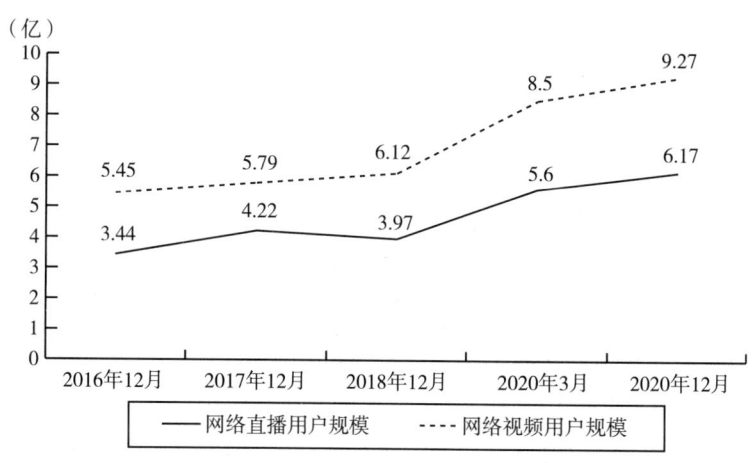

图2-4 2016—2020年我国网络直播/网络视频用户规模

(数据来源:中国互联网络信息中心)

在此过程中,我国新闻媒体在坚持履行好举旗帜、聚民心、育新人、兴文化、展形象的使命任务,推动呈现方式创新的同时,致力于将主流价值有机渗透和贯穿于各类形态的新闻内容之中,强化主流价值引领,有效促进主流价值影响力版图的拓展。

其次,在内容场景构建方面,在5G等技术加持下,人工智能与物联网、3D、虚拟现实等技术有机结合,为新闻媒体的新场景打造不断推出和提供新的解决方案。通过打造富媒体虚拟情境,使得用户在接收信息时能够身临其境,同时能够与周围情境实现有效交互,媒体进一步成为人的延伸,全方位、立体化、多维度拓展了人的身体感官,人们对新闻内容的感受更加立体、真切。在新型传播场景中,主流价值可以融入背景、颜色、事物等各类元素中,主流价值传播生态得以创新性重构,主流价值的传播场景得到进一步延展与丰富。

从内容形态创新着手,加强主流价值引领,是智媒时代新闻媒体新传播战略的重要体现。随着技术成熟度不断提升,新兴技术不断涌现,以发展的思维拓展创新视野,探究新的形态创新机制与模式,是新时代背景下切实提升新闻媒体主流价值影响力所面对的重要议题。

三、调动多元主体参与,提升全员生产力

全员是指社会中的多元主体都通过网络进入信息传播与交互的过程中,人人皆媒体,每个用户都成为信息的生产者、发布者与传播者,人人都能参与内容生产制作。人工智能技术通过网络爬虫、数据库挖掘等方式改变了信息采集方式,通过深度学习、算法设计等实现了信息内容的自动化、智能化生产制作,通过对用户行为轨迹、历史数据等信息的分析,挖掘用户兴趣偏好,实现智能化内容分发。在智媒时代,新闻媒体及各类内容平台在深度应用人工智能技术的同时,也在一定程度上向用户开放使用权限,使每个人都能依托平台进行内容生产传播,加速实现了全员参与的价值生成,有效提升了新闻内容的全员生产力。[①] 至此,新闻媒体的主流价值传播也正在从独创传播走向共创传播,动员更多用户参与到主流价值传播的过程中,切实激发用户的主观能动性,构建全社会维度的信息交互生态和主流价值传播体系。

一方面,在新闻媒体的示范引导下,各类社会主体积极参与到信息内容的生产制作与传播过程中,并基于特定选题,从多维视角进行个性化、差异化叙事。如围绕新中国成立70周年、建党百年等话题,以新闻媒体为主导,各类机构、网民等参与其中,共同展现我国新时代发展取得的重大成就,用本领域、本行业及用户个体的发展经历,讲述好中国故事,传播好主流价值。另一方面,新闻媒体不断加大人工智能的应用力度,重视人工智能对新闻媒体的支撑作用,以人工智能技术为主导,更进一步了解用户、服务用户、调动用户,将用户纳入新闻内容生产全流程。在此过程中,新闻媒体始终坚持

---

① 张超,钟新. 从比特到人工智能:数字新闻生产的算法转向[J]. 编辑之友,2017(11):61-66.

主流价值导向,激励全体社会成员加入社会主流价值共创共享的行列中,构筑新型主流价值传播体系,提升主流价值影响力。

随着多元社会主体参与到内容生产过程中,各类思想观念和价值取向出现,一些不良社会思潮、意识形态趁机涌入,无形中给主流意识形态带来冲击和消解的风险。对此,新闻媒体同相关监管机构、技术平台等不断加强合作,探索构建以主流价值为主导的内容监管把关机制,从而为主流价值在智媒时代高效精准传播提供有力保障。

四、构建协调联动机制,提升全效传播力

全效是指新闻媒体正在从信息平台转型为综合性信息服务平台,新闻媒体的功能实现了多维度、全方位的拓展与延伸。在新传播格局下,以人工智能技术为依托,新闻媒体不仅能够传播信息,根据用户行为数据制定精准化传播方案,还能根据用户使用所展现出的各类反馈数据,研判、确定新的热点议题,并为用户配给、输出相应的内容服务、社交服务、生活服务、政务服务等,有效提升新闻传播的全效性。智媒时代,新闻媒体逐渐从信息平台转向综合性服务平台,向用户提供多元化的服务形式,与此同时,还能够对信息服务效果进行即时监测反馈,全效传播力不断提升。

为实现主流价值高效传播与引领,新闻媒体借助人工智能技术,不断加强同其他主体的协同合作,构建了有效的联动机制,从而使主流价值传播能够多方助力、共同参与,媒体在满足人民日益增长的美好生活需要的同时,提升主流价值的引领力与号召力。

新闻媒体主要致力于生产优质新闻内容,保证新闻媒体自身的核心竞争力,从而为主流价值传播奠定坚实基础。基于信息服务的综合服务聚合,是新闻媒体的另一重要功能,新闻媒体在一定程度上承担着整合各类服务资源的任务,即依托人工智能技术,实现内容与服务的有效推送。另外,媒体需要通过自主研发或同其他技术平台合作,建立新闻媒体内容评价机制,从而将内容评价反馈作为后续新闻生产传播的重要参考。

政府部门更多履行监管和引导职能,对智媒时代的新闻媒体制定相关鼓励性或规制性政策法规,确保新闻媒体所输出的新闻内容符合主流价值导向,传递正确的世界观、人生观、价值观,从而推动社会精神文明不断向好向优发展。

目前一些较大的内容聚合平台都建立了自己的技术研发团队,通过将人工智能与人工有机结合,在提升新闻内容生产和分发效率的同时,能够确保平台上的内容不突破社会主流价值底线,对用户具有正向引导作用。人机协同机制的建立,使得内容平台能够兼顾技术与人文的双重视角,有效保障社会效益。

作为技术研发人员的受访者王先生表示："就新闻传播业而言，人工智能技术未来将在媒资管理方面有更多拓展和探索空间。目前来看，一些主流媒体正在运用的面向新闻内容的智能化标签体系，可以实现对多模态内容的准确识别与检索。这一智能化标签体系不仅具备对内容进行标签化分类的能力，还具备对内容的审核把关能力，也就是对内容质量的管控能力。"

第三章

万物皆媒环境下的新闻媒体价值共创

随着人工智能在新闻媒体中的应用更加广泛深入,加之物联网、大数据等技术的支持,新闻传播开始进入智媒时代。在此背景下,新闻内容生产与传播表现出显著的扁平化、大众化、平等化等特征转向,内容生产方式出现了变化:从专业生产内容(Professional Generated Content,PGC)到用户生产内容(User Generated Content,UGC)转向机器生产内容(Machine Generated Content,MGC)或人工智能生产内容(Artificial Intelligence Generated Content,AIGC)。智媒时代,媒体逐渐呈现出多元化社会主体、多样化技术支撑、多媒介形态和内容样态等特点,决定了媒体必须吸纳更多社会主体的力量参与主流价值引领,各类社会主体围绕共同目标形成合力,协同开展主流价值传播。与此同时,面对智媒时代纷繁复杂的技术现实,建立对人工智能和大数据等新兴技术的伦理规制,避免出现技术的滥用误用,也是新闻媒体实现主流价值传播和引领的重要前提。

第一节 新闻媒体价值共创的内涵与模型构建

智媒时代,新闻媒体的价值共创是其实现主流价值引领的基础前提。探索新闻媒体的价值共创,首先需要厘清价值共创的具体含义,从而为探讨构建能够充分调动社会多元主体参与积极性的目标框架及技术伦理框架提供参考。新闻媒体价值共创的实现,涉及对各参与主体的价值平衡,如何有效避免过度重视商业效益、忽视社会效益与社会责任,是实现价值共创的重要目标。

一、价值共创的内涵

价值的创造与体现是商品的生产主体最关注的内容,然而,在不同环境下人们对价值创造呈现出不同的观点。在传统观点视角下,价值创造的主体是生产者,其他主体不参与价值创造,消费者只是价值的使用者与消耗者,是价值得以发挥的关键主体。然而,在价值共创视角下,生产者与消费者均参与了价值的创造过程,二者协同实现了价值共创。在以消费者为主要参考的基础上,生产者在完成商品生产后,将一定的价值融入商品之中,价值只是完成了生产和浓缩环节,真正的价值尚未体现出来,价值的创造应包含价值的生产与消费整个流程,由此才最终完成和实现价值创造。① 在价值消费环节,商品为消费者提供服务,满足消费者的特定需求,为消费者带来特定消费体验,由此完成价值创造的整个过程。从企业经营视角来看,价值共创应该是更广视域下,由参与商品生产、传输、消费、监督、反馈等环节的各类主体协同配合,共同参与完成价值的生产、交换与消耗的过程。多元参与主体是价值共创得以实现的核心与关键所在,在此过程中,各参与主体均在参与价值创造时实现了自我价值增值,这也是价值共创的目标所在。②

从价值共创主体来看,单独的生产者或消费者并不能完成和实现价值创造。在新消费环境下,价值创造是一个完整的过程,从价值的生成、传播到存储、消耗,再到反馈、价值再造等,是一个完整的价值增值与创造过程。在此链条中,多元主体结合各自特征优势参与价值创造。在商品价值实现的过程中,各主体由于付出相应精力,也同时实现了自身的价值创造。在价值共创理论驱动下,新的消费习惯和消费模式也逐渐形成,价值创造链条趋于扁平化,且其中消费环节最为关键,消费者对商品的体验与评价决定着价值创造效果。因此,在当下价值共创过程中,虽然涉及多样化的主体参与,但是消费者占据着相对主导地位。

从价值共创过程来看,价值的创造贯穿于从生产至消费完整的全链条中,它并非集中于某一环节,其中涉及多个环节、多类主体、多种场景,因此该过程是动态、综合、复杂的。价值共创过程不仅包括商品产销,还包括各种集成、汇聚、转化与交换,生产方、供销方、运输方、监管方、消费方之间建立与形成有机互动机制,在各类生产资料、产品的优势互补中达成价值创造的目的。随着新的消费场景不断出现和应用,价值共创过程也发生着深刻变革,价值共创所涉环节得到简化,价值创造效率显著提升,价值创造模式也不断得以更新。③

从价值共创目标来看,多元主体参与下的价值创造,涉及多个环节和多种影响因素。不同于传统视角下的价值生成或价值消耗,在新消费环境下,价值创造不再局限

---

① 周文辉,曹裕,周依芳. 共识、共生与共赢:价值共创的过程模型[J]. 科研管理,2015(8):129-135.
② 武文珍,陈启杰. 价值共创理论形成路径探析与未来研究展望[J]. 外国经济与管理,2012(6):66-73,81.
③ 朱良杰,何佳讯,黄海洋. 数字世界的价值共创:构念、主题与研究展望[J]. 经济管理,2017(1):195-208.

于商品本身所蕴含的价值,在多元主体共同参与价值创造的过程中,主体的主观能动性被有效调动起来,各主体也实现了自我价值增加,商品价值加上各主体所增加的价值,使得价值量明显增加。因此,在价值共创理论视域下,价值共创的终极目标没有简单聚焦于商品的价值呈现,而是力图在价值创造过程中,参与各方均能收获价值,进而推动实现价值创造的效益最大化。随着新的消费模式不断涌现,价值共创的参与方能够更加高效地实现联动,将进一步促进价值共创。

从价值共创结构来看,在新消费视野下,价值的创造已经突破了商品生产车间或是具体的消费场景,而是更加多维、立体地置于围绕商品消费所构成的庞大而完整的服务生态系统中,价值创造开始呈现出多层次、多场景、多阶段等特征。[①] 价值创造的过程也是价值生成与增值的过程。基于构建好的协同联动结构,各参与主体立足本位,以价值创造为共同目标,兼顾本环节价值发挥及同其他主体的有效合作,为价值共创提供了良好的系统和结构支撑。[②] 随着价值生产与消费越发趋于便捷化与扁平化,价值共创结构也将不断得到优化重塑,推动价值创造向更好更优方向演进。

二、新闻媒体价值共创的模型构建

依照霍尔的编码与解码理论,用户对新闻媒体内容的解读通常有三种方式,一是被媒体所主导,二是自我主导,三是协商式解读。三种解读方式代表的是用户在对内容进行解码时所持有的立场。在智媒时代,这三种解读方式仍然有效,编码、译码、解码的整个过程以及其中所涉及的各类主体、多个环节共同作用于新闻媒体内容的价值创造。人工智能技术应用推动新闻传播领域变革重塑。在新传播格局下,新闻媒体的价值共创是指在新闻传播过程中,内容采集、生产、传播、消费、反馈等多环节所涉多元主体共同参与,实现对价值的共同创造与分享的过程。[③]

智媒时代,新闻媒体在实现流程再造的同时,信息采集方式、生产模式、传播渠道、消费模式等都发生了显著变化,要达成价值共创,需要将所涉各类主体有机联系,形成联动机制,在内容配置、整合与分发上充分依托比较优势,形成价值创造合力,既实现各参与主体的自我增值,又有效实现主流价值传播与引领,由此实现价值共创的终极

[①] Lusch R F, Nambisan S. Service innovation:a service – dominant logic perspective[J]. MIS Quarterly, 2015(1):155 – 175.
[②] 王发明,朱美娟. 创新生态系统价值共创行为协调机制研究[J]. 科研管理,2019(5):71 – 79.
[③] 严三九. 融合生态、价值共创与深度赋能:未来媒体发展的核心逻辑[J]. 新闻与传播研究,2019(6):5 – 15,126.

目标。基于此,结合智媒时代新闻传播业的新变化、新形势,本书提出新闻媒体价值共创的基本模型(图3-1),试图从更广阔的系统性视角看待新闻媒体的价值共创,为智媒时代我国新闻媒体实现主流价值传播与引领提供参考。

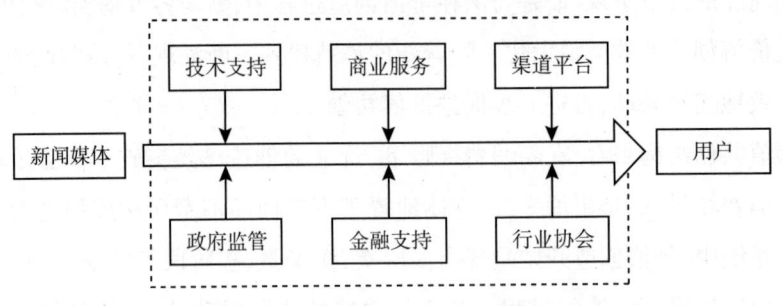

图3-1 新闻媒体价值共创的基本模型

智媒时代,新闻媒体的价值创造正在突破以往视角下仅依靠内容生产或用户消费的局限,新闻媒体协同用户、技术平台、内容平台、金融平台等形成价值生成、创造、流通与外显系统,价值在该系统中从新闻媒体流动至用户端。与此同时,价值在流动过程中不断凸显,各参与主体也相继实现自我增值。这一过程的完成意味着价值创造的实现。① 人工智能为价值流动与增值提供了重要条件,通过丰富内容主题、增加参与主体、拓展价值流通渠道等,新闻媒体打造出新型价值创造模式。

受访者罗先生提出:"新闻内容的意义生成或者价值创造,不是传者或受者一方所能达成和实现的,这一规律自从人类有了传播活动开始就一直适用,只不过随着时代发展变迁,意义生成、价值创造所处的信息传播环境发生了变化,所涉及的参与主体、过程、机制等都在不断更新。面对人工智能在新闻传播领域的应用逐渐深入,我们现在所要探讨的是智能传播语境下的价值创造,算法加持下的价值共创相较以往有很大不同。"

从参与主体来看,智媒时代的新闻媒体价值共创涉及多元化的主体,且主体之间能够实现相互交叉互动,搭建协同机制,以往的单一主体主导的价值创造转向复杂系统结构中多主体共同参与的价值共创。在此过程中,随着新闻传播的智能化、网络化、移动化等程度不断提升,具体到不同的新闻内容,在价值创造过程中各主体的参与程度或将存在一定差异,主体之间的互动关系也有所不同。受到人工智能技术驱动与主导,在价值共创模式下,媒体形成追求效益最大化的目标,实现资源的优化配置和建立差异化互动参与机制是媒体的重要手段。

---

① 苏衡,严三九. 数字化背景下新闻媒体与消费者价值共创研究[J]. 新闻大学,2019(7):96-108,124.

从参与过程来看,智媒时代的新闻媒体价值共创的过程也是价值流动与增值的过程。以满足用户需求和优化用户体验为中心,新闻媒体在信息采集、内容生产过程中,将基本价值蕴含于新闻内容之中,价值在传播过程中随新闻内容实现流动。在技术支持、商业服务、政务服务、金融支持、政府监管等共同作用下,媒体确保新闻内容始终符合主流价值,同时以新闻内容基本价值为依托,实现各主体的自我价值增加。当新闻内容传播至用户端,在满足用户个性化需求和体验的过程中,新闻内容的价值得以最终体现。受到用户自身价值取向等方面影响,最终体现的价值与原有的基本价值或存在差异。由此,随着新闻内容传播过程的结束,价值创造也得以完成。

从参与环境来看,智媒时代新闻媒体的价值共创处于一个开放、多元的场域之中,其中涉及政治环境、经济环境、技术环境、文化环境、社交环境等。新闻内容与商业服务、政务服务、生活服务等有机结合,通过打破技术壁垒、突破行业边界,新闻媒体的传播环境得以无限扩大。在媒体、政府、平台、用户、行业协会等多方力量的共同参与下,开放性的组织边界、融合性的信息形态、互动性的交互关系得以形成,进而推动以新闻内容为基础的价值共创拥有更为强劲的动力支撑。

从参与模式来看,在以人工智能为驱动的新传播格局中,新闻媒体的价值创造正在从一方主导转向依赖多方协同的合作关系。在此过程中,新闻媒体或渠道平台起到资源聚合作用。依托人工智能技术,媒体能够准确识别和预测信息内容的流动趋势、用户消费偏好与传播效果,从而助力实现更高水平的信息传播。各类主体逐渐建立起有机的协同关系,并基于各方资源优化价值创造的参与模式,继而推动实现价值最大化。

第二节 新闻媒体价值共创的必要性与迫切性

向社会传播主流价值是智媒时代新闻媒体所肩负的重要使命任务。当前,我国正在加快推进现代化建设新征程,处于"两个一百年"奋斗目标的历史交汇期,面对中华民族伟大复兴的战略全局和世界百年未有之大变局,新闻媒体对主流价值的传播与引领变得格外重要。

随着人工智能、大数据、云计算等各种技术逐渐深刻嵌入新闻媒体的运作系统之中,新闻传播行业迎来巨大变革,人类社会正在进入万物皆媒的时代。在此背景下,主流价值传播也迎来了更广阔的发展空间,为基于新闻媒体内容的价值创造创新提供了更广阔的舞台。但在此过程中,由于价值共创涉及社会各类主体,涉及对新闻媒体、商业平台、用户等主体的价值平衡,过度重视经济效益而忽视社会效益的现象时有发生,人工智能、大数据、云计算等技术在使用过程中可能出现侵犯用户隐私、导致歧视仇恨、带来新的社会不公等问题。这些问题都在无形之中对主流价值传播与引领造成冲击和威胁,可能导致主流价值根基被动摇。调查数据显示,关于人工智能在新闻媒体应用中的最大挑战,有73.28%的受访者选择"用户隐私数据泄露",有64.99%的受访者选择"过度迎合用户需求",具体数据如图3-2所示。

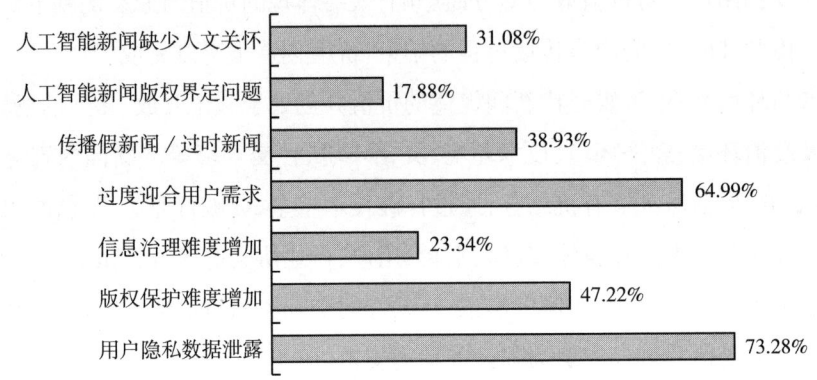

图3-2 人工智能在新闻媒体应用中的最大挑战调查

(数据来源:智媒时代新闻媒体主流价值传播调查问卷,N=1110)

在此背景下,强化新闻媒体自身所肩负的使命任务,推动实现价值共创,传播好主流价值,显得尤为迫切。基于调查问卷数据与深度访谈所获取的资料,在综合梳理分析的基础上,本书认为,新闻媒体价值共创的迫切性主要体现在以下四个方面。

一、算法黑箱冲击主流价值底线

人工智能技术以算法为重要支撑。在新闻媒体的实践应用中,人工智能以特定算法模型嵌入和影响信息采集、内容生产、内容分发、用户体验等各个环节,算法逻辑越发在新闻实践中占据主导地位,对于议题选择、议程设置、舆论引导等产生重要作用。然而,在此过程中,由于算法本身具有高度的复杂性,其设计机制、计算原理等方面的透明度较低,黑箱化特征明显,这导致算法往往难以被有效管控,由算法主导的传播过程存在一定的安全风险。[①]

人工智能基于对现有规制、社会结构、人们的行为模式等方面的模仿与预测,通过

---

① 谭九生,范晓韵. 算法"黑箱"的成因、风险及其治理[J]. 湖南科技大学学报(社会科学版),2020(6):92-99.

自主学习、深度学习,为人们提供智能化服务。与此同时,由于算法存在识别、把关与筛选机制问题,它有可能学习人类社会中固化的偏见、仇恨等思维模式,在具体运行过程中,无意识地将歧视、偏见等纳入,增加人工智能的运行风险。具体到新闻媒体领域,人工智能虽然能有效帮助媒体提升新闻生产与传播效率,但是如何实现人工智能应用的可管可控是新闻媒体行业面临的共同挑战。[①] 在新闻媒体人工智能应用实践中,识别不精准、标签错误、人机互动出现侮辱性词汇、传递不良社会思潮和价值观等问题屡次出现,这对社会主流价值造成严重影响和冲击,显然违背了新闻媒体进行主流价值传播与引领的初衷。近几年引起普遍关注的大数据杀熟等问题也是人工智能技术应用过程中出现的较为典型的偏见和歧视问题。

受访者杜先生提出:"目前,我们在网络内容建设方面的力量正在不断加强,主流价值的影响力不断提高,新闻媒体的格局正在打开,媒体的深度融合被良好破题,县级融媒体的建设、推进和服务功能的实现方面都取得一定成效,理论传播、国际传播、舆论引导等方面的短板不断被补齐。但当我们对人工智能、大数据、物联网等技术的应用越多,管理上也就面临越大的挑战,尤其是当前提到较多的算法治理。摸不透算法运行的内在机理,就管不好互联网内容,因为算法已经成为互联网内容建设的一项基础设施,是内容运营逻辑的一部分。"

在新的传播格局下,算法在新闻传播生态中的重要性和占据的地位越来越凸显,以往的媒体本位开始让位于算法本位,算法作用于新闻传播的全流程、全链条。在此过程中,标榜技术中立的算法很难完全做到价值平衡,从而导致不良信息进入新闻传播链条之中,给主流价值带来威胁。究其原因,一方面是在设计算法过程中,设计者融入了自身的价值观,由此导致算法在干预新闻生产与传播过程中,表现出一定的倾向性,但这种算法偏见与歧视往往难以被外界所察觉,内容消费者仍具有一定的被动性。另一方面是算法在运营过程中,它通过不断进行学习来实现自主演化,然而,其学习资源来自互联网这一庞大的数据库,其中掺杂的多元化的价值取向、社会思潮等内容使得算法在学习演化过程中不自觉地将这些内容内化为计算规则,进而将其体现在具体的新闻实践中,对主流价值和意识形态造成干扰。

面对算法黑箱所带来的主流价值被冲击与消解的风险,新闻媒体价值共创显得至关重要。应将政府监管部门、行业协会、相关技术平台等其他力量引入新闻媒体价值创造过程中,实现优势互补,形成合力,不断强化各类新闻传播主体对算法的监督与规制,及时查找和填补算法中存在的各种漏洞,严防算法霸权,进一步确保新闻媒体价值

---

① 赵瑜. 人工智能时代新闻伦理研究重点及其趋向[J]. 浙江大学学报(人文社会科学版),2019(2):100-114.

创造始终处于主流价值范围之内。我们要用主流价值驾驭算法,推动算法走向透明化和开放化,消除算法主导下可能产生的不良信息衍生空间,保障主流价值的传播力、影响力、引领力与号召力。①

对于算法黑箱等问题,中国、美国、欧盟等均在立法方向进行探索,试图找寻对算法进行有效监管的渠道和路径。我国在2020年就《个人信息保护法(草案)》征求意见,针对利用个人信息进行自动化决策作出规定;美国就算法监管不断推进立法进程,相继发布《算法问责法2019》(The Algorithmic Accountability Act of 2019)的草案和《数据问责和透明度法》(The Data Accountability and Transparency Act of 2020)的讨论稿;欧盟相继发布《数字服务法》(Digital Service Act)和《数字市场法》(Digital Markets Act)以及《算法问责及透明度监管框架》(A Governance Framework for Algorithmic Accountability and Transparency)。但从目前来看,算法监管仍存在较大空白有待填充。

在强化算法监管的基础上,掀开算法黑箱,将算法置于主流价值的标准框架之内,对于扩大主流价值影响力版图、强化主流价值引领、推动实现新闻媒体的价值共创和价值增值,具有重要现实意义。

二、精准推荐阻碍主流价值传播

人工智能应用于新闻媒体领域中最为突出的表现就是能够实现个性化、差异化的精准传播。人工智能基于对用户数据、消费场景等方面的深度学习分析,能够精准识别用户的消费偏好,从而在新闻内容数据库中找寻相关内容,向用户进行定向精准分发。简而言之,即人工智能能够准确了解用户看过什么、喜欢什么、想看什么。过去由媒体机构或新闻工作者主导的拟态环境构建开始交由人工智能主导,人工智能为人们提供定制化、类型化的新闻内容,但当人们开始适应并沉浸于由人工智能所构建的拟态环境时,信息茧房效应也逐渐凸显,用户既有的对于事物的认知印象会在人工智能精准推荐的机制下越发得到强化。② 在此过程中,算法对用户需求的迎合与满足虽然在一定程度上提升了用户体验,但也将用户困在了自己的兴趣偏好圈子内。随着用户固有认知不断被强化,圈层化趋势开始凸显,社会思想观念出现极化和分化现象,甚至出现激烈的舆论纷争和社会撕裂。

---

① 杨学科.论智能互联网时代的算法歧视治理与算法公正[J].山东科技大学学报(社会科学版),2019(4):33-40,58.
② 宋婷.智媒时代:个性化推荐对传播生态的影响——基于今日头条人工智能信息平台的研究[D].烟台:烟台大学,2018:61.

在当前媒体环境下，随着社交媒体应用越发广泛，以各类社交媒体为中介的交往互动变得更加便捷和频繁，社会思想观念更加多元，但其中不乏一些不良价值理念，尤其是随着全球网络互联互通，国外各类不良思潮也通过各种包装形式渗透到国内互联网中，我国主流价值面临的安全风险进一步增加。从现有应用来看，人工智能在新闻媒体中的嵌入更多以用户需求为主导，以流量增长为目标，不时出现挣脱主流价值框架的现象，导致主流价值传播受到阻碍。一方面，从用户视角来看，随着人工智能的智能化精准推荐，用户的固有使用偏好和价值取向不断被强化，用户对其他类型内容或与其自身价值观有出入的内容往往持抵制态度。人工智能构筑的拟态环境促进了用户的自我涵化，用户之间、群体之间的圈层化现象日益显著，自我防护屏障由此形成，主流价值内容难以进入用户视野，导致主流价值传播受限。另一方面，从算法视角来看，受到算法设计时的个体主观价值植入、自主学习机制以及媒体或平台倾向性影响，算法导向的内容会在一定程度上出现与主流价值相排斥的取向。用户至上、流量至上的理念在算法中更多时候居于主导地位，这导致主流价值对算法的驾驭度不高，虽然媒体能够通过制约性措施强化算法对主流价值内容的推荐，但是在效果实现上往往会打折扣。

人工智能主导的精准推荐使得信息茧房、过滤气泡等效应凸显，在促进社会观念多元多样的同时，也容易形成价值观对立，尤其在涉及民生、环境保护等各类热点议题时，社会舆论中的多元思潮交锋愈演愈烈，甚至可能上升至激烈的意识形态纷争，给主流价值、主流意识形态带来冲击风险。

受访者任先生提出："基于用户数据的精准推荐，更多是对用户既有行为习惯的强化。技术的使命是服务于人、满足人的需求，网络平台过度依赖算法，可能会让用户困在特定偏好中，与其兴趣不相符的内容则难以穿透这种偏好的屏障。"

在此背景下，强化主流价值在精准推荐中的主导和嵌入程度显得尤为重要。与此同时，对于圈层化现象的突破，更关键的途径在于要将新闻媒体、监管部门、行业协会、技术平台、用户等主体综合纳入精准推荐的机制形成与优化过程中，防止出现算法霸权，构建由主流价值主导、多方监督参与的良好传播生态，推动实现价值共创，传播好主流价值。目前，新闻媒体业已经围绕上述议题进行了有效尝试，使得算法推荐在基于用户信息匹配基础上，将社会环境、热点议题等体现公共属性的要素纳入参考范围，推动主流价值潜移默化地穿透圈层与茧房，在减少社会分歧、弥合社会撕裂、凝聚社会共识上起到重要促进作用。

三、数据导向造成隐私泄露风险

数据是新闻媒体中人工智能应用的最核心支撑,无论是信息采集,还是内容生产与传播,都涉及对用户信息的抓取、归类、整合、挖掘、分析,数据导向是人工智能在新闻媒体中应用的基本逻辑。人工智能集聚海量数据,并进行挖掘、重组,继而通过传播、消费,实现价值生产与创造。在此过程中,数据挖掘的边界问题、数据使用权限问题受到各方关注和热议,目前广泛应用的人脸识别、语音识别、深度挖掘等技术使得用户隐私被侵犯和泄露的风险显著增加,由于现有法规在精确性、执行力等方面存在不足,人们的数据安全仍面临诸多挑战。推动新闻媒体价值共创,即力图在各参与主体的共同介入下,进一步划定数据使用边界,严格禁止对用户数据进行非法收集与关联分析,使得数据使用始终处于法律和道德许可的范围之内,为价值共创奠定良好基础。

新闻媒体价值共创的基础在于新闻传播所涉各方参与到价值创造过程中。仅凭新闻媒体、技术平台、监管部门、用户等任何一方,都难以确保数据使用在合理轨道运行。这是因为,数据来源、数据存储、数据保护、数据使用、数据披露等都是由不同主体主导的。作为智媒时代新闻媒体价值生产与创造的基石,数据应该被置于多方参与的使用框架之内。只有确保数据的收集与处理合理、合法、合规,才能确保新闻媒体的价值生产与创造是有意义的。

目前,数据导向可能导致的隐私泄露风险主要表现在两个方面。一是算法本身不受限制。算法在被赋予特定的数据收集与挖掘目标后,并未被指明有哪些信息不能被采集。在强大的算力面前,各类隐私数据在用户不知情的情况下都被提取、应用,导致用户在算法面前完全成为透明人,没有隐私可言。二是数据使用与保护不规范。人工智能应在许可范围内进行数据收集与分析,致力于服务价值生产与创造。然而,在此过程中,出于特定目的的数据使用或披露容易使数据背后的用户被精准识别,特定用户隐私被暴露在公众面前,同时存在数据存储安全机制不健全的问题,导致数据被盗用甚至用于非法交易,给用户带来安全隐患。[①]

在此形势下,推动新闻媒体实现价值共创极为迫切。只有将多方主体纳入数据采集、使用的执行和监督过程中,才能确保数据导向始终符合主流价值导向。通过多方共同参与,及时查找和填补数据安全漏洞,规范数据使用机制,制定相关的数据安全

---

① 毛云龙."互联网+"背景下用户隐私泄露与保护研究[D].南京:南京大学,2018:4.

策略,保证数据创造正向社会价值,助力主流价值传播与引领,同时保障用户隐私安全。

四、技术人文并重导向亟待提升

人工智能在新闻媒体中的应用显著提升了新闻内容的生产与传播效率,同时也助推了经济效益和社会效益的提升,随着相关的新兴技术不断涌现,新应用、新业态、新模式等给新闻媒体的创新式、跨越式发展带来了更多想象空间,使得新闻媒体对人工智能技术发展格外重视,人工智能的主导性地位不断凸显。由此而生的技术乐观主义与技术悲观主义争论不绝于耳,使大众对未来新闻媒体中的人工智能应用进行深入思考。

人工智能技术对于新闻传播业产生了重要推动作用,带来巨大变革,其主导性不断加强,但问题也随之而来,即技术至上引发的价值创造危机。一方面,人工智能应用出现滥用现象,即一切可供算法执行的工作都交由人工智能执行,整个新闻传播流程都被人工智能嵌入,并越发占据主导地位,由此出现用户隐私被侵犯、内容价值导向错误、信息茧房效应、社会观念圈层化等各种问题,使得主流价值传播与引领面临诸多阻碍。另一方面,对人工智能的过度重视导致人的主体性在新闻传播过程中受到弱化和忽视,新闻内容生产与传播的人文理性不足,技术理性主导了社会价值传播,技术中立这一伪命题的局限性也持续被放大,与主流价值不相符甚至相悖的内容被广泛传播,主流价值面临的安全风险加大。

智媒时代,人工智能对于实现主流价值的更高效传播与引领具有重要意义。然而,对技术的盲目推崇亦会导致上述各种负面问题和效应的出现,探索以主流价值为引领,平衡好技术理性与人文理性,将人的主体性与人工智能的高效性相结合,是未来新闻媒体健康发展必然的方向和路径选择,也是促进主流价值传播与引领的重要支撑。[①] 调查数据显示,围绕"智能媒体传播中谁占据主导地位"这一问题,有23.12%的受访者认为"由人工智能主导",有27.04%的受访者认为"由人主导",47.55%的受访者认为"人机协同共同主导",如图3-3所示。

坚持技术与人文导向并重,同样需要多主体的共同参与。从技术视角来看,作为支撑方的技术平台、应用方的新闻媒体、使用方的用户、监管方的政府部门、智库方的行业协会等,需要联合发力,致力于实现技术迭代发展、效率提升、规范引领、体验优化

---

① 杜娟. 从"人机协同"看人工智能时代的新闻伦理构建[J]. 社会科学研究,2019(4):197-204.

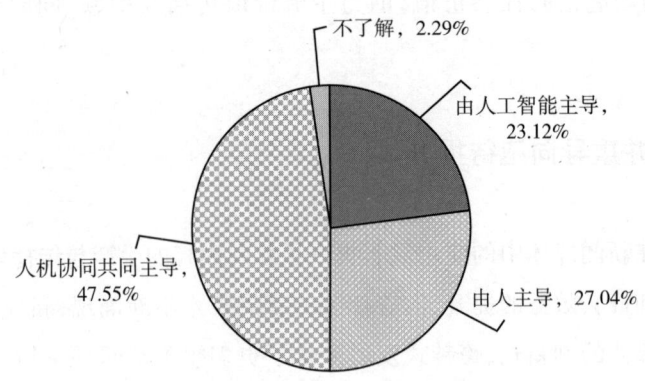

图 3-3 智能媒体传播中占据主导地位者调查

（数据来源：智媒时代新闻媒体主流价值传播调查问卷，N=1110）

等目标，不断提升技术对新闻传播发展的正面支撑作用。从人文视角来看，在技术创新、应用、监管与使用过程中，参与各方都有发挥主观能动性、明确主流价值导向的权利和义务，使主流价值在新闻传播过程中更加凸显。智媒时代，技术与人分别有各自优势，要解决一方主导所带来的各类局限性问题，必须将技术与人有机结合，形成优势互补，实现人机协同参与，推动新闻媒体价值共创，在新闻传播领域强化主流价值引领。

第三节 新闻媒体价值共创的实现模式

智媒时代，新闻传播领域不断迎来重要变革，为更好实现主流价值引领，新闻媒体、用户、技术平台、监管部门等多元主体，依托各自比较优势，积极开展资源整合、优化配置，参与价值创造，有效推动新闻媒体价值共创。目前，各类新闻媒体在价值共创上加快探索，借助媒体融合、跨界合作等方式，致力于实现新闻传播的流程再造、体系优化，新闻内容生产与传播的开放性、协同性进一步提高，构建形成基于新闻内容的综合服务生态体系，有效实现了价值共创和各主体的自我增值，进而助力新闻媒体的发展，提升主流价值传播力与引领力，推动实现价值最大化。依托对政、产、学、研、用等各界的深度调研，在对政策、观点等方面的综合分析基础上，本书认为，基于协同参与、整合交互、价值优化和融合共生的循序渐进，新闻媒体有效实现了价值共创。

一、协同参与:多方共同介入价值共创共享

人工智能新技术新应用促使新闻媒体发生变革与转向,新闻媒体的价值体现超越了传统媒体环境下的价值生成与创造模式。新闻媒体的价值创造的主体地位有所削弱,虽然新闻媒体仍在新闻生产与传播中占有重要地位,但是用户、平台等主体在价值创造过程中的作用和影响力越发凸显,新闻媒体价值创造从一元主导走向多元主导。① 在人工智能、大数据、云计算等技术支撑下,价值的创造不仅取决于新闻媒体,更多取决于多主体之间的协同关系,不同参与者的相互配合程度对于所创造价值的大小、价值实现程度具有重要影响。

无论是传统媒体时代还是智媒时代,新闻媒体都是价值生产与创造的关键主体,它拥有成熟的新闻内容生产与传播模式、完善的运营机制、经验丰富的新闻内容生产制作团队,整体实力强劲。在智媒时代,新闻媒体依旧承担重要功能使命,虽然在一定程度上受到技术变革带来的巨大冲击,但是它的功能也越发完善,新闻媒体仍然是重要的内容供给源头。借助人工智能技术,新闻媒体能够对社会热点议题、舆论走向进行准确识别和预测,继而根据特定议题进行内容生产制作,并将主流价值蕴含其中,从而在新闻媒体机构内完成价值的生成。在此基础上,新闻媒体结合大数据、物联网等技术,将新闻内容与其他服务相关联,形成内涵丰富的综合价值体,在技术平台、各类社交媒体等主体的参与下,向用户输出价值丰富的内容与服务产品。

在以往的媒体环境下,用户虽然也逐渐具备了新闻内容选择权,以及对新闻内容价值创造与理解的主导权,但是在价值创造过程中仍处于相对弱势地位。随着人工智能在新闻媒体中的应用趋向广泛深入,满足用户需求、优化用户体验成为新闻媒体价值创造的重要目标,用户的主动性进一步提升。一方面,智媒时代的新闻媒体内容生产与传播就建立在用户的行为数据之上,从一定程度上来看,用户在新闻内容生产源头已经处于主导性地位,无论是丰富内容主题、创新呈现方式与形态,还是探索新传播业态,最终目的都是为用户服务。以用户喜闻乐见的方式传播主流价值是智媒时代新闻媒体价值共创的重要手段。另一方面,在新闻内容的接收与体验环节,用户能够通过自己热衷的接收渠道和理解方式实现对新闻内容意义的解析,释放新闻内容价值。此外,用户能够在各种圈子内实现有效评论、互动等,用户主导的价值创造也得以达成。与此同时,在新闻内容的生产与传播过程中,用户借助各种技术应用能够实现新

---

① 令狐克睿,张国庆. 价值共创:传媒重构下的报业转型模式[J]. 中国编辑,2019(12):44-50.

闻媒体的各项功能,人人皆媒体的时代到来,至此,用户成为价值创造的重要主体。

在传播链条中,其他主体同样在价值共创中承担重要角色。在智媒时代的新闻传播过程中,新闻媒体和用户是内容生产与接收的两端,传播过程中还涉及技术平台、行业协会、监管部门、商业服务提供商、金融提供商等,要实现价值共创,这些力量缺一不可。技术平台作为重要的技术支撑,贯穿于新闻选题选择、信息采集、内容制作、传播、反馈等各个环节中,技术平台是否持有价值偏见、是否坚持主流价值导向,直接决定着新闻内容本身及用户感知中的价值偏向、价值大小,并最终影响价值共创效果。监管部门主要进行前期引导和后期管理,通过主导制定各类规制措施,引导新闻媒体、技术平台等进行价值生产与传递,对由于新闻媒体等机构把关不严导致的侵害主流价值的内容传播行为予以规训。在价值共创过程中,监管部门的重要功能在于确保价值创造始终处于主流价值的标准框架之内,防止出现突破底线的行为。商业服务提供商是新闻媒体的重要合作者,通过采用"新闻+"形式,为用户打造系统完善的综合服务生态。在此过程中,商业服务提供商既推动了新闻价值实现,又实现了商业价值,价值共创和价值增值目标同时达成。行业协会更多充当智库角色,探讨新闻媒体价值共创的新要求、新形势、新机遇、新挑战,旨在为价值共创提供理论和实践路径参考。多方力量共同介入,能够形成强有力的价值创造系统支撑,在资源整合与互补中,不断探索价值共创的新机制、新模式。

二、整合交互:依托比较优势形成共创合力

智媒时代,新闻传播格局不断重塑,形成新型传播生态。在新传播生态中,得益于技术驱动与各类新型应用支撑,用户对新闻内容的选择权更大、选择范围更广,能够基于自身需求和设备基础实现对新闻内容的个性化接收与使用。新闻内容的传播渠道、呈现形态、使用场景等都得到有效延伸和拓展,用户能够轻松参与新闻内容生产至传播的全过程,为价值共创贡献数据支撑,各种行为数据都成为新闻选题确定、内容制作、渠道选择、形态业态创新的重要根据。新闻媒体仍坚持内容生产制作,为价值共创贡献内容生产力、运营模式等。技术平台则以技术服务为品牌,围绕价值共创为其他主体提供使用便利,提升效率。监管部门、行业协会、商业组织等主体同样在价值共创过程中结合自身资源,贡献各自力量。

价值共创是在多主体、多服务、多渠道的共同作用下实现的。价值共创过程涉及多个环节,可以被视为围绕新闻内容生产的资源整合与优势互补过程。伴随参与主体的多元化,价值共创过程也显得更为复杂。在此过程中,资源整合是价值共创得以达

成的基础性条件,只有通过整合各主体的资源,才能充分调动多元主体参与的积极性、主动性、能动性,从而为价值创造提供资源基础。优势互补是价值共创得以实现的核心路径,在各主体形成的庞大资源库中,进行资源的配比优化,凸显各主体的比较优势,关系到价值共创的动力供给问题。

受访者卢女士表示:"新媒体的应用使得新闻传播的路径不断发生新的变化。现在所说的新闻传播不是简单地到媒体生产、分发就结束,多方力量都参与其中。比如,记者的新闻线索搜集,可能来源于电话、微博、微信、抖音等渠道的用户私信、评论等,也可能来自我们自己的舆情监测系统,这些都能够帮助我们及时发现选题。内容生产又可能会引用用户生产内容,甚至可能由人工智能进行生产加工。新闻的分发也并不局限于自有网站、频道、版面,各大内容平台在其中扮演重要角色,因此新闻传播相比以往来说,虽然更易达成,但是链条更多,过程更复杂。"

在资源整合方面,智媒时代的新闻媒体价值创造需要由新闻传播的各参与主体积极贡献自身资源力量,在各类资源整合过程中实现价值在新闻内容中的内化。首先,从资源的来源看,新闻媒体对社会热点的发现和挖掘能力、扎实的内容生产能力、协同度较高的人才团队、丰富完善的新闻资料数据库等都构成了新闻媒体的资源要素,尤其在人工智能技术的助力和推动下,新闻媒体的信息采集能力、内容制作能力、传播运营能力以及资源汇聚整合能力更为强劲,成为智媒时代新闻媒体价值共创的重要资源支撑。在人工智能技术驱动下,用户的资源在于从其庞杂的行为数据中体现出来的使用偏好、价值倾向等,以及在此过程中用户之间的交互行为数据等所体现出的群体偏好、社会热点等。技术平台能够提供高效、智能的技术服务,且能基于各主体的不同需求开发出各类新应用、新功能,与此同时,对数据的安全存储也是技术平台的重要功能体现。监管部门的资源则在于其能够基于现实问题、发展趋势等制定形成前瞻性、引导性、规范性的政策措施。行业协会能够基于新闻媒体价值创造提供可行性的优化思路与模式。商业服务提供商的资源则在于其丰富的服务内容,能够在价值共创过程中为用户提供关联性服务。总体来看,新闻媒体价值共创的基础是各主体的资源汇聚与整合,价值共创效果也将进一步推动各主体实现新一轮的资源累积、更新与优化。[1]

在优势互补方面,智媒时代的新闻媒体价值共创效果取决于各参与主体资源的配置情况。各类主体基于不同特征,依托各自比较优势形成价值生成与创造合力,将为价值共创提供重要驱动力。各主体间的优势互补,其实是优势资源在新闻传播网络中的有机交互。以人工智能技术为支撑,各主体围绕和聚焦自身发展目标,即自身的价

---

[1] 杨效宏,徐晓芳,陈婧. 智能传播推进动态新闻内容的多元化创新[J]. 新闻界,2017(6):24-29.

值实现增值,借鉴或使用其他主体的优势资源,满足自身发展需求。优势互补使得新闻媒体价值共创所涉各类主体能够有机利用他者优势满足自身需求、补齐短板等,各类主体的有效交互能够进一步推动新闻传播过程中各类资源的配置比例优化,为价值共创效果提升提供最高效的解决方案。

在对各参与主体进行资源整合与优势互补过程中,相关主体在积极发挥主观能动性的基础上形成价值创造合力。通过实现各类资源的整合、交互,比较优势得以凸显和利用,新闻媒体在价值共创方面不断探索新模式、提出新方案,推动价值创造走向效益最大化。

三、价值优化:密切联系配合获得最大效益

智媒时代,新闻媒体价值共创的最终目标是实现价值创造、价值增值,即在各方力量的共同参与下,通过多主体之间的密切联系配合以获得价值创造的最大效益。人工智能的应用提升了新闻生产与传播效率,各主体投入更少的精力取得更大的价值,新闻传播流程得以优化,以往传播过程中的各种冗余环节被略去,新闻生产直接与用户需求相对接,传播渠道更加多元和高效,新闻媒体与用户的距离进一步缩短,甚至拉近到面对面,用户直接参与到新闻内容的生产过程中。与此同时,政务服务、商业服务、生活服务等内容被嵌入新闻传播过程中,新闻内容的附加值显著增加,各主体也实现了共同受益,在多方共构的联系网络中,通过人工智能筛选出最优价值创造方案。

在新闻媒体的价值创造与实现方面,通过价值共创,新闻媒体实现价值增值。一是新闻价值的实现意味着用户对新闻媒体内容生产与传播能力的认可与肯定,进一步提升了新闻媒体的内容生产力、传播力,尤其借助人工智能技术,新闻媒体能够整合和利用用户、技术平台、行业协会等主体的资源,推动实现内容生产与传播更加精准化、精细化和差异化。二是价值共创将进一步提升新闻媒体的品牌影响力。依托人工智能技术,新闻媒体以高品质的新闻内容为基础,同时辅以运行模式创新,加强同其他服务的关联推荐,在为用户提供个性化、丰富的服务时,赢得用户认可,有助于提升新闻媒体自身的辐射力、影响力和引领力。三是价值共创给新闻媒体带来更大的创新空间。价值共创以用户需求、用户体验为目标,借助技术升级,推动新闻媒体探索更多新形态、新业态。如新闻媒体构筑虚拟情境,为用户提供沉浸式服务,新闻传播的边界得到进一步拓展。四是价值共创将促进新闻媒体获得更大经济价值。传播效果的实现代表着新闻媒体自身功能的发挥,无论是广告、流量,还是用户打赏、附加服务等,都能成为新闻媒体获得经济效益的途径。

在用户的价值创造与实现方面,用户接收和使用新闻内容,既意味着价值共创过程的结束,又意味着新闻内容价值的最终呈现。在此过程中,通过汇聚新闻媒体、技术平台、其他用户等综合资源,用户也实现了自我价值增值。一方面,在用户体验方面,在人工智能、大数据、虚拟现实等技术驱动下,用户需求得到定制化满足,且信息接收体验更具在场感和沉浸感,用户的体验价值得以实现。另一方面,在用户的具体需求方面,通过对特定新闻内容的获取,用户获取有用信息的需求被满足,用户认知水平得到提升,用户得以实现自我发展。此外,借助技术应用中的各种交互功能,用户在使用新闻媒体过程中能够实现同其他主体的有效互动交往,满足了交往需求。

在其他各类主体的价值创造与实现方面,技术平台、商业服务提供商、政务服务部门等均在参与价值共创过程中实现了自我价值增值。技术平台通过具体运行能够及时发现技术漏洞和找寻技术升级方向,推动技术发展走向成熟,更好地服务于价值共创。[1] 商业服务提供商基于用户反馈数据能够及时调整服务方向,优化服务机制与模式,从而提升服务质量,实现创新发展。政府服务在新闻媒体传播过程中的嵌入,在为用户提供有效的政务服务的同时,能够让政府工作人员更加接近群众,了解群众所思所想,为进一步提升服务水平积累经验。

总而言之,价值共创的各类参与主体在相互密切联系与配合下,通过构建形成高效的信息和服务网络,能够有效推动价值优化实现,使价值创造和主体价值增值获得最大效益。今后,随着技术发展演进,技术的人性化趋势将更加凸显,以人工智能等技术为支撑的新闻传播联系网络将在价值创造、价值增值等方面表现出更突出的便捷化、高效化、智能化特征,基于新闻媒体对新传播生态与传播规律的把握,主流价值的渗透与传播范围更广,亦更能入脑入心。

四、融合共生:开放合作构筑新型价值生态

人工智能的应用推动新闻传播业在内容形态、传播渠道、接收方式等方面发生变革,新型传播格局逐渐形成。在此背景下,新闻媒体的价值共创也处于新的价值生态系统中。不同于传统媒体时代的价值生态,智媒时代的价值生态在结构上呈现出更加交互化、扁平化的特征。在此生态系统中,价值共创的各参与主体基于系统结构进行开放合作,形成融合共生的新型价值共创模式。随着人工智能、大数据等技术应用更

---

[1] 刘畅. 从单边到共创:主流媒体价值生产与创造方式的转型——基于人民日报"中央厨房"建设的考察[D]. 合肥:安徽大学,2019:10.

加深入，价值共创的系统结构也在不断发生变化，无论是在参与主体、参与边界、参与效果、参与模式等方面，还是在参与逻辑、参与情境等方面，都在发生深刻变革。总体而言，结构的变革与创新仍是为价值创造服务，助力推动新型价值生态继续向更加高效和智能的方向演进。

从结构中的交互关系来看，新型价值生态系统的结构组成更加复杂，形成多节点、多连接、无边界的价值共创网络。在该网络中，每个节点都相互连接，实现信息直达、直接交互，价值共创从一元或二元主导走向融合共生，每个节点代表一类价值创造的参与主体，主体间以及主体内部的交互更容易达成，进而有效提升价值创造效率。新闻媒体能够通过各种连接方式、传播渠道等实现同其他各类资源主体的联系与交互，包括用户、技术平台、监管部门、行业协会、商业机构、出版机构等。围绕价值共创所涉及的具体事项，新闻媒体在同其他主体的协调交互中实现资源整合与联动，为价值共创提供重要资源支撑。与此同时，在新闻媒体内部，各部门、各子机构之间基于内部交互网络，能够实现资源对接、交换与重组。对于其他参与主体而言同样如此，各自处于结构中的不同位置，相互之间或主体内容能够进行即时交互，实现开放合作、有机协同，促进资源整合与优化配置，作用于价值共创。这种开放交互的结构关系应始终坚持以主流价值为引导，遵从共同的价值理念、规范体系，从而防止出现由于突破主流价值框架导致的不规范行为。

从结构中的边界范围来看，在多主体参与的价值创造网络生态中，传统意义上的边界概念正在消失，价值共创系统逐渐趋向无边界。在融合共生环境下，各主体之间的联结更加紧密，跨界合作成为常态，因此，新闻媒体的价值共创也正在突破传统视角下的新闻传播场域，继而处于整个社会价值生态体系之中。围绕价值共创，新闻媒体等主体可以同其他政治、经济、文化、社会等领域相互联系和结合，从而立足更广阔视野进行价值生成创造。① 随着来自更多领域的更多主体介入，新闻媒体价值共创的边界也进一步得到拓展和延伸。在此形势下，媒体通过价值共创能够集聚更多资源，并基于便捷的交互形式实现资源整合、互换，推动价值创造与实现。具体到价值共创结构的延展方向，主要有两个方面。一是向外延展。价值共创系统正在覆盖新闻传播以外的其他领域，新型价值生态的版图逐渐向其他领域扩展，价值共创从国内走向国际，因此，其所覆盖的行业疆域和地理疆域都在逐渐扩大。二是向内延展。借助人工智能、大数据、虚拟现实、全景影像等技术手段，新闻媒体能够基于用户需求打造虚拟沉浸的内容消费场景，用户的使用场景更加丰富、体验更加优化，使得新闻媒体价值共创

---

① 蔡报文，杨慧芸，刘辉. 人工智能技术在媒体融合中的应用研究[J]. 教育传媒研究，2020(4)：84－85.

的边界得到延伸。

整体来看,智媒时代,新闻媒体处于多主体参与的融合共生价值生态系统中,在协同互动和开放合作中,各主体能够有效实现资源的整合交互,价值创造的基础更加牢固,价值创造的边界得到延展,由此,新闻媒体的价值共创也得以有效实现。

第四章

新闻媒体主流价值引领的创新实践

智媒时代,通过流程优化、平台再造、媒介要素和生产资源的有机整合,从中央到地方,一批具有强大影响力、竞争力的新型主流媒体逐渐成型。这些新型主流媒体通过探索创新实践,积累了丰富的全媒体建设和主流价值引领经验,这些宝贵的经验将为今后新闻媒体主流价值引领提供重要借鉴。本书将在对人工智能新闻进行理论剖析的基础上,梳理与分析人工智能对新闻传播业的赋能机制,整合具有代表性的新闻媒体在应对智媒时代主流价值引领挑战过程中的创新实践、经验,为新闻媒体在智媒时代引领主流价值这一关键目标的实现,提供实践参考。

第一节 新型主流媒体主流价值引领的思路与模式

近年来,人民日报社、新华社等主流媒体积极开展智能化建设实践,在人工智能赋能下,这些主流媒体的新闻传播生态正在完善。对人民日报社、新华社等新闻媒体开展主流价值引领的创新实践进行研究,能够为智媒时代我国新闻媒体的主流价值引领提供经验借鉴,为探索更加科学合理的主流价值引领现实方案提供思路参考。

一、人民日报社智能媒体建设与主流价值引领

随着人工智能技术的快速迭代升级,人工智能在新闻传播领域的应用逐渐深入,有力推动了新闻传播格局重塑,新闻传播生态发生深刻变革。在人工智能驱动下,个性化、定制化的新闻内容生产与传播使得用户需求得到更大程度的满足,新闻的内容生产方式、传播渠道、表现形态等越发丰富多样,包括用户在内的各类主体都能随时随

地参与到内容生产与传播过程中。但随之而来的是多元话语体系、社会思潮、意识形态的共生以及多元价值取向并存。这使得主流价值的影响力、引领力在一定程度上受到冲击。在此形势下,新闻媒体亟须增强使命感、紧迫感与责任感,用主流价值导向驾驭算法,全面提高舆论引导能力。作为中央主流媒体,人民日报社依托自身优势,主动作为,积极探索建设以人工智能为重要驱动力的智能媒体,为主流价值传播与引领提供了重要动力。

(一)主流算法主导的智能媒体建设布局

在推动媒体深度融合的大背景下,人民日报社以人工智能技术为抓手,把握契机,在智能媒体建设方面持续发力,为媒体融合向纵深推进、强化主流价值传播与引领提供了重要支撑。2019年,人民日报社成立了智慧媒体研究院,旨在通过开展有机合作,整合各类优质资源,全面发力智能媒体建设,推动智能媒体发展升级。在探索过程中,人民日报社坚持以主流价值引导和驾驭算法,力图在实现转型发展的同时,进一步进军主战场主阵地,巩固和强化意识形态阵地。人民日报社智能创作平台全景图如图4-1所示。

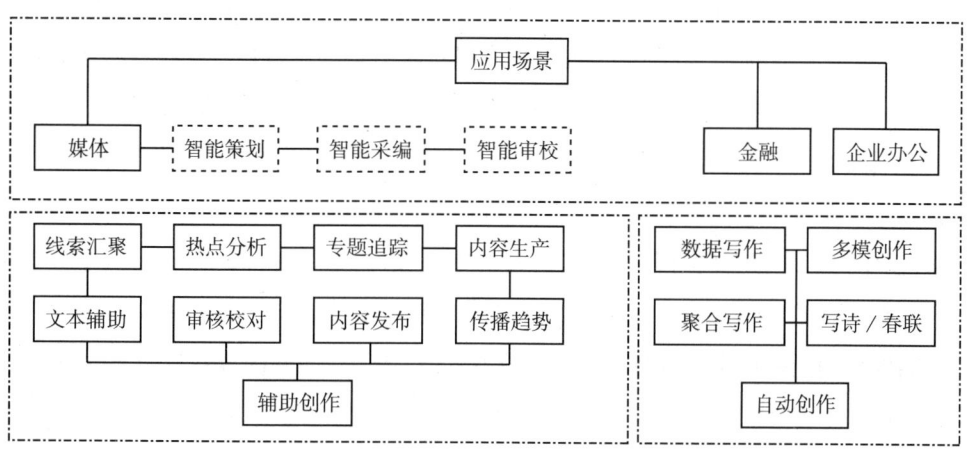

图4-1 人民日报社智能创作平台全景图

从技术布局来看,人民日报社在开展智能媒体建设实践时,依托自身资源优势,同百度等技术平台开展合作,着力在推动人工智能技术升级的同时,将其引入新闻媒体,为媒体智能化发展提供有力支撑。人民日报社的智能媒体研究院基于百度大脑人工智能开放平台,充分运用和结合平台上的各项人工智能技术,开展具有前瞻性、普及性及实用性的新型媒体业务研发,着力提升人民日报社的媒体业务水平,同时为整个媒体行业的创新发展提供针对性的解决方案。2020年,人民日报社发布"创作大脑",它由百度提供技术支持,具备大数据处理、智能采编制作、新闻监测等多项功能,为新闻媒体的智能化升级提供了可行性方案。多模 AI 技术加持的智能采编如图 4-2 所示。

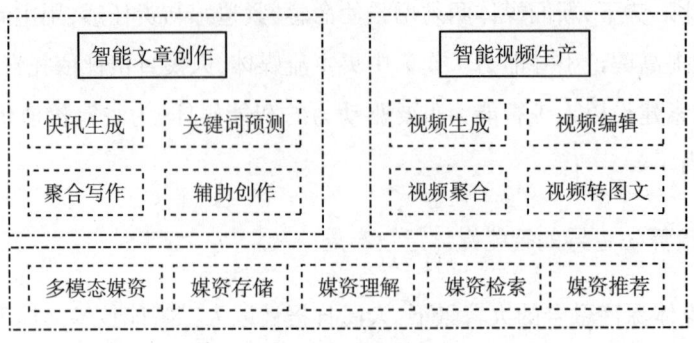

图 4-2　多模 AI 技术加持的智能采编

借助人工智能技术,人民日报社有效实现了自我赋能,人工智能被应用到新闻生产与传播的流程中,有效提升了新闻传播效率与效果。在主题策划方面,基于人工智能技术,创作大脑能够通过大数据挖掘、语义识别、关联分析等技术及时挖掘热点议题,并能够基于对大数据的提取分析梳理热点事件的发展脉络,助力发现民众普遍关注的议题。与此同时,创作大脑能够识别和挖掘用户对热点议题的关注角度,从而为后续内容生产制作提供维度参考,进一步增强新闻内容的丰富性。在内容制作编辑方面,创作大脑能够基于特定议题、围绕特定用户,实现对新闻内容的快速生产制作,有效减少新闻工作者的工作量,并显著提升内容产量。如在视频内容制作时,创作大脑能够实现智能剪辑、合并、制作字幕等,有效提升视频内容生产效率。在内容审核把关方面,创作大脑能够实现对各种形式内容的审核校对(如图 4-3 所示),且审核维度较为丰富,能够实现对文本、语法、标点符号、专用名称、数值、格式等内容的综合校对,严格确保新闻内容质量。在新闻内容的分发方面,基于对新闻内容本身的定位与标注,同时比对其他数据库中的用户行为偏好等数据,创作大脑能够实现对不同新闻内容的精准分发,助力提升新闻传播效率和新闻传播效果,切实提升新闻媒体的传播力、影响力。

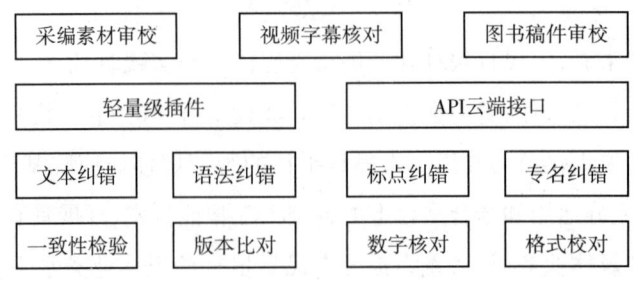

图 4-3　智能审校示意图

在人工智能嵌入新闻生产与传播的全链条时,算法的重要性显而易见。在具体运行过程中,算法始终在主流价值的引领之下,媒体要确保算法在信息采集、内容生产、传播分发等方面严格遵守底线标准,防范不良信息的出现。

从内容布局来看,人民日报社在开展智能媒体建设的实践中,坚持主流价值导向,致力于向用户输出更加丰富、更高品质的新闻内容,从而实现对更大舆论阵地的占领与巩固,不断扩大主流价值影响力版图。一方面,通过搭建内容聚合平台,实现对多元化优质内容的集聚。如人民日报社推出"人民日报+"短视频平台,主流媒体、党政机关、优质自媒体等可以申请入驻,由此推动构建以主流价值为导向的新型内容生产与传播生态,充分调动用户等各类主体在主流价值导向下生产优质内容。另一方面,创新内容生产方式。基于人工智能等技术支撑,人民日报社推出多款应用产品,用户可以根据人民日报社提供的创作模型进行内容创作。如"为老师写诗""我的军装照"等智能化产品,让用户参与到个性化内容生产过程中,将主流价值融入用户喜闻乐见的内容形式中,潜移默化地提升主流价值的传播力与影响力。此外,人民日报社在开展智能媒体建设时,也注重优化提升用户体验,为用户带来新鲜感和参与感。如在全国两会等活动的新闻报道中,人民日报社借助人工智能、虚拟现实、5G等技术,为用户带来沉浸式、体验式新闻内容,增强用户的在场感与亲近感,提升媒体自身的影响力、号召力、引领力。

从算法的优化布局来看,随着人工智能在新闻媒体中的应用程度加深,新闻生产与传播效率显著提升,然而,其中仍有一些问题引起关注和讨论。一是人工智能的个性化推荐容易造成信息茧房等不良效应,进而带来观点极化、分化等问题,使得用户日益局限在固有思维模式和思想认知中。二是过度关联推荐可能会造成对用户隐私的侵犯,且推荐内容可能不是用户所感兴趣的,容易使用户反感。对此,人民日报社在建设新闻媒体过程中,与技术平台一道开展算法优化,坚持以主流价值驾驭和引领算法,在算法设计之初即将主流价值纳入算法之中,并在后续的生产、推荐过程中不断进行优化,纠正其中出现的不良倾向。目前,人民日报社从信息的采集分类、内容校对审核、内容推荐等方面进行算法优化,形成以主流价值为引领的主流算法,使得新闻传播全流程都体现出较强的主流价值导向,有效避免信息茧房等负面效应的出现。

坚持以主流算法为导向,人民日报社在智能媒体建设上不断加快布局,着力建设更高品质、更多主题与形式的新闻内容生态体系,从而实现主流价值在传播广度、传播深度的全面拓展,全面提高主流价值引领力。

(二）人民日报社探索主流价值引领的思维逻辑

作为新闻传播领域变革的重要驱动力，人工智能技术至关重要，新闻媒体对人工智能的把握与应用程度决定了新闻媒体在自我发展变革中占据了怎样的主动权与主导权。当前，人工智能虽然得到广泛的应用，但是应用程度仍有待拓展，对人工智能的管控有待提升，人工智能在新闻媒体中的应用仍处于初期阶段。人民日报社在人工智能应用的探索实践中，始终坚持主流价值导向。面对技术与环境变革带来的新形势、新任务、新需求，人民日报社进行主流价值引领的使命任务和初心没有变，在探索主流价值引领的过程中，它一直遵循并不断强化以下思维逻辑。

一是与时俱进，找寻新发展路径。媒介作为人的延伸，随着技术不断演进与发展。媒介对人的延伸逐渐跨越时空，并越发趋向对人"全感官"丰富性的拓展。在当前背景下，人工智能在新闻传播领域广泛应用，使新闻传播领域及整个社会发展都迎来深入变革。当前，社会思想观念更加多元，各类社会思潮在舆论场中交织、交锋，主流价值引领的使命任务更加艰巨。人民日报社坚持与时俱进，积极拥抱新兴技术，同百度等头部技术公司开展合作，开展智能媒体建设实践。在此过程中，主流价值始终居于主导地位，形态创新、模式创新、业态创新等最终都致力于服务主流价值传播与引领创新。通过推出新形式、拓展新业务、提供新体验，在实现媒体本身变革创新的同时，人民日报社不断提升品牌影响力，从而进一步助力强化主流价值的传播与引领。在技术进步和媒体发展环境变迁的形势下，人民日报社坚持围绕重大时间节点、重点议题，将技术创新融入新闻报道中，将自主创新与外部合作相结合，打造新闻内容生产新系统、新流程、新机制，为主流价值传播与引领保驾护航。针对用户日益增长的美好生活需要，人民日报社在新闻内容呈现形态和接收方式上花力气、下功夫，探索将虚拟现实、全息影像等技术应用到用户的新闻接收环节，通过提供形式新、具有较强沉浸感和参与感的新闻体验，赢得用户认同，为主流价值传播与引领打下坚实基础。

二是变革机制，构建新发展生态。以人工智能技术创新应用为契机，人民日报社积极开展体制机制创新。依托自身的资源优势、人才优势、内容生产优势，人民日报社同相关技术方、政务服务提供方等开展合作，通过对多要素的有效整合，构建形成新发展生态，为主流价值传播与引领提供更多创新空间。在当前传播环境下，新闻内容生产传播模式已经从新闻机构主导模式逐渐转向多元主体共同参与模式，新闻媒体必须抓住机遇，将自身优势资源要素同技术要素相结合，加快推进媒体融合，围绕新时期的新闻传播需求与形势，探索建立新部门、形成新机制、搭建新平台，从而更好适应新发展格局，打造新发展生态。人民日报社通过成立智慧媒体研究院，集聚和优化配置创新资源,形成推动媒体融合发展的重要驱动力。基于百度技术推出的创作大脑便是机制变革与创新的重要成果。创作大脑有效助力人民日报社智能编辑部的建设与发展,继而有力支撑主流价值的传播与引领。

三是强化引导,形成新发展格局。智能媒体建设离不开技术要素支撑,但其建设的最终目标是通过向用户提供优质内容而赢得用户认可,切实提升媒体的传播力、影响力、引导力。在智能媒体建设过程中,人民日报社始终坚持主流价值传播与引领这一重要使命任务,在信息采集、内容生产与分发、用户体验与交互等环节,始终强化主流价值导向。人民日报社将技术创新、形态创新、内容创新、体验创新等纳入主流价值的框架之内,以智能媒体建设为抓手,将主旋律、正能量融合到新闻内容生产传播的全流程中,从而推动形成主流价值传播的新格局。围绕社会普遍关注的重要议题,人民日报社在开展媒体智能化升级实践过程中,不断推出一批体现主流价值的精品力作,并引领主流价值传播趋势,形成主流价值传播与引领的良好发展态势,有效提升舆论引导力,进一步扩大主流价值影响力版图。

四是注重人才支撑,培育新型传播队伍。人才是媒体发展的关键。人工智能为新闻媒体发展变革带来了重要机遇,新闻媒体迎来了更多发展可能和升级空间,但要实现新闻媒体的智能化发展升级,相应的人才队伍支撑必不可少。对于智能媒体建设而言,未来媒体所需的新闻人才应是复合型、全能型人才,新闻媒体亟须加快实现人才培养培育的模式转型,从而更好地适应新闻传播的新发展格局。对此,人民日报社加快探索,着力建立一支坚守主流价值、具有强烈使命感责任感、拥有复合型新闻传播技能的专业化人才队伍,借助其自身优势,统筹协调媒体机构、高校、技术公司等,探索制定新闻传播人才培养的新方案,同时注重人才队伍中的专业新闻人才与专业技术人才的综合配置,为主流价值传播与引领提供了坚实的人才支撑。

二、新华社智能媒体建设与主流价值引领

人工智能技术推动新闻媒体实现智能化升级,新闻传播生态发生巨大变革,国际国内舆论场的不稳定性不确定性增加,主流价值引领正迎来前所未有的挑战。作为具有世界影响力的通讯社,近年来,新华社以人工智能技术为支撑,探索开展智能化编辑部等智能媒体的建设实践,进一步推进媒体融合、主流价值传播与引领。智媒时代,新华社利用自身优势,对新技术进行创新应用,强化新闻传播流程中的人机协同,推动新闻传播流程再造,有效提升了新闻生产与传播效率,并逐渐积累体系化的智能媒体建设经验,能够为其他新闻媒体的智能化升级实践提供切实可行

的参考方案。

(一)新华社智能媒体建设实践的基本模式

在开展智能化升级实践过程中,新华社对人工智能技术发展保持密切关注,并探索使用最新的人工智能应用,在传播流程革新、应用场景拓展、用户体验优化等方面持续发展,并取得重要进展。[①] 具体而言,新华社在智能媒体建设实践过程中,主要遵循以下几种模式。

一是坚持自主研发,增强智媒建设动力供给能力。从人类社会发展历程来看,技术对生产力提升和生产关系变革起到重要的促进作用。对于国家发展而言,能否把握技术发展趋势,掌握技术研发与应用的主动权、主导权,关系到核心竞争力的提升,以及能否在国际发展中占据主导地位。作为国家级通讯社,新华社积极开展前沿技术的自主研发与创新应用,实现了对自身智能化升级的有力支撑。近年来,新华社坚持在技术研发领域保持较大投入,支持新技术的研发应用,取得了显著成效。依靠自主研发,新华社推出了 MAGIC 短视频智能生产平台。该平台以人工智能技术为支撑,能够助力用户开展各种短视频的内容生产制作。平台涵盖了新闻传播流程的各个环节和各项功能,使得新闻内容生产传播的智能化水平显著提升。平台能够对大数据进行深度挖掘、高效分析,同时准确识别和筛选重要新闻议题,并体现出较高的人机协同水平,助力实现新闻传播的精确化、精准化、可视化和智能化。通过向用户开放平台应用,该平台有效调动了庞大用户群体的内容生产力,强化主流价值传播与引领,推动做大做强主流舆论。与此同时,新华社将大数据、云计算、物联网、5G 等技术的最新开发进展纳入平台升级的参考范围之内,不断实现新闻内容的生产、传播、分发等环节的创新升级。

二是突出用户导向,打造新型内容产品体系。在新传播环境下,人类社会的信息体量空前巨大,且仍在不断呈指数级增长,庞大的信息体量形成对用户注意力的争夺。要实现在注意力的争夺中占据优势地位,就必须在用户需求上下功夫,瞄准用户行为数据,精准识别其使用偏好,进行内容的定制化、个性化的生产与推荐,满足用户需求。基于人工智能、大数据等技术,新华社在坚持主流价值传播与引领的前提下,突出用户导向,着力在满足用户需求方面探索解决方案。一方面,围绕内容呈现形式进行创新,以满足用户多样化的需求。新华社探索推出图文、直播、长/短视频等多种内容形式,并结合人工智能技术进行精准分发推荐,通过与虚拟现实、全息影像等技术结合,推出

---

① 王润珏,王夕冉. 我国主流媒体智慧全媒体建设路径探析:以新华社为例[J]. 现代视听,2019(11):26-31.

沉浸式新闻内容,并将交互功能融入其中,使得用户能够即时同虚拟情境中的各项元素实现有机交互,在最大限度上优化用户体验。另一方面,围绕不同用户群体,新华社进行量身打造,推出具有较强针对性的内容服务。如新华社通过建立舆情分析数据库,为其他机构、平台等提供精准化的舆情监测服务,并围绕监测结果提供相适应的解决方案和应对预案;通过建立技术服务数据库,为政府单位、媒体机构等提供智能化平台建设与升级的操作方案,从而间接而具有建设性地参与社会治理。

三是注重智能定位,拓展主流价值引领范围。媒介定位意味着媒体的发展侧重点,同时也代表着媒体的未来发展方向。智媒时代,新华社在坚持国家通讯社这一基本定位的同时,不断强化其智能化定位,通过自主研发、开放合作等方式将人工智能深度嵌入到新闻生产传播及具体运营过程中,向用户、其他媒体机构、政府部门等主体持续提供智能化服务,积极强化其智能化的形象定位。在此过程中,用户对新华社的印象逐渐加深,对新华社的认可度也不断提升。新华社作为主流媒体的传播力、引导力、影响力、公信力也显著提高,有力促进了主流价值传播范围的拓展与延伸,使主流舆论占领更大阵地。

四是创新体制机制,积极融入智能传播格局。人工智能在新闻传播业中的应用有效变革了新闻传播流程,形成新型传播生态与传播格局。为了能够与当下的智能传播格局相适应,新华社在体制机制方面加快改革创新步伐,有效地融入新传播格局。从内容生产来看,新华社建成了 MAGIC 短视频智能生产平台,将多元化内容生产与传播主体汇聚到平台中,同时辅以人工智能、大数据、云计算、虚拟现实等前沿技术支撑,形成一个具有较高智能化水平、丰富功能和多元主体的完整媒介生态系统,使得智能化生产、传播、分发、体验等拥有了坚实的平台支撑。从业务内容来看,为满足多样化的用户需求,新华社不断拓展其业务范围,成立新的研发和业务部门,实现对资源的有机整合、高效利用,有效促进了社会效益、经济效益的共同增长。

(二)新华社探索主流价值引领的策略

新华社在开展智能化升级实践过程中,坚持自主研发、突出用户导向、注重智能定位、创新体制机制,在推动其智能化水平有效提升的同时,也为主流价值传播与引领提供了重要基础。在此过程中,新华社积极探索主流价值传播与引领的新方式、新渠道、新手段,使得主流价值传播不断取得实效,主流价值的引领力显著提升。

一是强化使命担当,弘扬主流价值。新华社作为国家级主流媒体,肩负壮大主流舆论阵地、弘扬主流价值的重要使命。新华社用多样化的新闻媒体内容巩固和占领主阵地,彰显主流价值。在新传播格局下,不仅传播内容、形态、渠道等方面出现变革与创新,用户的信息接收习惯、思想观念也发生了显著变化,互联网空间日益成为"观点的自由市场",多元社会思潮、意识形态在网络空间中交织与辩论,给主流价值带来冲击和威胁。面对这种形势,新华社牢固坚守自身所肩负的重要职责,强化使命担当,以智能媒体建设为抓手和契机,创新性地开展主流价值传播,弘扬主旋律,传播正能量,使主流价值的影响力不断扩大。一方面,新华社紧跟国家发展大局,聚焦党的最新政策理论,通过融媒体形态的新闻内容传递和弘扬主流价值,进一步提升主流价值的影响力。另一方面,新华社注重挖掘贴近百姓的民生内容,避免出现高高在上、不接地气的问题,以老百姓喜闻乐见的方式传递主流价值,进一步提升人民群众对主流价值的认可度,凝聚社会共识,为新时代中国特色社会主义现代化建设提供强有力的舆论支撑。

二是着力抓好主导权,确保主流价值传播可管可控。近年来,新华社在推进智能媒体建设过程中,坚持对人工智能等技术的自主研发,强化对技术应用的主导权,确保对关键技术和核心技术的主导和管控。同时,为了提升研发效率和节约研发成本,新华社在自主可控的前提下同其他头部技术公司开展协同合作,以联合开发的形式实现技术升级与应用推广。无论是自主研发还是协同研发,新华社始终坚持将技术应用的主导权掌握在自己手中,确保应用于新闻媒体中的技术手段始终处于主流价值所框定的范围之内,从而有效防止了因技术偏见而导致的突破主流价值底线的现象出现。MAGIC短视频智能生产平台、新华睿思数据云图分析平台等都是新华社自主研发的应用平台。掌握平台应用的主导权,同时基于有效的人机协同,新华社就能够确保平台上所生产与传播的内容符合主流价值导向,助力巩固和壮大主流舆论阵地。

三是适应发展形势,推动接地气的传播。智媒时代,用户的信息接收方式、渠道以及行为习惯等发生了重要变化,能否顺应发展形势,瞄准用户需求,推动实现接地气的传播,影响着新闻传播的价值生成以及效果。面对人工智能在新闻传播领域中的广泛应用,把握智媒时代的新闻传播规律,以用户喜闻乐见的形式手段传播新闻内容,是实现主流价值传播与引领的重要途径。在这一方面,新华社积极布局人工智能,推动打造智能媒体。在此过程中,新华社以人工智能为驱动和依托,在内容生产、传播渠道建设、用户体验等方面嵌入人工智能应用,实现了新闻内容的高效生产、精准分发,有效提升了用户体验。[①] 新华社注重增强新闻内容的交互性,通过嵌入交互功能,使得用

[①] 刘国铮. 内容创新,一体化发展,人机协作:新华社两会报道媒体融合向纵深发展实践[J]. 青年记者,2019(13):49-50.

户在进行内容消费时,能够实现同其他新闻媒体、用户、其他社会主体的即时有效交互,显著提升用户在消费新闻内容时的在场感、参与感和亲近感,促使主流价值传播更加入脑入心。新华社在适应智能化发展趋势的过程中,依托自身的平台优势、技术主导优势,通过搭建开放性的内容集聚平台,吸引用户等主体在平台借助人工智能应用参与内容的生产传播,使用户在参与或主导新闻内容生产与传播时,自觉主动践行主流价值。

第二节 智能视听新生态下主流价值传播的转型与创新

随着短视频、直播等越发成为社会主流社交语言与传播形态,以自主性、多元性、流动性、规范性、普适性、共构性等为典型特征的智能视听传播新生态已然形成,进一步丰富了新形势下主流价值传播场景。智能视听传播作为全媒体传播的重要组成部分,推动全媒体传播体系由矩阵向强阵迈进,不断凝聚新时代主流价值传播的新动能,驱动主流价值传播实现跨越不同维度、层次、场域的融合与突破,舆论场亦呈现出前所未有的活跃性、突发性与复杂性。基于传播技术、传播渠道、媒介形式及受众群体等因素变化,智能视听新生态下我国主流价值传播不断迎来重要变革,媒介生态与舆论格局在发展演变中呈现出诸多不确定性。

党的二十大报告指出,加强全媒体传播体系建设,塑造主流舆论新格局。在全面建设社会主义现代化国家进程中,舆论引导能力、主流价值传播能力是助力国家各项战略实施推进不可或缺的重要抓手。立足智能视听传播格局,面对国际国内舆论场不稳定不确定因素增加、舆论生态越发复杂、不良思潮暗流涌动的局势,新闻媒体在主流价值引领方面如何做到守正创新?紧抓时代机遇,推进实现高质量传播,是塑造主流舆论格局不可回避的重要议题。本书聚焦主流价值传播的转型与创新,探寻传播理念的创新路径,在厘清主流价值创新传播所面临趋势问题的基础上,力图提出助力主流价值高质量传播的实施方案。

一、全媒体时代主流价值传播理念的转型与变革

当前,媒体融合创新持续走向纵深,前沿技术与价值理念作为双重转型驱动力,推动信息生产及传播全流程实现解构与重塑。新技术应用不仅促使媒介生态发生深刻变化,也带来社会结构、社会文化、社会观念等方面的深层次变化。全媒体时代,主

流价值传播理念在传播主体、技术手段、功能指向等要素影响下,正发生全方位变革。

(一)叙事模式:由一元主导转向多方耦合共构

在全媒体传播场景下,以各类新媒体应用为中介和渠道,多元主体得以共同介入和参与主流价值传播叙事,既往由主流媒体主导的新闻叙事模式逐渐被个性化、多元化、情绪化叙事模式所打破。[①] 从各类视听应用平台的热点议题榜可以发现,围绕主流价值传播,既有来自主流媒体、政务新媒体的有序议题设置和主流叙事,又有来自民间的自组织议题和差异化叙事。在相关议题的发起、参与及衍生过程中,人们积极主动讲好发生在个体身边的中国故事,从人际到大众,由个体到机构,逐渐形成耦合共构、内外联动、纵横交织的主流价值传播新景观。随着叙事模式发生变革,各类智能视听平台的主流价值传播势头愈显强劲,体现出较强流量虹吸力。

全媒体传播为主流价值叙事提供了技术、介质、内容、用户等要素支撑。媒体利用短视频、直播等传播形态中的并置、悬隔以及拼贴等组合方式,以及XR、AI、5G等技术,为主流价值传播营造了多元化的叙事情境,进而将中国式现代化故事立体鲜活地呈现在网络空间。[②] 在全媒体传播视域下,尤其在具有强烈冲击力和延展性的智能视听传播情境中,主流价值叙事体现出兼具专业性与普适性、严肃性与生动性、精准性与多元性等特征,实现了线上与线下结合、个体与机构互补,主流价值的传播力、引导力、影响力显著提升。与此同时,在多方主体共构叙事影响下,个体故事流动汇聚,多样视听符号碰撞交织,映射出践行社会主义核心价值观的全貌,人们在平凡而鲜活的生活景象中传承中华优秀传统文化,弘扬社会主流价值。

(二)形态表征:由单一介质转向跨媒介多模态

在传统媒体环境下,以主流媒体为代表的一元主导型传播模式多倾向和侧重于单一媒介形态,主流价值内容则体现为图文、视频、音频等某一特定形态,无形中框定了主流价值传播边界,设置了效果上限。进入全媒体时代,主流价值传播迅速打破单一介质的传播限制,跨媒介叙事、多模态呈现成为新传播生态下主流价值传播转型的典型表征。[③] 一方面,依靠全媒体传播体系,主流价值传播不断尝试跨媒介叙事,它不是相同或相似内容在不同媒介简单地跨渠道分发,而是基于智能技术,在对传播关系、传

---

① 郭海威. 新媒体助力主流媒体时政报道的三个视角[J]. 新闻论坛,2022(1):24-25.
② 王润,南子健. 嵌入式认同:智媒时代主流价值传播的新机制与未来展望[J]. 中国编辑,2022(4):46-50,56.
③ 吕峰. 新时代网络空间主流价值传播力提升策略探析:基于话语传播要素的视角[J]. 中国出版,2023(9):61-64.

播结构、传播机制等进行颠覆性整合与重构的基础上,综合考量不同媒介特性、内容属性、用户群体等关键要素,围绕特定议题开展创新演绎,在特征鲜明而又风格迥异的延续叙事中,沉淀出更具传承意义的主流价值内核与精神信仰。[1] 另一方面,以新技术应用、新传播形态为支撑,多模态呈现使得主流价值传播更趋智能化、可视化、社交化与精准化,有效打破认知壁垒、文化隔阂、语言屏障与行动藩篱,助力推进主流价值的立体传播、饱满呈现与跨域交互。通过多模态呈现,媒体集内容创新、渠道创新、体验创新、交互创新等于一体,刻画出具有中国特色、时代特色与人民特色的主流价值传播景观。[2]

在智能视听传播场景下,人机协同、声画结合、实时交互等越发推动跨媒介多模态叙事将自身优势发挥至极致,使得主流价值内容呈现出理性探讨与感性疏解共振、严肃阐释与戏谑幽默兼备、敢于斗争与善意引导相结合的传播特征,以形态延展创新为依托,推进主流价值影响力版图不断扩大。

(三)目标任务:由舆论引导转向深层社会治理

全媒体时代的到来为主流价值的多样化传播与发展奠定了平台、内容、用户、渠道等基础。借助丰富的传播载体支撑,人们可以更为广泛深入地参与社会事件及公共决策讨论,以丰富的个体创新汇聚成更为强劲的社会创新,在智慧集聚与交互协商中为社会进步贡献解决方案。通过锚定目标任务,全媒体时代的主流价值传播不再仅仅聚焦于舆论引导。多元化信源及健全的互动机制,使得主流价值传播逐渐跳脱出主流舆论格局构建这一原有目标框架,继而向深层参与社会治理转向。[3] 主流价值内容日益成为人们的日常生活组成部分。它在记录个体感知过程中,不仅反映公众的多元诉求,也能够折射社会的整体发展与变革,在书写新时代集体记忆的创新实践中,在共建共治共享理念引领下探寻社会治理新议题、新方向,推动开辟社会发展新局面。

在智能视听新格局下,"90 后""00 后"作为互联网的原住民,认同网络空间信息传播的基本规范,凭借较好的教育背景与较为开阔的国际视野,对国内国际热点事件往往表现出较高的关注热情、理性的思维方式和清晰的判断标准。在熟练使用各类视

---

[1] 王晓红,倪天昌. 论媒体深度融合背景下主流价值传播的守正与创新[J]. 电视研究,2021(12):10–13.
[2] 杨国藏,张立改,马瑞贤. 中国文化的多模态具身传播:以《典籍里的中国》为例[J]. 中国广播电视学刊,2022(4):118–120.
[3] 袁靖华,况尉娜,王健. 三方"嵌入":全媒体时代融媒问政节目的媒介化社会治理[J]. 中国广播电视学刊,2023(4):104–108.

听应用的情况下,这对于推进公共议题讨论常态化、理性化、人性化、规范化具有重要促进作用。结合智能视听应用,青年群体日益成为主流价值传播的重要生力军和先锋力量,在不同网络社群中扮演议题发起者、活动组织者、意见领袖等角色,青年群体在主流价值传播过程中呈现出越发显著和鲜明的主体性、主动性与主导性。公众在对青年意见领袖产生身份认同的基础上,潜移默化中理解、认可并主动践行、传播主流价值。①

在国家治理体系与治理能力现代化建设视域下,依托全媒体传播赋能,社会公众的创造潜能被激发。随着内容创作不断推陈出新,越发饱满的新型传播生态正在催生一场新的社会治理革命。② 基于强、弱关系连接,各类新型社交应用上的内容传播实现交织、交互、交融、交锋,碰撞出具有现实针对性的社会治理议题和实践操作性的解决方案。在此情形下,主流价值传播在功能及目标任务层面进一步延展,即全面整合社会观点、意见与创意,将各类群体聚集在社会治理现代化建设周围,共同探讨多元化社会治理事项。至此,主流价值传播的深度得到进一步拓展。

(四)效果研判:由范围覆盖转向全面立体评估

在智能视听传播情境下,围绕主流价值的传播效果评估与研判不应局限于对传播频次、覆盖人群等方面的简单统计,而应对内容质量、交互情况、议题延伸与衍生、政策建议及影响等进行综合考察,确保效果研判更为客观、立体、全面。在新形势下,个性化、差异化的思潮观念要求内容传播更注重个体需求,主流价值传播不仅要明确对谁传播了什么,也应考量社会个体的参与和融入情况,包括个体情绪表达、观点表达、诉求表达。究其缘由,在于智能视听传播有效赋能个体参与,进而促成了当前舆论场域中的人人可见、人人可为,使得在传统媒体时代处于高语境文化体系中的主流价值须转变理念、创新方法,与人人皆可参与和理解的低语境相适配。至此,话语体系创新、表现形态创新、连接模式创新等成为主流价值传播转型的重要着力点,并被纳入主流价值传播效果评估的指标体系框架中。

全媒体时代,主流价值传播旨在通过不同主体之间有效的沟通对话,不断形成和强化群体归属、价值引领、文化认同。③ 媒体以智能应用为抓手,通过丰富的符号表达与生动的情境交互,促使公众在共享共创中增进协同性与凝聚力,在信息生产与传播

---

① 项久雨,王子璇. 全媒体时代青年精神生活的丰富内涵、表现形态与提升路径[J]. 青年学报,2023(4):22 – 28.
② 王虎. 逻辑转变与维度构建:智能媒体参与社会治理的机制研究[J]. 现代传播(中国传媒大学学报),2021(9):7 – 11.
③ 王晓红,谢妍. 中国特色网络文化安全观的五个辩证统一[J]. 现代传播(中国传媒大学学报),2021(6):7 – 11.

的交互协作中获得情感慰藉与认知提升。基于对个体日常、群体心理以及社会发展整体景观的记录、临摹与呈现,全媒体时代的主流价值传播在打破成见、拨开迷雾和增进交流对话方面发挥更重要作用。进而,主流价值传播效果的考察亦应拓展至批驳不良思潮、消除群体隔阂、修补社会裂痕、增进民族与文化认同等维度。

二、新形势下主流价值创新传播的趋势与问题

全媒体时代,各类社会力量或因各自所倚重的媒介形态不同,或因各自使用的话语体系与传播模式迥异,或因各自涉及的思想观念有别而在不同舆论场展开角逐,从而带来舆论格局变动。在新形势下,立足智能视听格局,主流价值传播机遇与挑战并存。探寻主流价值创新传播的方向,厘清其中需要解决的问题,是推进主流价值传播与引领的基础。

(一)精准化分发与多元化场景的竞合

当前,场景日益成为视听内容消费的关键因素。基于搜索行为、兴趣偏好、地理位置等数据,媒体平台可以较精准定位家庭、课堂、单位等场景,进而提供不同内容与服务。不同于传统媒体时代的"开盲盒"式传播,在视听传播新生态下,依托计算传播学,"计算"成为传播行为的前体物,信息传播已然从笼统走向精确、细分,精准化传播程度不断提高。依托全面扎实的数据量化统计,智能识别、精准推送等技术手段促成了内容与用户的高效对接适配,为主流价值传播效能提升提供了新的发力方向。[①] 中央广播电视总台推出总台算法,探索将主流价值、商业价值及艺术价值内化于算法模型之中,同时结合总台积累的用户及内容数据,进一步强化主流价值传播的精准性与高效性。

在智能视听新格局下,信息内容精准推送与触达行为的实现是主流价值传播创新的重要表征。然而,基于算法应用的精准化、差异化分发模式虽在一定程度上完成了相应主体与内容的高效对接,但也直接或间接让用户形成了刻板印象。以技术为先导和主导所导致的圈层传播、信息茧房等效应使用户对以智能视听为代表的全媒体内容形态产生成见,同时用户亦不自觉或被动陷入窄化传播困境,成为"算法囚徒"。[②] 在此形势下,信息传播不断面临封闭化、区隔化、极端化等问题,迫使媒体在主流价值传

---

① 李秋华. 用户核心的媒体融合:"自利式用户" + 智能场景匹配[J]. 编辑之友,2023(7):60-65.
② 匡文波. 对个性化算法推荐技术的伦理反思[J]. 上海师范大学学报(哲学社会科学版),2021(5):14-23.

播时进一步转变观念、创新思路,在多元化场景中找寻新的解决方案。

全媒体传播营造了虚拟与现实相互交织的丰富场景。面对精准传播所带来的负面效应,场景化传播在一定程度上与精准传播形成互补,媒体基于用户网络及现实行为轨迹预测用户感兴趣的内容、服务消费场景。结合网络交互行为数据,跨域性的场景推介在用户内容和服务消费过程中越发常见,有效化解了茧房、圈层等效应,开阔了用户消费视野,由此也为主流价值的跨层级、跨领域、跨群体传播带来更多机遇。① 但也须意识到,越发多元化的消费场景在某种程度上也分散了用户注意力,基于场景的信息推送容易导致主流价值内容被稀释或被浅化传播,进而可能使得主流价值传播效能不升反降。基于此,媒体在进行主流价值传播时,须将场景构筑及内容适配进行综合系统的考量,既要确保主流价值内容的可及性与均衡性,又应保障其深度与传播频次。

(二)开放式表达与非主流思潮的冲突

传统媒体时代,主流价值传播的话语表达相对较为规范而生硬,遵循自上而下的传播模式。这种严谨而又封闭的传播方式,虽然确保了主流价值、主流舆论始终在轨传播,但在传播效果的达成方面却往往低于预期。全媒体时代以算力数据分析为底层逻辑的各类智能视听应用,使每个个体都可以被听见、被看见,传统的话语体系不断被解构和重构,更多样的网络语言被创造出来,直接有效地带动了网络舆论场的活跃。作为个体的公众不断赢得更大话语权,个性张扬、多方参与的开放式叙事表达日益成为主流,主流价值在这种接地性、差异化叙事逻辑下呈现出更加鲜活的生长景象。这种全员参与、协同共创的话语体系创新使得主流舆论场呈现出焕然一新的精神风貌,针对社会议题的热烈讨论,围绕经济社会发展新规划、新征程、新故事的再创作、再传播等行为,共同助推了主流价值在社会和国家层面整体回归。

在全媒体传播格局下,各类智能视听应用日益成为公众获取社会热点信息、参与社会治理、表达意见诉求的重要载体和渠道。智能视听传播格局的形成使得信息生产与发布门槛降低,使得公众可以广泛开展自主表达、跨域交互,网络空间中的主体身份更加多样、个体主导性越发突出。随着多元主体在视听新格局中的协同联动机制不断凸显,它们在助力主流价值高效传播过程中也贡献出强大合力。视听平台、用户、社会组织、监管部门等不同类型主体协同参与网络内容生态建设与治理,高质量促成网络空间共创共治共享。在多主体协同参与的智能视听传播格局中,信息的裂变式、交互

---

① 王建华,苏日古嘎. 场景式阅读与表达:媒体融合视域下的出版路径探索[J]. 现代出版,2021(3):82-86.

式传播有效加快各类社会议题传播,跨领域、跨区域、跨圈层的交流互动成为舆论常态,议题讨论的共同参与和价值共创成为智能网络视听生态的传播逻辑,由此也驱使主流价值传播要适应和融入这一逻辑。当主流价值传播的一元主导格局被打破,公众借助智能视听平台等全媒体应用可以便捷、快速地表达对热点议题的个人意志,进而使得舆情发酵充满不确定性,公众意志在此过程中得到集中体现。当前社会焦虑、浮躁等情绪传染加剧和凸显,使得热点议题更易引发激烈讨论,加之情绪化内容表达往往引发群体共鸣,公众对事件主体、关联主体等的质疑、批判与攻击不断涌现。与此同时,各类不良思潮趁机泛起、涌入,公众的情绪表达呈现出较强从众性、逆反性与极端性,在特定事件中时常出现多重立场的碰撞和对峙,多个阵营相互对抗的现象,这在一定程度上消解了主流价值的公信力。①

（三）新技术驱动与技术极端化的摩擦

技术驱动成为主流价值传播创新的重要因素,新技术以其较强的迭代能力,有效推动了主流价值传播提质增效。从信息流动来看,智能终端设备迭代与无线通信技术升级,促进了信息流动的液态化发展趋向。信息犹如水滴,随意流动和获取,受时间、场地、设备、宽带的限制越来越少,网络用户可以自由参与到信息内容的生产与传播中。从信息生产来看,人工智能、大数据、云计算、虚拟现实等技术带来信息获取的全新体验,信息生产呈现多维化态势,异地同屏、实景跨屏、沉浸融屏等方式不断打破时空限制,虚拟交互应用越发广泛。从信息触发来看,随着数据价值加快显现,智能算法日趋成熟。基于对用户使用行为的数据统计,媒体平台对用户信息消费行为规律进行总结归纳,随着网络用户画像越发精准,信息触发也更趋智能化。总体来看,基于新技术驱动,主流价值内容生产及传播的全流程创新成为可能。

然而,围绕主流价值传播创新,唯技术论的技术乐观主义等极化倾向日益凸显,技术创新应用在主流价值传播过程中越发占据主导性地位,这或将导致人工与技术在主流价值传播过程中的主导权失衡。算法黑箱、信息茧房、隐私泄露、过度迎合用户需求等现象均成为主流价值有效传播的显著挑战。技术理性的权重不断增加,人文理性的比重下降,形式创新、渠道创新、体验创新在主流价值传播过程中贡献更多流量,导致注重精神内核的优质内容时常受到算法冷落,长此以往,主流价值创新传播的可控性、安全性将不断受到削弱。② 因此,以技术为驱动力和抓手推进主流价值传播创新,需

---

① 李慕. 当代社会错误思潮影响青年学生的内在逻辑及其应对策略[J]. 云南师范大学学报(哲学社会科学版),2023(5):149-156.
② 邹慧敏. 自动化算法推荐的风险审视与规制[J]. 网络安全技术与应用,2023(8):132-133.

要把握好技术应用和参与的尺度,力图实现技术在主流价值传播创新中的正面效应最大化,负面效应最小化。

(四)融合性传播与机制性壁垒的隔阂

全媒体时代,智能媒介连接的广泛性不断促进多元主体个体意识、群体意识、机构意识的觉醒,围绕主流价值传播所涉各项议题,以往的一元主导传播模式逐渐向多元主体协商、协作、协同传播模式转变。① 在媒体深度融合背景下,主流媒体、政务平台、新媒体平台、网络社区等作为连接传播网络的物质中介的角色被弱化,作为连接传播核心的"人"的重要性越发突出。各类政务、媒体、商务、服务等平台上主流价值传播的融合性、智能化水平不断提升,主流价值的融合传播越发成为解锁民心、温暖民心、连接民心和凝聚共识的重要着力点与切入口。借助广泛的媒体连接,人们可以自由进入传播平台,打破既往主流价值传播的主体边界限制。多主体参与、多形态呈现、多主题共生的融合性传播生态无疑将为主流价值高效传播提供重要保障,同时它也是全媒体传播格局的有力注脚。

在融合传播趋势下,主流价值创新传播也面临着来自机制层面的发展壁垒。在数据逻辑方面,商业媒体平台的数据以平台自有数据及开源数据为主,商业媒体平台也会在一定的协议框架内与其他平台进行数据交换,但是商业平台、主流媒体、政务服务平台等不同组织机构间的数据库并未充分打通,数据壁垒、信息孤岛仍广泛存在。数据区隔导致数据深层价值未能被挖掘利用,使得媒体难以全面整体把握主流价值传播工作。在传播逻辑方面,媒体存在着思路僵化、理念陈旧等问题,主流价值宣传引导的理念逻辑与舆论演变的内在逻辑存在偏差,导致一些脱离现实的独白式宣传层出不穷,甚至一度出现舆论反噬现象。

三、智能视听驱动主流价值高质量传播实施方案

在视听传播新生态下,不同传播主体对主流价值传播表现出差异化和持续性的探究旨趣。面向未来,以智能视听为驱动,主流价值传播将越发呈现出成长性、规范性、引领性与高效性特点。聚焦智能视听驱动下的主流价值高质量传播,新闻媒体有必要在明确实践现状与问题的基础上,处理好几重关系,以期形成更大发展合力,做好主流价值创新传播。

---

① 薛贵峰.十年融合传播中的主流媒体创新发展[J].中国记者,2023(8):18-21.

(一)平衡好专业表达与通俗话语

立足视听新格局,基于对用户行为数据的系统把握与深度挖掘,视听平台及各类传播主体感知并发掘新需求,进而推动内容创作或技术创新。智能视听格局为主流价值传播的多元创新提供了扎实的技术、用户等基础支撑。媒体通过聚焦不同用户的内容消费偏好,进一步激活广泛的个体智慧与社会创新意识,原创类、模仿类、衍生类等各类视听内容竞相涌现,在场参与的沉浸式体验感不断增强,媒体在编码与解码过程中实现对主流价值的有序嵌入、融合、内化及外显,在多样化的创新外化与交汇碰撞中强化人们的认知并推动态度转变。至此,基于智能视听进行的主流价值传播越发成为当下中国最具代表性的媒介化实践,锚定多元需求的自主创新、开放创新、接续创新为新时代主流价值传播提供了强有力的保障。

智能视听应用为用户营造了轻松舒适、开放愉悦的信息交互场景,使得基于智能视听形态的主流价值叙事与表达可接近、可获得、可接受,进而为用户的价值感知、理解与认同奠定基础。由于个体经验有别、表达方式有异,在运用智能视听赋能主流价值高质量传播过程中,媒体需要做好话语体系的系统创新、全面创新。[①] 主流价值本身呈现出较高的规范性、严肃性与系统性,新型主流媒体、政务新媒体平台等主体在开展创新传播过程中,应始终坚持把握、满足用户内容消费新需求、新偏好,牢记底线、红线,以专业性话语表达引领主流价值传播。我们也应鼓励来自不同社会力量的差异化、生动化表达,以多样化叙事话语形成百家争鸣的传播景观,缔造新时代主流舆论新格局,共绘主流价值同心圆。新闻媒体要充分用好智能视听内容,为专业性表达和通俗性表达提供的兼容并包的良好语境,使主流价值能够有机嵌入到官方、组织、个体的传播场景中,以立体、全面的话语体系传播主流价值。

(二)调动好离身认知与具身体验

主流价值认同形成的关键在于用户离身认知与具身体验能够准确对接,即线上视听生态是现实社会风貌的真实写照。以智能视听为抓手,推动主流价值高质量传播,要充分调动和对接好内容消费的离身性与现实体验的具身性,避免出现线上内容感知与线下实际体验相悖的现象。主流媒体、智能视听平台等主体在开展主流价值传播时,应对舆论生态进行综合考察,形成全面系统认知,合理有效筛选社会热点议题,规范议程设置,准确反映主流价值传播的现实图景。这就要求媒体在进行主流价值传播

---

① 郭海威,楚颖盈. 智媒时代新闻媒体主流价值传播创新研究[J]. 贺州学院学报,2023(2):66-71.

时,在思维转型、理念创新方面下功夫,坚决摒弃大水漫灌式、旋风式、一刀切式、说教式宣传工作作风,避免为达到正面宣传效果而夸大事实,产生诸如"低级红""高级黑"等问题,进而使主流价值传播走向反面,导致主流舆论引导面临失灵和失效风险。调动好离身认知和具身体验,重在使主流价值宣传和舆论发展保持逻辑相通,不能为了稳定公众情绪、缓解社会焦虑、抢占网络流量而发布与公众普遍感受不一致的内容,在无形中使政府部门、媒体机构等主体的公信力削弱甚至丧失,这与主流价值高质量传播背道而驰。

(三)统筹好技术创新与人文导向

技术创新与人文导向在主流价值传播引领过程中同等重要,媒体应探索推动二者相向而行、同频共振。一方面,媒体应在主流价值数字化、智能化传播方面加大创新力度,有效嵌入人工智能技术、大数据技术。如优化推荐算法设计,引导人工智能生成内容,媒体在技术应用及迭代过程中融入主流价值理念,尤其要将技术主导思维可能导致的数据至上、技术盲目乐观主义等效应降到最低程度,避免对技术、数据形成过度依赖。另一方面,要平衡好技术与人的主导权分配。在将新技术应用至主流价值创新传播进程中时,媒体不能忽视人的因素,需要充分认识到人与人对话交流的重要性,注重主流价值传播过程中的对象感、交流感,以情绪共鸣、共振汇聚集体智慧,提升主流价值传播效能。基于此,应注重增强主流价值创新传播的人才供给能力,尤其是新型主流媒体、政务新媒体、智能视听平台等主体,应注重引进、培养一批兼具较高技术水平、开阔传播视野与深厚人文关怀的复合型传播人才,进一步强化对主流价值创新传播、高质量传播的智力支撑。

(四)把握好多元创造与规范管理

以智能视听为工具,聚焦主流价值高质量传播,我们应深化多主体协同、形成创新创造合力,结合主流价值传播细分议题、主流价值引领目标,制定实施差异化、有针对性的要素整合与主体协同方案,发掘主流价值创新传播的新方向、新路径。要充分发挥新型主流媒体、智能视听平台、政务新媒体等主体的组织、协调与引导作用,强化人才培养、人员培训,近距离倾听群众心声,也应有效调动社会公众参与主流价值创新传播,尝试通过流量、积分、称号等物质与精神激励调动社会公众参与主流价值传播的热情。鉴于智能视听新格局下不断暴露的唯数据论、隐私泄露、打擦边球、不良思潮渗透等问题,各主体应着力做好主流价值传播的规范化管理,基于其数据架构的底层逻辑,做好底层数据治理,进一步强化底线思维、红线思维和风险意识,针对主流价值传播相关议题进行事前、事中、事后的综合考察,提前研判可能产生的风险隐患,及时健全和完善相关规范性制度体系,确保智能视听驱动下主流价值传播过程的技术安全、数据安全、舆论安全与意识形态安全。

第三节 社会价值视域下短视频内容生产及其优化

短视频作为对于现实世界的生动表达,使视听文化消费的内涵得以延展,更加日常、卷入、纪实的影像展演消解并重塑着我们的生活方式、精神认知、社会结构和文化特质,个性化、生活化的影像叙事在反映原生态现实场景的同时,开启和拓展共享共创的新图景,实现对社会价值和意义结构的重新展现。[1]

短视频全方位、立体化、无死角地还原现实空间,在变革和重塑人们感官接受习惯的同时,推动构建更为深入和广泛的群体联系。随着短视频行业发展越发蓬勃,短视频内容生产更趋多样化、复杂化,在社会价值视野下对短视频的内容生产进行分析,对于优化价值创新、促进价值实现,具有重要现实意义。

一、短视频社会价值具体体现

短视频带来更直观的呈现、更广泛的参与、更日常的经验、更生动的想象、更丰富的启迪,有效激发了用户的创造力,缔造了社会价值共创共享的新景观。

在短视频中,每个人都被赋予捕捉和记录历史碎片的权利,人与人之间的距离逐渐拉近甚至消失,现实自我与虚拟自我的界限越发模糊,短视频给用户带来了强烈卷入、深度沉浸的感官刺激,营造了超真实的感知空间,花开花落皆关我情,云卷云舒皆动我心。泛在的参与场景无所不在、无时不在,导致人们的视听消费出现生活化、个性化、在场化的价值转向。映射和还原现实场景,但又加入个性化的"表演"和"交互"加工,短视频带来了更易让人代入和沉浸的互动情境,私领域的个体经验被全面敞开。一改往常的精细化加工,短视频成为人们日常生活的纪实叙事方式,高雅与通俗、理性与感性、普通与离奇、主流与小众,各种特征的叙事都以实时影像的方式原生态地展演给大众,满足多样化的视听文化消费需求。其结果是短视频的纽带作用变得更加突出,现实空间和虚拟情境的连接也更加紧密。

---

[1] 郭海威,张敬宜. 社会价值视阈下短视频内容生产及其优化路径[J]. 现代视听,2021(5):5-8.

在短视频的集体观照中，个体经验汇聚成集体情感，各不相同的生命姿态、生活状态拼接出完整的历史样貌，映射的则是人们对美好的普遍想象与追求，在充盈人们对世界的认知的同时，也拓展着生命的厚度和宽度，使人们迎来更广阔的价值视野。短视频的广泛应用体现了数字媒介技术的进步，全新的动态影像时代开启。无论是全球格局的变换重塑、改革开放的滚滚向前，还是每扇窗内的点点灯火与谈天说地，都被生动地拉到眼前。自然流露、未做修饰的日常经验被置于"前台"，从而衍生出身份认同、多元观点和集体能量，促使视听文化消费实现对多元需求和想象的满足。短视频作为经验展示的中介，是以个体记忆、集体记忆、时代记忆的记录者、见证者、参与者的身份出现的。作为经验世界的表达窗口，短视频帮助人们透过影像化叙事的表象进行深层次的思考，让个体、集体在相互观照、鼓励中得到启迪。

借助短视频，人们能够透过事物表象看到本质，发现更多的闪光点，激发新的想象，个体与集体在彼此的观照和启迪中获得前行的动力，新创意、新模式、新样态积少成多，由量变到质变，推动时代进步。不同于传统的影像叙事的迟滞性，短视频通过声音、图像的即时传送营造出"超真实"的感知空间，以动态的视频流形式将个人经验展现给大众，同时又将精彩纷繁的符号世界呈现在一屏之间，即刻交互将距离化长为短、化有为无，让受众形成具有强烈卷入感的自我沉浸。技术应用的普及使得短视频平台拥有更多的话语权，专业化的视频内容生产逐渐向差异化的自我展示拓展，视频叙事也不再囿于传统、规范，贴近生活、贴近现实的展现视角成为主流。每个人都拥有记录历史的权利，都可以在史海钩沉中捕捉和留存时代的记忆。

二、短视频内容生产全新特征

短视频为复杂社会形态的表达提供了更加直观和具有强烈感官刺激的符号载体，在技术助力、行业自律、政策监管的共同作用下，短视频行业的内容生产逐渐从无序转向规范，短视频内容生态持续向好向优，呈现出全新的特征属性，对社会价值创造与输出形成有力支撑。

短视频内容生产呈现出鲜明的个性化特征。一方面，通过对短视频内容生产主体的分析可以发现，在当下传播格局中，短视频内容更多是个体经验的表达，短视频以个性化、差异化的内容为观者呈现出多样化的生命姿态、生活状态。个性化的内容叙事使人们可以从他者的日常展演中收获美好与感动，领悟人生真谛，找寻并坚定美好生活方向，身体力行地提升自我、帮助他人，在"想象—践行—想象"的循环中，实现社会价值的共同创造、有效传递、迅速增值。另一方面，为更好适应和满足新传播格局下的用户使用与接收习惯，作为内容生产者的各类创作主体也着力在内容主题、生产方式、交互形式等方面进行创新变革，进一步促使短视频的个性化内容生产在向广度、深度、温度等维度不断延展。

短视频内容生产专业化程度持续提升。随着短视频、直播等在各类移动应用中的广泛嵌入，普通用户可以随时随地拍摄、上传短视频，这使得视频原有的仪式感减弱，作为自我表达中介的工具属性显著增强。多主体的共同参与丰富了短视频内容生态，与此同时，内容质量参差不齐等问题也越发凸显，尤其在消费升级的大背景下，人们对优质内容的需求也表现得更加旺盛。从当前发展形势来看，以主流媒体、内容平台、MCN 等机构为代表的短视频内容生产主体，以内容生态布局优化为支撑，着力探索内容生产模式的优化升级，以持续输出一大批精品力作。在此过程中，有为政府和有效市场紧密结合，在多方力量的共建、共治、共享作用下，短视频行业内容生产的专业化水平不断提升，新技术的嵌入程度逐渐加深，用户体验持续优化升级。

短视频内容生产垂直化程度不断加深。技术升级使得场景的广度和深度同时得到拓展，短视频得以在展示泛娱乐、泛生活类内容之外，在经济、文化等方面保持价值递增，催生出系列新模式、新业态。短视频行业与教育、文艺、体育、公益、环保等领域深度合作，强劲赋能传统产业，在为经济发展、社会进步提供想象力的同时，也持续输出创造力、创新力、驱动力。在融合发展过程中，短视频行业与其他产业的联姻不断趋向紧密。为更加适应产业的垂直化发展趋势，短视频的内容生产也趋向垂直化、精细化，短视频内容的针对性、深度越发得到强化，更加多元、立体、有思想、有深度的短视频内容大量涌现。在此过程中，短视频内容生产的垂直化也直接推动短视频行业及其联动产业的垂直化拓展和延伸，短视频行业将更多主体纳入创新链、供应链中，使线上线下有机联动，短视频的社会价值创造与发挥不断趋向最大化和最优化。

三、短视频内容生产现实挑战

在新传播格局下，当短视频以势不可当之势进入人们视野并占据大量注意力时，它在创造和发挥社会价值方面的短板也越发凸显，人们所面临的挑战更加突出。尤其随着多元主体、各类资本及技术力量纷纷入局，信息冗余、唯技术论等导致的内容同质化、低俗化问题逐渐暴露，信息茧房、版权保护等问题亟须引起重视。正视短视频内容生产所面临的挑战，对于寻找优化路径、助力短视频的社会价值创造与传播具有意义。

内容同质化低质量问题凸显。技术赋能让普通用户在短视频内容生产与传播方面享有一定的自主权，加之人工智能等技术也逐渐参与到内容生产过程中，短视频内容生产的主体规模空前庞大，海量的短视频内容全天候地被创作并上传到网络空间，短视频内容生态得到极大丰富。但由于大多数内容生产制作的专业化水平有限，大量同质化、低质量的短视频充斥其中，优质短视频内容被稀释。随着人工智能在内容分发环节的深度嵌入和应用，一些虚假信息、劣质信息以及各类突破底线的不良信息，往往由于能够吸引眼球而得到算法的额外"青睐"，造成短视频内容生态被破坏。当下，短视频正越发广泛而深刻地介入到人们日常的生产生活中，在一定程度上影响乃至塑造着人们的世界观、人生观、价值观，我们必须强化价值引领、增强自律和他律、客观审视技术应用，进而找寻解决内容同质化低质量问题的可行性方案。

内容生产亟须突破算法困境。随着智能化传播时代到来，包括短视频在内的各类内容生产、传播形态均注重对算法的应用。基于对用户大数据的深度挖掘和分析，算法对内容生产的介入和影响程度正在加深，其主导性显著增强。一方面，在算法设计时及算法后续自主学习过程中，受到追求流量、混入非主流意识形态等因素的影响，算法与社会主流价值出现偏离，一些品质低下但易吸引眼球的内容广为传播，继而直接影响后续的内容生产与分发，容易使内容生产陷入茧房化、同质化的困境，因此媒体必须坚持对算法模型的实时监测与优化。另一方面，由于媒体对算法的过度信任和依赖，技术理性在短视频内容生产过程中所占权重正越来越高，人的主导性面临弱化风险，社会价值创造与传播的可控性有可能受到削弱。

版权保护方案仍有待探索。短视频的人人参与、人人可为特点使得用户的分享变得更加便捷，无论是个体经验的日常展示，还是知识的系统性输出，都承载着丰富的价值内涵，用户在展示与交互中唤醒思想、启迪想象、激发需求。然而，这种随意的分享中夹杂着大量侵权现象，囿于政策规范、技术监测、版权意识等多方面的不足，对他人作品未经许可的剪辑发布、改变形式规避审核等侵犯版权行为时有出现，这些行为损害版权所有者利益，给营造健康可持续发展的版权保护生态带来阻力。抓住新一轮科技革命和产业变革的机遇，用好新技术、新模式，探索形成版权保护的有效方案，对于提升版权保护意识、优化短视频内容生态来说意义重大。

四、短视频内容生产未来趋向

在新传播格局下，短视频正逐渐从各类传播形态中脱颖而出，成为人们喜闻乐见的重要传播形式。短视频用户规模不断扩大，短视频对经济社会发展的影响力、作用力持续凸显。在全面建设社会主义现代化国家新征程上，要推动和实现好短视频的社会价值创造与发挥，就应在把握和运用好传播规律的基础上，积极探索短视频内容生产的新路径,将短视频这一变量化为打造新传播生态、推动社会价值共创共享的重要增量。

一要强化主流价值引领。优质内容一直是媒体立足的基础,就短视频而言同样如此,能否实现连续高质量的内容输出,不仅关系到短视频创作者的传播力和影响力,也直接影响我国文化领域的生态建设。强化主流价值对短视频内容生态的引领作用在当前传播生态下显得格外重要。一方面,要鼓励用户创作能够反映我国经济发展、社会进步、人民幸福指数提高的短视频作品,以短视频为工具,发现美好、展现美好、传播美好,积极弘扬社会正能量、传播主流价值观;另一方面,要用主流价值导向驾驭好算法,将主流价值贯穿于算法设计及应用全过程,进而主导短视频内容生产实践,最大限度避免和消除技术弊端。

二要注重前沿技术应用。随着新兴信息技术不断涌现和迭代升级,人工智能、大数据、云计算等前沿技术都能够为短视频内容生产所用,应用场景的深度和广度得到显著拓展。短视频行业应基于此类技术应用,在创作方式、呈现形式方面加快探索创新,充分利用新兴技术成果,提升用户观看体验。另外,短视频对其他传播形态具有较强的融合转换能力,可将图文、音视频等形式集中体现,媒体应探索在内容生产过程中多模态的组合应用,增加信息密度。基于此,短视频内容将在新技术支撑驱动下更加易得、易懂,助力媒体赢得更广泛认同,凝聚社会共识。

三要增进多方协同共治。推动短视频行业传递社会价值,也需要国家在监管与治理方面花力气、下功夫。针对短视频内容生产过程中出现的各种问题,要坚持完善短视频内容生态建设的引导和规范体系,有效整合人才、政策、技术、资本等各方力量,形成共建、共治、共享合力。其中,要在综合运用政策、技术、资本等各方力量的基础上,有效调动和激发人的主动性、创造性、创新性,坚持攻防并举,推动短视频内容生产始终沿着向好的轨道前行,进而为短视频的社会价值传递提供坚实保障。

第四节 "一带一路"影像传播与中国国家形象建构

党的二十大报告强调:"加强国际传播能力建设,全面提升国际传播效能。"在新时代背景下,立足新发展阶段、贯彻新发展理念、构建新发展格局,中国在国际舆论场中的传播声量加大,中国国家形象建构逐渐实现从他塑向自塑、共塑、强塑转变,传播模式也在延续既有传播模式的同时,探索推进多元协同参与的软传播,基于多主体、多要素、多模态共构的新型国际传播模式为中国国家形象建构延伸边界、开辟新局。

随着新型视听传播形态不断涌现,影像传播作为国际传播能力建设的重要组成部分,以其强烈的视觉冲击力和情绪穿透力,在对外讲好中国故事、传播好中国声音过程中扮演重要角色、发挥重要作用,不断以跨文化传播视角创新国际传播理念与方式,为中国国家形象建构提供新思路。当今世界正经历百年未有之大变局,我国正处于实现中华民族伟大复兴关键时期,推动构建人类命运共同体,探讨"一带一路"倡议的影像呈现,厘清"一带一路"影像传播中中国国家形象建构的逻辑转向与时代机遇,对于更好利用影像这一工具和中介,向世界讲好中国式现代化故事,阐释好中国理念与中国价值,具有重要理论和现实意义。①

一、"一带一路"影像传播助力中国国家形象建构的逻辑转向

当前,百年变局动态演进,全球政治、经济、文化等领域发生深刻变化,国际舆论场中各类新议题不断涌现,不稳定不确定因素时有凸显,我国国际传播能力建设不断面临新问题、新挑战、新任务。为更好融入和适应国际传播新生态,推进国际传播能力建设,基于影像的对外传播实践正从观念、思路与行动方面实现创新转变。

(一)由传统单向叙事转向智能传播叙事

"一带一路"主题的对外影像传播模式正从既往的大众传播、一元主导、单向传播向数字化、智能化、全媒体传播转变。随着人工智能、大数据等技术深度嵌入影像传播领域,以此类技术为支撑的媒体平台通过分析用户行为大数据和预测用户内容消费偏好,进一步驱动内容的精细化创作与精准化传播,在一定程度上助力了传播效率与效果的提升。面向跨文化传播,"一带一路"主题影像呈现出丰富多样的视听内容品类。新时代中国国家形象建构正着力依托智能传播的精准性、强交互等优势,实现叙事逻辑与思路转向,从而立足智媒时代准确把握国际舆论场中各类议题衍生、爆发与发展的基本规律,达成传播中国声音、讲好中国故事的目的。

在智能传播视域下,基于场景建构、内容匹配、实时交互等新型传播手段,"一带一路"倡议的影像传播在对象国以及目标群体中的"适销对路"模式取得一定成效。近年来,海南省充分利用自贸港建设优势,探索构建形成具有自身特色的国际传播体系。在开展对外传播过程中,海南省通过实施"海链计划""海外传播官培育工程",同时结合人工智能、大数据等技术应用,理解并把握海外受众内容偏好,推进中国故事、

---

① 胡正荣,郭海威. 转场与缝合:"一带一路"影像传播与中国国家形象建构研究[J]. 中国电视,2023(10):5-12.

海南故事在"一带一路"国家的区域化表达、分众化表达,以传播对象国喜闻乐见的方式讲述故事、沟通观点、传递价值,《老外讲故事——看见不一样的海南》《这五年·世界看见美好新海南》《"洋主持"变身"数字官",解码数字背后的海南信心》等视频节目在海外引发广泛关注。智能传播叙事旨在实现传播资源的优化配置、传播要素的精准匹配、传播需求的高效回应,既是对党在国际传播领域战略部署的积极响应,又体现出我国国家形象建构思路的现代化转向。① 与此同时,我们也需要对新技术应用保持理性,避免陷入唯技术论的思维陷阱,盲目注重传播形态创新而忽视优质内容支撑。

(二)由硬性观念灌输转向软性价值感召

近年来,围绕"一带一路"倡议的影像传播叙事中,硬媒介、刻板话语、宣教导向的传播倾向逐渐减弱,聚焦共识建构的软性传播与价值感召越发成为主流,并在较大程度上促使我国对外传播较好地凝聚共识、增进认同。对于"一带一路"倡议发展成就的呈现逐渐从既往的官方话语陈述,转向普通民众的主观表达,传播对象国普通人的真情流露无疑是"一带一路"倡议所取得成效的最好代言。基于柔性叙事回应"一带一路"倡议推进过程中面临的各种质疑及异议,能够更有效展现"一带一路"沿线国家民众对中国的深厚感情,使中国精神、中国价值真正走向海外、深入人心。中国日报社"Z世代"工作室策划推出的《少年会客厅》节目,邀请包括"一带一路"沿线国家在内的全球多国Z世代青少年。他们基于切身体验,以不同国家Z世代视角讲述中国的巨大变革,以及人类命运共同体理念下的中国担当,让世界从中国以外的"他者"口中认识和理解中国文化、中国智慧、中国方案,认可和认同中国式现代化的开放性、共享性。

面对世界百年未有之大变局,国际局势波谲云诡、复杂多变,尤其一些国家或地区政党变化、政策反复,要做好国际传播工作和中国国家形象建构,就需要思考如何将中国价值与当地政治、经济、社会、文化等有机结合,做到先"贴心"再讲政策。近年来,我国国际传播工作不断尝试以软性传播为重要手段,基于对人类命运共同体理念的阐释与共情,在一定程度上实现了中国国家形象符号建构的连续性与贯通性,确保中国国家形象建构与传播的可持续性与累积性。同时,以柔性表达、软性传播为抓手,能够有效回应国际舆论场中针对中国的片面、负面及虚假信息,使海外受众减少因文化差异、认知障碍等可能造成的对中国的误读与误解,在情绪共鸣中认识、认可和认同真实的中国。

---

① 胡正荣,于成龙. 新一代人工智能与国际传播战略升维[J]. 对外传播,2023(4):4-8.

(三) 由国家宏大叙事转向个体差异表达

在国际传播中,一直以来我们注重利用宏大叙事对外展示经济发展、社会进步,此类叙事模式虽然依托发展事实,但往往由于较为严肃,且具有较强说理性,在传播过程中难以引发情感共鸣,尤其是在跨文化传播视野下难以使对象国受众感同身受。随着"一带一路"倡议、人类命运共同体理念在世界范围内获得广泛响应和认同,加之全媒体视域下用户的信息接收与消费偏好更趋个性化、多元化,我国国际传播正逐渐探索由单一的宏大叙事向兼顾个体差异性的表达转变。另外,由于近年来短视频、直播等越发成为重要的社交语言和传播形态,社交媒体在国际传播中越发占据重要位置,进一步促进了个体差异叙事在国际传播领域中的兴起,推动国际传播范式创新更迭。

差异化、碎片化的自我表达蕴含着朴素的个体情感,这种情感背后是人类对美好事物与价值的共同追求,因此具有较强的共通性,更易在国际舆论场中引起关注、引发共情。围绕"一带一路"倡议,来自不同领域、不同主体的个性化、差异化表达,无形中建构形成系统完善、结构合理、支撑有力的对外传播矩阵。① 在基于小切口的差异化叙事中,个体通过展演生活点滴与日常感受,能够以与传播对象国受众平等的视角展开对话、交流情感,从而将来源于个体的所见所闻呈现于观众眼前,间接折射、共同临摹中国式现代化的发展进程与取得的成就,以"自己人效应"在国际舆论场中凝聚共识。② 博主"滇西小哥"在 YouTube 平台分享滇西特色美食,以独特的个体视角呈现地方人文景观,在光影流动中带领海外受众感受中华文化。截至 2023 年 6 月底,他在 YouTube 平台已拥有逾 1,000 万粉丝,所发布的 348 条视频累计被观看逾 32 亿次(来源于 YouTube 平台统计数据)。这正是个体的差异化表达助力国家形象建构的生动写照。

(四) 由宣传与斗争兼顾转向建设治理协同

党的二十大报告提出:"加快构建中国话语和中国叙事体系,讲好中国故事、传播好中国声音。"探索构建体现中国价值、凸显中国特色的话语体系与叙事体系,既是对我国国际传播能力自信的重要表现,又是对当前复杂国际舆论态势的战略调适。开展宣传与斗争是我国既往参与国际舆论、争夺话语权的重要手段,我国通过制定明确的传播策略,对外宣介中华文化、反击造谣抹黑、消除舆论风险。当前,随着"一带一路"

---

① 陈虹,郑广嘉. 交往逻辑中的新型国际传播主体格局构建[J]. 上海市社会主义学院学报,2023(3):86-93.
② 王慧. 全面提升"中国话语"的国际传播效能[J]. 人民论坛,2023(8):101-103.

倡议获得广泛响应,人类命运共同体理念更加深入人心,我国国际传播更加注重鼓励平等对话、提供建设方案、强化协同治理,旨在推动友好协商,共同寻找解决方案,确保各国与各组织的利益得到平衡与保障。

围绕"一带一路"建设的持续推进,政府、企业、社会组织、网民等多元主体通过各类主流媒体、社交媒体等媒介,聚焦人文交流合作、基础设施建设、科技创新应用、生态环境保护等议题展开叙事,在生动展示"一带一路"沿线国家和地区发展多样性与独特性的同时,共同构建"一带一路"沿线国家之间互利互惠、合作共赢的现实图景。以建设性表达和协同性治理为突出特征,中国在国际舆论场中展现出更加积极主动的参与理念与姿态,是全球和平发展的推动者与践行者,以此为支撑,我国相关政策议题在世界范围内获得更广泛的支持与认可。[①] 党的二十大以来,中央广播电视总台在"一带一路"沿线多个国家和地区开辟"新征程中的中国与世界"专场研讨会,通过邀请有关国家的政府官员、专家学者、媒体机构代表、国际组织负责人等,共同探讨中国在"一带一路"国家及全球发展与治理中的积极贡献与推动作用。该系列研讨会吸引了全球3,400多家主流媒体进行直播和报道,引发广泛关注和讨论,既反映了我国主流媒体在国际舆论场中积极争取战略主动的昂扬姿态,又侧面体现出我国参与全球治理的深厚底气。主张建设与治理协同并不意味着放弃或弱化对外宣传及意识形态斗争,面对国际舆论场中网络战、心理战、认知战、舆论战等全域化竞争态势,建构和维护好中国国家形象,仍然需要我们对潜在风险时刻保持警惕,不断提升在国际舆论场中抵御和防范舆论风险、意识形态风险的能力,在国际舆论格局变革与重塑中把握更大主动权。

二、"一带一路"影像传播赋予中国国家形象建构的时代机遇

在全球化背景下,网络互联互通、技术创新应用、扩大对外开放程度等技术和政策革新有效助力拓展国际传播思路,为对外讲好中国式现代化故事提供了丰富的场景与内容支撑。着眼于"一带一路"倡议的影像呈现与创意表达,中国国家形象建构不断迎来新机遇。

(一)文明交流互鉴为国家形象建构提供新窗口

国家、区域间的文明交流互鉴日益成为文化出海、传递价值、建构共识的重要方

---

① 杨威,侯家威. 新时代中国国际传播能力建设的理论涵育与实践转向[J]. 山东行政学院学报,2023,(2):10-23.

式,为新时代中国国家形象建构提供新窗口。文化展览、艺术展演等形式可以让更多海外受众接触、认识和理解底蕴深厚的中华文化,以此为契机,"一带一路"影像传播有了丰富多彩的内容题材,通过短视频、直播、纪录片、新闻短片等传播形态呈现内容,吸引海外受众关注中华文化、促进国际文化合作、提升我国文化产品竞争力。影像产品具有显著的可视化优势,在一定程度上能够突破语言、认知等传播障碍,帮助受众建立情感连接。在各类文化交流活动中,不同类型的影像叙事有助于全面立体对外呈现中华文化,让海外受众能够从差异化视角了解中国,促进中外文化的碰撞、交织与融合。

影像展、影视作品交易会、出版论坛、翻译论坛、文化交流团、文化旅游博览会等均是较典型的文化交流活动形式。同时,围绕"一带一路"议题的国际论坛峰会也是对外展示中国发展成果、推进国际合作的重要平台。2023年6月,在第28届上海电视节上,国家广播电视总局主办的"一带一路"节目互播活动启动,包括《山海情》《三体》《盐之味》等在内的一百部视听节目作品于2023年下半年在"一带一路"沿线重点国家进行展播,来自俄罗斯、印度、乌兹别克斯坦、泰国等"一带一路"国家的60余部视听作品也在国内多个城市及网络视听平台播出。以此类活动为载体,"一带一路"国家间的文化交流、文明互鉴程度将进一步加深,在助力中华优秀传统文化实现创造性转化、创新性发展的同时,将为我国国际传播开辟新的途径与窗口,为新时代中国国家形象建构提供源源不断的创新活力。

(二)新技术应用助力建构国家形象传播新场景

当前,5G、AR、VR、人工智能、大数据、区块链、超高清等技术迅速迭代,并深度融入信息传播领域,有效赋能内容制作、传播渠道建设等环节,拓展和丰富了信息传播与交互场景,使用户能够在沉浸式体验中收获新知、建立共识、强化认同。2023年中央广播电视总台春晚《一带繁花一路歌》节目使用XR等技术打造沉浸式虚拟舞台,使观众跟随演员走进印度尼西亚、希腊、塞尔维亚、埃及、巴基斯坦等"一带一路"沿线国家,领略丰富的人文与地理景观,生动展演人类文明的绚烂多姿以及不同文明间的交流互鉴。河南卫视"奇妙游"系列节目基于5G、XR等技术让观众能够深入体会华夏文化之美,在视听冲击与情感震撼中,观众看到既具有悠久历史内涵又具有现代科技感的中国。此类基于新技术创作出的视听作品越发成为中华优秀传统文化"出圈""出海"的重要内容,激发海外受众关注热情。

新技术应用为国际传播与中国国家形象建构提供了新的探索方向,将技术创新与优质内容IP相结合,通过打造具有强烈参与感和交互性的虚拟场景,为用户提供沉浸式内容消费体验,将进一步推动开拓对外传播的可能性空间,同时助力打造数字经济新的增长点。① 以新技术应用为支撑,全媒体传播体系建设不断落实落细,有利于拓展中华文化对外展示的渠道与形态,创新表达方式,充分释放中华文化的时代魅力,对于在数字化、智能化消费场景中对外讲好中国故事、树立正面国家形象、传递中国价值具有积极意义。

(三)影像呈现中的共情表达助力增进理念认同

近年来,聚焦"一带一路"倡议的影视剧、纪录片、短视频等影像内容不断涌现,生动展现中国与"一带一路"沿线国家务实合作、互利共赢的文化景观。尤其随着网络视听领域蓬勃发展,视频化表达更加多样,"一带一路"倡议的影像呈现方式、形态等越发多元,为在全世界范围内凝聚共识提供了丰富的载体支撑。相较于图文、音频等内容形态,影像类内容具有生动直观的可视化传播特征,能够有效穿透国别、文化和语言屏障,基于情绪传播与感染进行互动,让观众参与其中,形成身临其境的共情叙事,以人类社会共通的情感追求、审美趋向、生存方式唤起共鸣、凝聚共识,增进海外受众尤其是"一带一路"沿线国家受众对"一带一路"倡议的情感认同。

突出影像传播的共情表达是指通过在独特性中寻找共通性,建立情感连接,增进对彼此的理解、认同与信任。国家话语权之争本质上是理念之争。为了提升国际传播效能、推进国家形象建构,我们需要立足全媒体传播视野,用好各类视听平台矩阵,以影像为媒介,在对不同文化背景下的生活场景、发展景观进行纪实呈现的过程中,激发能够穿透认知、民族和文化隔阂的情感,进一步延展我国国际传播的话语空间。2023年3月,讲述北京中轴线故事的系列纪录片《京之轴》开播,并陆续在CGTN、"一带一路"媒体传播联盟等多个国际传播平台对外播出。这部纪录片通过真实记录北京中轴线上的人间烟火,以及来自不同国家人物的个体故事,展现北京这座城市的生生不息与开放包容,将中国精神、中华优秀传统文化、人类命运共同体理念娓娓道来,从而让海外观众更好地了解中国,助力实现文化交流、情感融通与理念认同。基于情感连接与共鸣,中国价值、中国理念得以从海外受众的"屏上"走到"心上",这种认同也将更加稳固、坚定和持久。

(四)跨媒介叙事增进中国价值对外传播可及性

跨媒介叙事是指在不同媒介之间进行信息传递和故事叙述的过程。在全媒体时

---

① 李宇. 国际传播视角下海外媒体融合发展特征与创新策略[J]. 中国广播电视学刊,2023(5):67-71.

代的国际传播中,跨媒介叙事既是对媒介融合互嵌现象的战术应对,又是对国际传播效能提升的战略响应。跨媒介叙事有助于将"一带一路"沿线国家的发展故事在多类媒介平台上以差异化叙事手法展现出来,使蕴含于"一带一路"倡议中的中国价值、中国理念,能够被海外受众看见、看懂。与此同时,跨媒介叙事呈现出强烈的参与性、交互性,基于不同媒介平台属性,人们可以对不同维度的故事叙事进行创新性参与、创造性补充,发挥主观能动性,实现对中国价值、中国理念的延伸,在进行内容增补、创意输出、观点呈现的过程中,提升中国价值对外传播的可触达性、可理解性、可认同性。《有朋自远方来》《老外讲故事》《远方的家》等视听作品聚焦"一带一路"故事,分别以轻综艺、访谈、旅行纪录片等形式展示"一带一路"沿线国家的地域文化、民俗风情、发展成就。这类系列节目在海外传播过程中,不断衍生围绕节目内容的地点打卡、人物介绍、节目评价等相关视听内容,形成多主体、多维度、多平台共构叙事的传播景观,有效覆盖和满足海外不同受众群体差异化的内容接受、观点表达、价值认同习惯,增强中国价值对外传播的可及性。

面对国际传播场域中的新场景、新需求、新趋势,我们可以尝试利用社交媒体、游戏等各类互动性媒介,将"一带一路"倡议的核心理念、个体故事嵌入线上线下各类传播场景中,同时结合国际舆论场中最新热点议题,提升海外受众对相关议题的参与感、体验感,在提升信息传播效能的过程中,更好地呈现和维护中国国家形象,提升中国价值、中国理念在国际社会的影响力与感召力。以影像传播为基础开展跨媒介叙事,我们也可以探索利用人工智能和大数据技术,针对不同媒介进行系统性评估和差异化定位,从而更好地调整跨媒介叙事策略与提升传播效果。

三、"一带一路"影像传播推动中国国家形象建构的发力方向

习近平总书记强调,"我们要把握国际传播领域移动化、社交化、可视化的趋势,在构建对外传播话语体系上下功夫,在乐于接受和易于理解上下功夫"[①],并提出"建强适应新时代国际传播需要的专门人才队伍"[②]。借助"一带一路"影像传播,探索推动国际传播高质量发展,是立足新时代助力构筑中国国家形象的题中应有之义。各主体机构可着重从以下方面发力,切实提升国际传播效能。

---

① 习近平. 加快推动媒体融合发展 构建全媒体传播格局[J]. 求是,2019(6):4-8.
② 习近平在中共中央政治局第三十次集体学习时强调 加强和改进国际传播工作 展示真实立体全面的中国[N]. 人民日报,2021-06-02(1).

（一）创新话语体系，对外讲好中国式现代化故事

"一带一路"影像的国际传播实践转向智能传播叙事、软性价值感召、个体差异表达等方向，从侧面体现了国际传播场域中话语风格的演进与变迁。面对国际传播场域中的内容生产新趋向、消费新需求、交互新态势，要继续阐释好中国价值、中国理念，需要审时度势创新话语体系，以海外受众看得懂的呈现方式讲好中国故事。[①] 一是要坚持本源，守正创新，推进文化自信自强，从中华文明的发展脉络与本质属性出发，以多样化话语表达方式展现中华文化的深厚底蕴，注重来自个体视角的人物叙事、场景叙事，以多维视角对外呈现丰富多彩而又具有独特性的文化符号，提炼展示中华文明的精神标识和文化精髓，使之契合人类社会对美好价值的共同追求，从而使中国价值、中国理念能够穿透文化和语言屏障，赢得广泛认可与认同。二是要置身他者语境进行换位传播，即立足于传播对象国受众所处的传播语境，结合其文化习惯、社会情境、语言风格等进行话语表达与价值阐释，增强对外传播话语表达的贴地性，提高对象化、分众化传播水平。海南国际传播中心推出的《劳拉来了》《芭莲娜走读海南》等节目，以外国民众视角说海南、看中国，使中国故事在海外传播过程中更可信。在此过程中，我们应着力对既有的"他者"视角进行解构与重构，推动国际舆论场中有关中国议题的公正呈现、客观表达。三是要以互联网思维推进话语体系创新，探索以受众喜闻乐见的表达方式讲述中国式现代化故事，尊重并及时回应国际舆论场中的相关信息诉求，充分利用短视频、直播、影视剧、纪录片等各类内容形式，满足受众差异化的内容消费偏好。

（二）建构传播矩阵，创新概念表述，促进共通共融

跨文化传播往往需要克服认知赤字问题。认知赤字主要是指人们由于所处文化环境、制度环境、社会环境等方面的差异对事物或现象的认知存在偏差和分歧。要减少或消除这类误解，就需要进一步推动不同文化或观念间的交流互动，使人们能够在跨文化传播情境下解码不同文化的价值共通性，有效克服认知障碍，增进理解与互信。立足"一带一路"倡议的影像传播，应尝试以跨文化传播、互联网传播思维设置议题、展开叙事，在坚持国家主导的前提下，吸纳多元化传播主体，跳脱出既有国际传播语境中主流媒体的一元主导框架，建构形成集纳政府、媒体、国内外网民、文化机构、企业、行业协会等主体的现代化传播矩阵，以差异化叙事视角丰富传播维度、提升传播温度、

[①] 金玉萍,王钦芝. 我国对外话语叙事体系的建构与优化[J]. 中国编辑,2023(6):17-21.

拓展传播深度,从而有效抵御认知赤字、文化折扣可能造成的传播隔阂。①

2023年6月,第五届"一带一路"百国印记短视频大赛启动,大赛鼓励"一带一路"倡议的参与者、共建者、见证者共同参与,旨在通过个性化表达、多元化视角、纪实性影像共同讲述"一带一路"故事,阐释人类命运共同体理念。

与此同时,各媒体机构应探索融通中外的新概念、新表述,凸显中国价值和中国理念,并将其与传播对象国的文化语境相结合,尤其着重在生态保护、可持续发展、文化传承、网络安全等议题上做文章,凝聚共识,使人类命运共同体理念深入人心。以此为支点,我国对外传播将进一步聚焦靶心、稳住中心,在向海外受众展现真实立体的中国国家形象的同时,实现对中国价值、中国理念的意义阐释与建构,进而有效激发海外受众对中国式现代化故事的情感认同与价值肯定,推动形成在地受众认可和接受的价值体系。

(三)增进技术赋能,打造全媒体多模态传播景观

以5G、AR、VR、大数据、人工智能等技术应用为支撑,人类社会正逐渐迎来万物皆媒、人人皆媒的全媒体传播时代,新的传播场景不断涌现,人的感官的丰富性得到更大程度延伸,人们对世界的感知范围得到进一步延展。目前,人民日报社、新华社、中央广播电视总台等主流媒体已纷纷探索布局元宇宙,致力于打造更具科技感、沉浸感与交互感的新型视听体验,这将为新时代背景下"一带一路"影像传播创新与中国国家形象建构提供新思路。

基于技术赋能,对外讲述中国故事、阐释中国立场的方式与手段将不断实现创新更迭,构筑形成涵盖多模态、多主体、多维度的全媒体传播景观,推动中华文化实现创造性转化、创新性发展,契合海外受众的审美旨趣。以现代化传播手段与呈现方式为中介,以情境打造建立情感连接、促成文化沟通,将助力中国国家形象建构突破既有的视野局限和思维桎梏,实现技术与人文互为补充,促进海外受众对中华文明的系统认知、深刻理解、广泛认同。在此过程中,各主体机构亦应对技术宰制保持警惕,防范技术应用过度嵌入可能带来的虚假信息泛滥、舆论极化、价值偏差等问题,强化风险思维,及时发现并消除技术优先、技术主导视野下西方对我国主流意识形态的潜在冲击。

(四)搭建人才梯队,全面强化对外传播智力支撑

2022年12月,国家广播电视总局印发《全国广播电视和网络视听"十四五"人才发展规划》,提出要"建设一支覆盖广泛、专兼结合、善于讲好中国故事和传播中华优

---

① 李开渝,张秀丽. 媒介化视域下中国国际传播高质量发展的逻辑阐释与实践进路[J]. 中国编辑,2023(4):41-47.

秀文化的国际传播人才队伍"。面对人类社会的数字化、智能化转型发展趋势,推动中国国家形象建构的思路、理念与实践创新,亟须更新人才培养理念,搭建结构合理、能力突出、专业齐全的人才梯队,为新形势下提升国际传播效能提供智力支撑。聚焦"一带一路"倡议的影像传播,应注重契合智能传播视野下的时代需求,将AR、VR、大数据、人工智能、区块链、元宇宙等技术应用嵌入人才培养培训流程,打造一支有信念、有担当、有技术的国际传播人才队伍。同时,要加快推进对外传播智库建设,充分整合跨学科、跨领域的专家型人才,打造具备国际视野和中国眼光的国际传播智囊团,深化对外传播理论研究,紧盯传播要素变化,及时开展理论建构与补充,以前瞻性的理论研究指导传播实践。

另外,针对中国价值、中国理念在传播对象国或地区的在地化传播,可探索吸纳和聚合当地的优秀传播人才,组建贴地化、本土化传播团队,充分发挥此类人才熟悉当地文化风俗、政策法规、语言习惯的突出优势,克服跨文化传播过程中可能存在的"水土不服"问题。中国国家形象的自塑能力弱于他塑能力,我国传播人才队伍对国际舆论场中重大风险的识别预测、分析研判及防范化解能力亟须提升。

推进国家形象建构作为一项系统工程,需要统筹和兼顾好国内与国际、线上与线下、理论与实践、当下与未来几对关系。在新时代背景下,各传播主体应充分意识到国际形势演进、传播格局变化等对国际传播提出的思路创新与逻辑转变要求,因势利导调整我国国际传播战略战术,推动提升国际传播效能。以"一带一路"影像传播实践为抓手与切入点,既有的国家形象建构思路与模式在"两个大局"视野下愈显乏力,我国国家形象建构策略正逐渐向智能传播叙事、软性价值感召、个体差异表达、建设治理协同转变,并尝试借力新场景、新技术、新理念,为新时代国家形象建构拓展新渠道、开辟新窗口。

影像内容能够有效推进海外受众与中国的情感连接,消除因国别、文化和语言差异造成的传播隔阂,增强理解与互信,化解当前国际舆论场中的观念分歧,进而使"一带一路"倡议、人类命运共同体理念深入人心,并凝聚更为广泛和坚固的价值共识。面向未来,各传播主体要准确把握国际传播规律,主动适应全媒体时代海外受众的内容需求与消费偏好变化,实现分众化、对象化传播,切实推进"一带一路"影像传播提高传播水平,深度赋能国家形象建构。

第五节　跨文化传播视域下中国叙事体系的现代转型与创新构建

党的二十大报告提出:"加快构建中国话语和中国叙事体系,讲好中国故事、传播好中国声音。"在新时代背景下,立足新发展阶段、贯彻新发展理念、构建新发展格局,我国在经济发展、科技创新、生态保护、社会治理等方面取得诸多成就,综合国力持续提升,国际影响力也随之提升。然而,从国际舆论场的声量分布来看,中国声音的国际传播力、穿透力仍然偏弱,国际传播能力建设仍有较大提升空间,尚未完全建立与综合国力及国际地位相匹配的国际话语权。究其原因,一段时期以来,对外传播作为对内宣传的外部延伸,未能充分做到在跨文化视野下开展中国国家形象叙事。对外传播理论与方法具有一定局限性,难以适应不同国家、地区受众差异化、多元化的信息接收与理解方式。

在新时代背景下,面对"两个大局",讲好中国式现代化故事,需要准确把握和适应全球政治、经济、文化、社会等发展变化,坚持与时俱进、守正创新,尝试以跨文化传播、全球传播视角,不断创新国际传播理念与模式,加快推进中国叙事体系的现代化转型与创新,以国际受众可理解可接受的叙事逻辑与框架、语态及形式阐释中国理念,进而在文化理解与认可中获得认同、凝聚共识,切实提升中国话语的传播力、影响力与引导力。

一、跨文化传播视域下中国叙事体系构建的现实观照

基于全球互联互通的时代背景,要开展好跨文化传播及交流,构建中国叙事体系至关重要。这事关新时代中国国家形象建构与国际舆论格局塑造,事关中国国际传播能力强化与信心提升,事关中国在国际传播格局中的地位与话语权。因此,加快构建中国叙事体系,既是中国国际传播体系建设的题中应有之义,又是面对复杂多变的国际传播形势的应对战略。

(一)迫切需要解决对外传播的本领恐慌问题

当前,国际传播格局中西强我弱的总体态势并未发生根本改变,我国对外传播的整体效能仍有较大提升空间。从我国国际传播能力建设历程来看,相关政府部门、媒体等主体在国际传播方面作出了诸多努力与尝试,它们对外阐释中国理念、展现中国式现代化发展进程,以期获得更多认可与认同,但收效仍显缓慢。相关传播主体在对外传播过程中缺乏有效的理论指导与实践技巧,加之部分传播主体由于缺乏国际传播经验,面临着能力水平不足、本领恐慌、对国际舆论环境把握不准等问题。在跨文化传播背景下,随着国际传播场域不断发生新变化,构建中国话语和中国叙事体系不断面临新形势、新任务、新需求。从目前我国对外传播实践来看,虽然已经初步实现基于传播对象国选择"适销对路"的传播模式与策略,但受到中国高语境文化与西方低语境

文化的文化交际差异,我国对外传播的分众化、对象化水平仍然不高。① 以全球视野讲好中国式现代化故事,目前我们仍面临焦虑和不自信问题,尤其在面对国际舆论场中重大舆论风险挑战、意识形态纷争等问题时,各传播主体的斗争能力仍有待提升,中国国家形象的自塑能力弱于他塑能力,由此可以看出,在跨文化传播视野下加快构建中国叙事体系更显迫切。②

(二)应对新型国际舆论格局的题中应有之义

加快构建中国叙事体系,旨在改变和扭转我国在国际传播格局中的弱势与被动地位,摆脱美西方操纵国际舆论的尴尬处境。近年来,随着我国综合国力不断提升,国际影响力显著提升,西方国家特别是美国产生其国际地位被撼动的担忧,进而不时在国际舆论场中对中国进行造谣抹黑、攻击贬低,意图从话语层面对中国予以压制。同时,在新时代背景下,"全球南方"持续崛起,建设多极世界的呼声渐起,人类命运共同体理念越发在全球范围内引起共鸣,世界上越来越多的民众希望从更深层次了解中国、认识中国。因此,中国亟须建强用好适应国际舆论新格局、体现中国特色和时代特色的叙事体系,讲好自身发展故事,进而在国际舆论场中把握主动、占据主导,推动中国国家形象建构由他塑转向共塑。③ 在新形势下,国际舆论格局复杂,各传播主体应始终将中国叙事体系构建置于我国国际传播能力建设总体框架内,将体现全球视野和中国特色的叙事范式内化于我国国际传播工作全流程,进而做到在复杂国际舆论场域中主动出击、敢于亮剑、善于斗争,推动中国在新型国际舆论格局中把握更大主动权,提升抵御和化解舆论安全风险的能力。

(三)全方位立体化展示真实中国的重要抓手

后真相时代,美西方媒体长期有选择性地报道中国,一些关于中国的新闻报道往往是单一、片面的,甚至是不真实的,导致受众也大多基于固有观念和情感解读中国,共同捏造异化的中国形象。在2022年北京冬奥会期间,一些西方媒体不将镜头对准高规格的赛场、舒适的运动员驻地、不断刷新的比赛佳绩,而是聚焦赛场外的无关因素,将体育赛事政治化,恶意碰瓷中国国家体制。西方媒体对于中国的片面、负面、虚假报道既有文化差异、认知障碍的原因,又有媒介环境、意识形态和政治刻板印象的综合作用,在短期内难以完全消除这一片面、有色"框架"。基于此,我国有必要加快构

---

① 徐艳玲. 人类命运共同体理念的智能化国际传播:意义向度、传播体系与路径[J]. 社会科学辑刊,2023(6):1-11.
② 王亚囡. 中国有声语言国际传播的制约与突破[J]. 甘肃社会科学,2023(5):116-125.
③ 许向东,丁兆钰. 中国式现代化元话语的建构及其国际传播[J]. 对外传播,2023(9):9-12.

建中国话语体系,实现中国叙事体系的现代化转型,对外立体展示真实的中国。以兼顾中国特色和国际视野的中国叙事体系为抓手,将有效解决我国既往国际传播工作中的针对性不强、对象化传播水平不高等问题。①

(四)推动媒体智库建设以更好应对"两个大局"

当前,国际受众不再青睐一般性信息报道,而是对现象级节目或者个性化、极致型报道更感兴趣。然而,由于路径依赖,我国还有不少媒体以大众传播思维开展对外传播工作,关注传输覆盖率、新闻报道量,而在打造精品节目进而提升传播影响力方面存在不足。美西方国家试图通过"脱钩""去风险"孤立中国,不仅在经济与科技领域不断强化壁垒限制,还试图通过网络战、心理战、舆论战、认知战建立所谓"全面竞争优势"。② 在此形势下,我国国际传播的媒介环境与外部舆论环境经历深刻变化,唯有加快改革创新,尝试以新路径新模式为驱动,才能着力突破内部路径依赖、外部发声无力的桎梏。近年来,我国媒体智库建设不断取得新进展。基于丰富的传媒人才、渠道、内容等资源,同时有效聚合相关领域的优势资源,媒体智库在推动国际传播能力建设方面发挥重要作用。推动构建中国叙事体系,将进一步推动媒体智库迈向跨越式、高质量发展。以新型话语体系和叙事体系为参照及研究对象,有助于驱动媒体智库面向国际传播新格局新生态,探索形成具有现实指导意义的传播方案及理论体系,从而在"两个大局"视野下探寻提升国际传播能力的新思路、新方法。

二、跨文化传播视域下中国叙事体系构建的思路转变

面对全球政治、经济、文化、科技等领域的重要变革,国际舆论场不断涌现新议题,传统叙事体系已难以满足新时代信息传播与内容消费需求。因此,为适应这些变化并实现高质量国际传播、提升国际传播效能,我国叙事体系构建正从观念、思路和行动上发生转变。

(一)由传统新闻叙事转向智能传播叙事

传统新闻叙事面向大众传播,多由媒体一元主导,单向传播特征显著,受众难以将信息接收的感受有效反馈给传播者,不利于后续新闻内容的改进与优化。随着人工智

---

① 姬德强,闫伯维. 主体性探寻:"一带一路"与国际传播研究的想象力[J]. 传媒观察,2023(9):28-35.
② 叶俊. 大变局时代的国际舆论态势与国际传播策略[J]. 陕西师范大学学报(哲学社会科学版),2023(5):143-151.

能、大数据等技术深度嵌入新闻传播领域,数字化、智能化媒体能够通过对用户行为的大数据分析和预测用户内容消费偏好而实现精准传播,这在一定程度上提升了传播效率与效能。我国在推进叙事体系创新构建过程中,正着力借助数字化、智能化技术实现叙事逻辑与思路转向,提升在国际舆论场中的分众化、对象化传播水平。新时代中国叙事体系建构正着力依托智能传播的精准性与强交互两大突出优势,使新闻叙事更好契合用户个性化、差异化的消费需求,从而更易与用户产生共鸣,实现传播效率最大化。[1] 随着人工智能、大数据、云计算等技术应用将人类社会带入万物互联、智慧传播的新阶段,智能媒体成为媒介融合发展的重要方向,从机器主播、机器人新闻,到算法推荐、生成式人工智能,智能传播技术应用越发广泛,智能传播叙事的影响也越发深刻。因此,构建中国叙事体系,必须加快推进新闻叙事的智能化转向,进而准确把握智媒时代国际传播活动发生、发展的规律和逻辑,从而更好地厘清加强国际传播能力建设、提升国际传播效能的思路和策略。

(二)由宣传灌输导向转向柔性价值引领

在过去较长一段时期内,我国传播叙事以口号为主的宣传倾向较为明显。口号型叙事在特定时代背景下既是必要的,又是有效的,能够在较大程度上团结民心,增进认同,增强民族凝聚力和向心力。然而,随着传播生态变化,国内外用户获取信息的渠道与手段呈现出多样化特征,单纯的口号式宣传在一定程度上会给人带来空洞、教条的印象,甚至引发用户反感,导致传播效能不升反降。而融合"两面提示"的引导性、感召性叙事往往能对口号式宣传抵制者产生较好的说服效果,从而提升国际传播效果。在当前传播语境下,用户更愿意用自己的思考对所接收的传播信息作出判断,且基于用户自我思考所产生的结论对其本人而言也往往最具可信性。相较于直接将观点强加给用户,媒体等传播主体应尝试使用象征性影响,辅以具有适当引导性的角色话语,使用户能够基于自身理解和思考悟出传播叙事中所蕴含的主流价值。例如,在乡村振兴的相关报道中,柔性叙事并没有直接宣传党和政府工作的重大意义,反而通过采访村民,让观众从村民视角感受到乡村振兴战略为百姓生活带来的翻天覆地的变化,在潜移默化中让受众将主流价值内化于心、外化于行。

(三)由媒体主导叙事转向多元话语共构

近年来,我国新闻传播领域不断尝试探索传播叙事的范式更迭与创新,但具体来

---

[1] 胡正荣,孟丁炜. 给算法以文明:算法治理赋能国际传播效能测定[J]. 对外传播,2023(10):4-7.

看,目前仍有相当多的传播实践拘泥于宏大叙事。例如,围绕人权、生态等议题在国际舆论场同美西方进行辩论交锋时,中国媒体的相关报道多凸显地区经济发展所取得的巨大成就,且多以数据予以佐证。这些系统性报道、宏观叙述固然是事实,但由于内容较为严肃、说理性较强,海外受众对相关新闻内容难以共情。从宏大叙事转向个性化、差异化表达,日益成为新闻媒体提升传播效能的重要手段,同时也是国际传播叙事范式的重要演进方向。① 例如,短视频《丁真的世界》并没有直接宣传中国的宜人的山水、深厚的文化底蕴、人民安居乐业的生活,而是从一位少数民族小伙的视角出发,展现其眼中的家乡与生活。传播主体应以差异化的个体视角为切入点,将普通个体观察和体验到的日常美好生活点滴呈现在观众眼前,生动而有力地呈现出中国社会的欣欣向荣。不同个体的差异化叙事,共同构成中国的盛世景象。这种个体性、多样化的传播叙事更易在舆论场中引起共鸣、引发情绪共振,从而实现"自己人效应"的良好传播效果。

三、跨文化传播视域下中国叙事体系构建的创新路径

构建中国话语和中国叙事体系既是一项系统工程,又是一个长期任务。在推进其实施过程中,应着力在话语风格转变、深化文化互鉴、强化技术支撑、推进理论研究方面下功夫,面向跨文化传播,不断推动中国叙事体系的现代化转型升级,进而讲好中国式现代化故事,传播和阐释好人类命运共同体理念。

(一) 转变话语风格,增强中国理念阐释的贴近性

聚焦中国叙事体系构建,应着力在既往的传播话语风格上守正创新,增强中国理念对外传播的贴近性与易理解性。面对舆论场中差异化、多样性的信息接收偏好与消费需求,新型传播叙事应在凸显专业性与权威性的同时,提升传播的亲和力和感染力,以用户乐于接受的话语表达阐释中国理念、传播中国智慧、发出中国声音,从而在系统认知的基础上建构认同。② 当前我国对外传播实践中,"文化折扣"问题不容小觑。一些传播主体在开展对外传播工作过程中,并未对传播对象国受众语言习惯和传播语境有准确认知和把握,直接生搬硬套对内传播的内容与方法,使用高语境叙事模式对低语境文化场景中的受众进行传播。这种叙事模式往往因严重的文化差异而导致国外

---

① 沈悦,金圣钧. 中国特色国际传播叙事的多维转向与进路优化[J]. 云南社会科学,2023(6):173 – 185.
② 邓祯. 跨媒介叙事:中国故事国际传播的升维[J]. 中国编辑,2023(10):79 – 84.

受众对我国媒体所传播内容不理解甚至产生曲解,从而影响传播效果。基于此,在跨文化传播视野下建构中国叙事体系,要深入理解、系统把握对象国的传播语境,适时转变叙事的话语风格,避免因传播与接收的语境差异造成认知分歧。

(二)深化交流互鉴,打造融通性概念表述

在跨文化传播场景中,加快构建中国叙事体系,应进一步深化不同文明间的交流互鉴,寻找和建构融通性的概念表述,在不同文化语境中建立认同。[①] 一是要进一步深化国家和社会层面的经济往来、文化交流,增进其他国家民众对中华文明的认识与理解,为融通性概念建构奠定共通的认知基础。二是在政府与民间层面的文化交流中做好传播对象国的受众调研,深入了解目标受众更喜欢哪种形式、哪些内容,基于海外受众兴趣输出具有较强传播力和影响力的传播内容,从而提升国际传播效能。三是在交流互鉴中注重让外国民众说话,将其纳入中国叙事体系建构的整体框架内,以外国受众视角讲述中国故事,缩短传播者与受众之间的心理距离,从而使传播对象国受众更易产生代入感,而非站在局外人视角浅显地认识中国。四是在交流互鉴过程中,在凸显中国特色、强化底线意识的同时,选择性借鉴其他国家叙事范式建构的成功案例,取长补短,建构完成适合新传播生态的中国叙事体系。基于上述方法路径,在着力健全中国叙事体系的同时,探索打造具有广泛传播力和影响力的新概念表述,尤其围绕国际舆论场关注的重点热点议题,要及时提出内涵深厚、特性突出、吸引眼球的概念表述,使相关议题在国际传播中具有较强吸引力,从而在较大范围内引发国际舆论关注和讨论,提升我国的舆论引导力与影响力。

(三)重视技术赋能,构筑强科技感的传播新景观

数字化时代,面向跨文化传播,推进中国叙事体系构建和国际传播效能提升,要着重强化技术支撑,探索打造具有较强科技感、交互感、未来感的全新传播景观。科技创新应用给媒介传播带来的影响显而易见,无论是智能推荐、聊天机器人,还是虚拟现实、数字人等新技术应用,无不从方方面面改变着媒体传播形态、重塑着信息传播范式。新传播技术代表着新时代的传媒生产力。基于此,构建中国叙事体系,应进一步强化新技术应用在传媒领域的嵌入融合,兼顾自主研发与协同研发,以技术突破赋能媒体高质量发展,同时重视推进技术之间的共振,力求实现一加一大于二的协同效应。技术创新与突破要落实到各层次的媒体融合发展实践中。强化交流培训,让媒体工作

---

① 周庆安,刘勇亮. 以中国为方法:全球化格局下国际传播效能再探讨[J]. 中国出版,2023(13):13-18.

者能够熟练掌握新技术,并在日常业务实践中用好这些技术,不断释放新技术应用的潜能,在此基础上,推动打造全媒体、多模态、深交互的现代传播体系。增强技术赋能,也要注重将不同媒体的特质相结合,在全媒体传播体系视野下凸显媒体的差异性、多样性,这有助于避免因同质化传播造成用户的审美疲劳。

(四)推进理论研究,紧盯传播要素变化指导实践

理论是实践的指南。在跨文化传播视野下推动中国叙事体系构建,实现中国叙事体系的现代化转型与创新发展,需要加大对跨文化传播、叙事学、符号学和修辞学等领域的理论研究,并将相关理论研究成果运用到中国的对外传播实践之中。对此,一方面,学界和业界要加强交流。业界在具体传播实践中遇到问题时应基于多元渠道及时将问题反馈至学界,学界基于系统性研究建构理论框架、完善理论体系,为解决问题提供思路参考,从而针对未来的传播实践创新提出建设性意见。另一方面,学界也应坚持凸显前瞻性思维,在实践之前探索理论研究前沿,充分发挥理论的指引作用,赋能媒体融合及传播实践。要推进在产、学、研间建立良性互动,以期实现传播创新、叙事创新的良性循环。推进中国叙事体系的理论建构,还需要紧盯传播要素的变化,将传播主体、手段、内容、渠道、形式等的变化纳入中国叙事体系理论研究的整体框架内,探索建构符合时代发展趋向与新传播需求、具有现实指导意义的理论架构。在数字传播、智能传播时代,国际国内舆论场中传播要素不断发生新变化,针对不同受众、不同区域、不同议题,新闻传播的叙事模式、策略和方法也应有所差异。没有一成不变的叙事模式,也没有放之四海皆准的传播技巧。在跨文化传播视野下,推进中国叙事体系与时俱进,要根据目标地域和目标受众的文化背景、思维模式及信息消费习惯,采取行之有效的叙事模式和表达方式,讲好中国故事。

第五章

人工智能环境下新闻媒体的舆论引导

互联网在发展过程中,以技术升级迭代为助力,越发呈现出移动化、强交互、智能化等特征,网络空间日益成为各种思想观念的集聚地和发散地,网络舆论引导的重要性越发凸显。在人工智能环境下,舆论引导尤其是网络空间中的价值引领正面临着来自更多元主体、更多样场景、更多重因素的介入和影响,尤其随着人工智能、大数据、云计算等技术在信息传播领域的深度嵌入和广泛应用,舆论场的不稳定性、不确定性持续增加,新闻媒体的舆论引导工作不断迎来更大挑战。①

第一节　我国新闻媒体的网络舆论引导能力

当前,随着我国进入新发展阶段,党和国家各项重大战略的规划与实施都需要强有力的舆论支撑。注重新闻媒体的网络舆论引导能力建设、做好网络舆论引导、培育健康向上的网络舆论生态,对于有效凝聚社会共识、贯彻落实党的理论和路线方针政策、维护社会稳定具有重要意义。

一、准确把握新闻媒体网络舆论引导能力的重要内涵

近年来,面对国内经济社会发展转型升级以及国际复杂形势,网络空间的舆论格局不断发生变化,但总体来看,网络舆论生态逐渐向好向优,新闻媒体的网络舆论引导能力逐渐提升。我国新闻媒体在开展网络舆论引导时拥有系统、全面的基础支撑,从

---

① 郭海威,黄楚新. 论中国共产党的网络舆论引导能力[J]. 传媒,2021(9):88-90.

而确保新闻媒体的网络舆论引导工作掷地有声、铿锵有力。

(一) 坚持党的领导是网络舆论引导能力建设的核心优势

坚持党的领导,即意味着坚持正确政治方向和价值导向,确保网络舆论引导始终在合理的框架之内,牢固坚守底线。坚持党的领导,能够充分发挥集中力量办大事的体制优势,有效调动各类要素资源,形成有机协同,推动网络舆论引导工作取得显著成效。在新时代背景下,坚持党的领导就是要深入学习贯彻习近平新时代中国特色社会主义思想,践行习近平总书记关于网络舆论引导工作的系列重要论述,为网络舆论引导提供新的方法论和理念,确保网络舆论引导工作拥有坚实的理论支撑。随着各种新型媒介技术被运用到信息传播领域,传播链条、传播格局不断调整重塑,多元主体借助技术实现自我赋能,越发广泛地参与到信息生产与传播过程中,尤其是各种移动应用发展普及,网络空间已经成为舆论斗争和意识形态斗争的主战场。在此形势下,更应坚持和凸显党在网络舆论引导工作中的主导地位,从顶层设计布局到具体规划实施,不断强化党的组织领导,为应对网络舆论生态中的新问题、新挑战提供有力支持。在党的领导下,各种要素资源的集聚效应更加显著、高效。这有效助力了提升网络舆论引导整体效能,是实现网络舆论引导能力提升的重要优势。

(二) 以人民为中心是网络舆论引导能力建设的根本原则

在开展网络舆论引导工作过程中,我国新闻媒体始终坚持以人民为中心,将满足人民群众日益增长美好生活需要作为工作目标,致力于为人民群众营造良好的网络舆论环境,切实提升人民群众的幸福感、获得感。习近平总书记在网络安全和信息化工作座谈会上的讲话中指出,我们要本着对社会负责、对人民负责的态度,依法加强网络空间治理,加强网络内容建设,做强网上正面宣传。[①] 这一重要论述为网络舆论引导能力建设进一步指明了方向,提供了遵循。做好网络舆论引导工作,最根本的目的是为人民群众营造清朗的网络空间,让网络空间成为知识学习、文化传承、社会交往等活动开展的重要场域,摒除各种不良信息,助力主流价值传播,不断扩大主流价值影响力版图。面向中国式现代化建设,统筹国内国际两个大局,网络舆论引导工作的重要性更加凸显。面对新时期新阶段的新趋势、新需求,以人民为中心仍将是新闻媒体网络舆论引导能力建设的根本原则,也是检验新闻媒体网络舆论引导工作成效的最高标准。

---

① 习近平. 在网络安全和信息化工作座谈会上的讲话[N]. 人民日报,2016-04-26(2).

(三)守正创新是提升网络舆论引导能力水平的重要抓手

回望我国新闻媒体网络舆论引导工作,可以看出网络舆论引导成效显著,网络空间的正能量、主旋律传播力度不断加大,不良社会思潮的生存活动空间不断被压缩,主流价值的传播力、影响力、引领力逐渐提升。之所以能取得诸多进展,一个重要原因就是新闻媒体在开展网络舆论引导工作过程中,坚持守正创新。新闻媒体根据不同时期、不同阶段、不同环境,在网络舆论引导的内容形式、话语表达方式、传播模式、交互机制等方面大力创新,探索符合网民信息接收习惯和个性化需求的舆论引导方式,推动网络舆论引导能力水平不断跨上新台阶。一方面,不断总结网络舆论引导的经验教训,基于前期网络舆论引导工作开展过程中遇到的问题、困境,探索新的网络舆论引导模式,优化网络舆论引导效果。另一方面,面向未来,立足新传播格局,基于对今后一段时期和较长时期的网络舆论发展趋势的研判,着力进行前沿性探索,尝试将新技术、新方法、新手段运用到网络舆论引导中,有效提升网络舆论引导的针对性、前瞻性。我们应坚持守正创新,为网络舆论引导能力提升提供强劲驱动力,助力网络舆论引导不断践行新理念,从而进一步巩固和壮大主流舆论阵地。

(四)开放共享是提升网络舆论引导能力水平的有力支撑

随着网络舆论环境发生变化,网络舆论引导格局不断变革重塑。网络舆论引导作为一项系统性工程,所涉主体、环节、要素等越发复杂。在网络舆论引导工作具体开展过程中,新闻媒体从实际出发,始终秉持开放共享的态度,汇聚协调媒体、商业平台、用户等在内的多元主体,调动各类主体参与网络舆论引导的主动性、创造性,从而推动新闻媒体网络舆论引导能力的全面提升。在推进国家治理体系和治理能力现代化过程中,共建、共治、共享越发成为社会治理的新理念。坚持开放合作,推动网络舆论所涉各方力量参与网络舆论生态的共建、共治、共享,是新闻媒体网络舆论引导能力不断提升的重要驱动力。当前,人工智能、大数据等技术在网络舆论引导中的应用趋向广泛和深入,面对多样化的网络舆论场景,统筹好各部门、各行业、各区域之间的网络舆论引导要素资源,鼓励开放共享,从而实现对要素资源的优化配置,形成网络舆论引导的更大合力,将为新传播格局下新闻媒体网络舆论引导能力提升提供更有力支撑,进而推动形成共建、共治、共享的良好网络舆论生态。

二、深入理解新闻媒体网络舆论引导能力的基本构成

网络舆论引导涉及多个环节的多重功能,这决定了新闻媒体的网络舆论引导能力

本质上是一个综合性的能力体系。随着网络舆论环境和网络舆论引导理念发生变化，网络舆论场中的不稳定因素增加，厘清新闻媒体的网络舆论引导能力的具体构成，为新传播格局下新闻媒体的网络舆论引导能力提升提供视角和维度参考，显得极为迫切和有必要。

（一）网络舆论引导的理论创新能力

新闻媒体的网络舆论引导作为一项系统工程，从顶层设计到具体实施，都需要以扎实可靠的网络舆论引导理论为指导，从而为网络舆论引导工作提供成熟的技术框架、逻辑框架和可行的解决方案。理论创新能力是新闻媒体的一项重要能力，它是对新闻媒体的工作经验的创造性总结与升华，具有较强的针对性、可行性与前瞻性。在新闻媒体的网络舆论引导工作开展过程中，网络舆论引导所涉要素、所面向主体、所处传播环境等都在发生变化，网络舆论引导不断从一个阶段走向另一个阶段，从一个环境转向另一个环境。网络舆论引导的前期经验目前已经难以满足新传播格局下的现实需求，这就要求新闻媒体加快创新和补充更适应新传播场景、新舆论形势的网络舆论引导理论。可见，理论创新能力是新闻媒体网络舆论引导能力的重要组成部分，它能够为新闻媒体的网络舆论引导工作的整体规划布局与落地实施提供理论支点与引导，确保新闻媒体的网络舆论引导工作有据可循、有章可依。进入智媒时代，新闻媒体的网络舆论引导工作所面临环境更加复杂，人工智能、大数据等技术对网络舆论的介入和影响程度加深。加快网络舆论引导的理论创新，进一步增强新闻媒体网络舆论引导工作的实效性，提升网络舆论引导能力，是一项重要课题。

（二）网络舆论引导的议程设置能力

议程设置能够直接影响舆论的关注焦点，进而影响舆论导向。因此，议程设置能力是新闻媒体的网络舆论引导能力的重要组成部分，网络舆论引导成功与否的关键在于能否及时有效地设置议题、议程，从而在一定程度上引导网民，推动网络舆论朝预定方向发展。在网络舆论场中，议程设置能力一直是新闻媒体在开展网络舆论引导工作时的关注重点，面对各类社会事件，能否及时有效地设置议题、根据舆情发展情况变换议题，并充分调动各级媒体、意见领袖等传播主体展开议题讨论，直接决定着网络舆论引导成效。当前，网络空间中的舆论主体越发多元，人人皆媒体的时代到来，每个人都能成为社会议题的发布者，借助网络的互联互通，每个人发布的议题都可能成为社会焦点议题，引发大量关注与讨论。在庞杂的议程设置格局中占据主动地位、主导地位，提升议程设置能力，是新闻媒体在提升网络舆论引导能力过程中需要思考和探索的重要问题。当人工智能等技术在信息传播领域的应用逐渐深入,算法也开始介入网络空间的议程设置中,人工智能在一定程度上开始主导议程设置,这对于新闻媒体的网络舆论引导而言既是机遇,又是挑战。探索用主流价值导向驾驭算法,从而将议题设置的主导权牢牢掌握在新闻媒体的手中,是新闻媒体网络舆论引导能力建设的重要出发点。

(三)网络舆情发掘研判与处置能力

新闻媒体的网络舆论引导由两大部分组成。一是常规的舆论引导。即在未出现各类网络舆情时,日常性地调动相关媒体、商业内容平台、用户等传播主体在网络空间传播正能量、弘扬主旋律,不断提升主流价值在网络空间中的传播力、影响力和引领力。二是面对具体舆情事件的舆论引导。媒体围绕突发事件、重大事件引发的网络舆情,进行追踪监测、研判预警、应对处置,最大限度减少负面影响,放大正面影响。相对而言,由于舆情事件往往具有突发性、重大性、关注度高、影响范围广等特征,对其进行的发掘研判与处理更能凸显新闻媒体的网络舆论引导能力,同时也有助于新闻媒体的网络舆论引导能力在实践中实现跨越式发展。从新闻媒体的网络舆论引导工作经验来看,目前我国已基本形成较为系统完善的网络舆情管理体系。依托人工智能、大数据、云计算等技术,可以实现对网络舆情的及时发掘、动态监测、分析研判、发布预警、制定预案等全流程把控,并可以有机协调监管部门、媒体、商业内容平台、用户等多元主体,实现对网络舆情信息的及时发布、对民众疑惑的快速回应、对舆情事件的高效处置,新闻媒体网络舆情发掘研判与处置能力不断提升。

(四)网络舆论生态的综合治理能力

当前,网络空间日益成为意识形态斗争的主战场、前沿阵地。能否守住、巩固并不断壮大网络舆论阵地,关系到意识形态安全,更关系到国家政治安全和社会和谐稳定。网络舆论生态的综合治理要坚持攻防并举,不断放大正面声音声量,积极传播主流价值,对于网络空间中出现的各种不良社会思潮,要坚决予以驳斥,占领网络舆论引导的制高点,对于网络空间中出现的涉黄、涉恐等不良信息,坚持依法管网,落实意识形态工作责任制,严防突破法律和道德底线的行为出现。新闻媒体在网络舆论引导工作开展过程中,结合所处发展阶段,统筹网络舆论引导所面临的各种问题与困境,不断完善网络舆论生态综合治理的维度、层次,并综合运用各种新型媒介手段,探索治理的新机制新模式,取得诸多重要进展。网络舆论生态整体向好发展,网络空间日益清朗,有效促进了社会共识的凝聚,为经济社会发展稳定提供了良好的舆论支撑。面对传播格局的不断变革,网络舆论生态的综合治理日益成为新闻媒体网络舆论引导能力建设的重要支撑与发力点。技术治理、协同治理、前瞻治理是网络舆论生态综合治理的新方向,同时也是新闻媒体网络舆论引导能力建设与提升的重要切入点。

三、清醒认识新闻媒体网络舆论引导能力的现实挑战

我国新闻媒体在开展网络舆论引导工作过程中,不断总结经验,守正创新,形成一套符合中国国情的网络舆论引导行动方案,网络舆论引导能力建设取得突破性进展,将为新时期的网络舆论引导提供坚实基础支撑和经验参考。然而,随着我国进入新发展阶段,政策环境、技术环境、社会环境等方面不断发展变化,对网络舆论引导提出了新要求、新目标。要开展好新时期的网络舆论引导工作,切实提升新闻媒体网络舆论引导能力,有必要深刻认识当前网络舆论引导能力建设所面临的现实挑战,从而助力探寻更为有效的舆论引导能力提升策略。

(一)网络舆论主体多元性消解新闻媒体网络舆论引导的权威性

随着互联网发展升级,用户接入互联网的门槛逐渐下降,越来越多的传播主体进入网络空间,自由地进行观点表达,网络空间中的思想观念也越发丰富多元,主流意识形态的主导性地位所面临的安全风险增加。在移动互联网环境下,网民的态度表达与观点交流更加便捷,网络舆论场中各种思想观念交织、交错、交融、交锋。在此背景下,新闻媒体的网络舆论引导工作面临巨大挑战。人们更愿意坚持自己的主张,根据自己所见、所闻、所思及兴趣偏好,形成个人意见,新闻媒体的网络舆论引导的号召力、影响力也相应减弱。随着主流价值传播的权威性受到消解和削弱,非主流价值和非主流意识形态将占领更大市场和活动空间,从而进一步对主流价值和主流意识形态造成冲击,将严重危及舆论安全和意识形态安全。与此同时,在各类主体进行观点表达时,一些"低级红""高级黑"现象时有出现,个别传播主体打着弘扬主流价值、传播正能量的旗号,行抹黑、攻击主流价值之实。相关内容夹杂在网络舆论场中,难以被有效辨识,使不明真相的网民误以为它们是新闻媒体网络舆论传播与引导的一部分,导致新闻媒体网络舆论引导的公信力、影响力受到冲击,权威性逐渐被消解。

(二)网络舆论环境发展性凸显,新闻媒体网络舆论引导的适用性减弱

我国新闻媒体在网络舆论引导的工作实践中,逐渐形成一套较为完善和具有较强实用性的网络舆论引导方案,该方案能够基于不同情境进行调整,有效应用在各种网

络舆论引导场景中。然而,近年来随着新技术、新应用在信息传播领域中的广泛嵌入,网络舆论环境不断发生深刻变化,在技术等因素驱动下实现动态变革,导致以往互联网环境下的网络舆论引导方案难以满足新传播环境下的应用需求,网络舆论引导的适用性受到削弱。智媒时代,人工智能、大数据、云计算、5G、虚拟现实等技术越发深入地被应用到信息传播领域,网络舆论的关联主体更多,舆情衍生速度更快,网络舆论体现出更为强大的突发性、爆发性和范围广泛性,网上网下、国际国内的舆论联动更易形成。新闻媒体亟须对网络舆论引导工作机制、方式方法等进行创新,从而适应新传播格局下的网络舆论环境,提升新闻媒体的网络舆论引导能力。面对不断发展变化的网络舆论环境,新闻媒体的网络舆论引导工作应坚持与时俱进,新闻媒体应有效协同技术平台、高校、科研院所、行业协会等单位,定期对网络舆论环境开展系统评估,推动新闻媒体的网络舆论引导实现全方位、立体化创新,全面提升新闻媒体网络舆论引导能力,从而制定有较强针对性和适用性的网络舆论引导工作方案。

(三)网络舆论表达丰富性提升,新闻媒体网络舆论引导的有效性降低

在新传播格局下,多元主体进入网络空间,网民基于自身的话语表达方式进行观点和态度呈现,随之而来的是网络舆论场中多样化的话语风格。新闻媒体在开展网络舆论引导工作过程中,主张用老百姓喜闻乐见的方式进行主流价值传播与引领,从而引导网络舆论走向。随着各种社交媒体应用广泛普及,网民之间的交往互动更易达成,网络话语表达方式日新月异,与网民话语表达方式相符合的内容往往更易被公众接受和认可。在此情境下,新闻媒体在话语表达上表现出一定的局限性。以主流媒体、党政机关等主体的话语表达较为严肃、正式,虽然不断尝试进行边缘式、渐进式的探索创新,但是与网民话语表达风格有较大差异,网络舆论引导的亲和力仍有提升空间。在表达形式上,短视频、直播等日益成为主流传播形态,在网民中具有较高的接受度。新闻媒体在网络舆论引导过程中,也正在加快传播形态、渠道等方面的创新,不断探索将新传播形态运用到网络舆论引导工作中,取得较好反响,但仍存在创新幅度小、其他社会主体参与度低等问题。立足不同时期的网络舆论生态,加快探索与之相适应的表达风格,创新表达形式,是新闻媒体的网络舆论引导能力快速提升的有效路径。

(四)网络舆论传播精准性影响新闻媒体网络舆论引导的深入性

进入智媒时代,人工智能、大数据、云计算等技术为新闻媒体的网络舆论引导带来了新的机遇。基于对网络舆论的动态感知和精准研判,依托人工智能技术,新闻媒体能够将网络舆论引导需求、网民行为偏好、网络舆论引导的内容供给等有机结合起来,

制定差异化、有针对性的网络舆论引导方案,将与用户偏好相符合的内容精准匹配和推荐给特定用户,实现差异化、分众化传播。然而,精准推荐的算法原理在于坚持向用户推送其可能感兴趣的内容。由此,用户既有的价值取向或对事物的固有认知将不断得到强化,"刻板印象"不断加深,信息茧房、圈层化等现象越发凸显,导致主流舆论传播难以穿透屏障,不能进入"茧房"内部,使网络舆论引导效果大打折扣。另外,人工智能环境下的精准传播过程中,技术理性越发凸显,网络舆论传播对人文理性的重视度有所下降。过度依靠人工智能进行主流舆论内容的生产与传播,导致网络舆论传播过程中人文关怀的缺失,网民接收到的内容更多来自冷冰冰的机器生产与推荐,网络舆论引导内容的亲和力逐渐减弱,难以对用户产生深刻影响。

四、精准感知新闻媒体网络舆论引导能力的建设方向

基于前期丰富的网络舆论引导实践,我国新闻媒体积累了扎实可靠的网络舆论引导经验,网络舆论引导能力得以稳步提升,为今后网络舆论引导工作奠定了重要基础。当前,随着人工智能、大数据、云计算、5G、虚拟现实等技术越发深入地应用在信息传播领域,信息传播格局不断变革,网络舆论生态充满不确定性,新闻媒体的网络舆论引导能力建设也迎来了更多可能。

(一)技术驱动:提升新闻媒体网络舆论引导创新力

网络舆论引导工作的开展离不开各种媒介技术支撑,技术一直是新闻媒体网络舆论引导能力建设的重要驱动力。依托人工智能等前沿技术,信息采集、生产、传播、接收等传播环节得以重塑,传播形态、传播渠道、接收方式等方面的创新,能够为新闻媒体网络舆论引导工作提供更多新内容新模式新思路,推动新闻媒体网络舆论引导的创新力提升。在此过程中,应将技术发展与网络舆论引导需求有机匹配,注重技术在网络舆论引导各个环节中的应用,涉及网络舆情发掘、监测、研判、预警、应对等。我们应致力于探索以新技术新应用为支撑的网络舆论引导解决方案,从而有效提升网络舆论引导的针对性、可行性和适用性。在今后发展过程中,技术对新闻媒体网络舆论引导能力建设的支撑作用将更为强劲。基于大数据、云计算的信息识别、挖掘、生产、传播等环节的智能化水平将得到大幅提升,推动实现对网络舆论态势的精准研判,继而综合"机器"与"人工",在第一时间输出网络舆论引导的最优化解决方案,切实提升网络舆论引导效果。在技术助力下,以往舆论引导格局下出现的传播不深入、引导不充分等问题亦将得到有效解决,新闻媒体的网络舆论引导能力将得到进一步提升。

(二) 多方协同:打造新闻媒体网络舆论引导聚合力

从经验来看,新闻媒体的网络舆论引导工作作为一项系统工程,需要多部门、多主体之间实现有效配合,通过对各类要素资源集聚和优化配置,形成网络舆论引导合力,推动新闻媒体网络舆论引导工作不断取得实效。在新传播格局下,万物皆媒,网络舆论引导的思维逻辑正在发生变革与转向,网络舆论引导越发从一元主导转向多方协同。媒体、技术平台、网民等主体间的协同合作逐渐形成强大聚合力,为网络舆论引导提供强有力的支撑,推动实现价值共创。技术赋能正使网民等各类主体在网络空间中享有更多话语权,各类主体也越发成为网络舆论场中的重要力量。在未来传播场景下,网络舆论引导的价值达成将越发趋向于多方共创,通过不断强化底线意识,充分调动多元主体参与主流价值传播,推动拓展主流价值传播边界,扩大主流价值影响力版图,从而不断巩固壮大主流舆论阵地。需要注意的是,在网络舆论引导的今后发展过程中,虽主张多方协同参与网络舆论引导,但党的领导地位不能变,必须牢固坚持正确政治方向和正确舆论导向,确保网络舆论引导始终在正确轨道上前行。

(三) 以"我"为主:强化新闻媒体网络舆论引导把控力

网络舆论引导关系到舆论安全、意识形态安全,其重要性不言而喻。无论过去、现在,还是将来,网络舆论引导的主导权应始终掌握在新闻媒体的手中,坚持以"我"为主,不断提升新闻媒体对网络舆论引导的把控力,确保网络舆论引导始终可管可控。在新传播格局下,其他社会主体正在参与分权,新闻媒体对于网络舆论引导的主导权在一定程度上有所削弱。面对越发复杂的网络舆论生态,要实现好网络舆论引导,传播好主流价值,就必须牢固坚守底线,坚持自主可控,实现借力发展。在技术研发与应用上,应积极探索自主研发与外部合作相结合,将技术应用的主导权掌握在新闻媒体的手中,坚持技术为我所用、为我所控,防范过度依靠外部技术可能出现的网络舆论安全风险。在网络舆论引导的具体实施中,应充分调动新闻媒体在网络舆论引导中的带头作用、引领作用,确保新闻媒体在议程设置方面的主动权、主导权,加强主流价值内容供给。在此基础上,多元社会主体参与其中,与新闻媒体形成网络舆论引导合力。在多方协同的网络舆论引导中,要提前做好各类风险应对预案,及时回应和解决可能出现的各种问题。与此同时,要不断完善网络舆论生态的综合治理体系,有效规制网络舆论场中的各种负面因素,保障网络舆论引导的有效性。

(四)制度创新:提升新闻媒体网络舆论引导执行力

我国新闻媒体在开展网络舆论引导工作过程中,逐渐形成一套成熟有效的网络舆论引导制度体系,为网络舆论引导的规划布局及具体实施提供指导,使网络舆论引导不断取得重要进展,新闻媒体的网络舆论引导能力获得快速提升。然而,当前新闻媒体的网络舆论引导制度体系仍不完善,还存在诸多问题与短板。立足新传播格局,面对越发复杂的网络舆论生态,有必要推动网络舆论引导的制度创新,进一步完善制度保障,使网络舆论引导真正做到有章可依,推动提升新闻媒体网络舆论引导的执行力。一方面,要确保制度的完整性、系统性和精准性,让网络舆论引导有完善的制度支撑,避免因缺少制度而束手束脚,导致舆论引导不能抓住核心问题,影响舆论引导效果;另一方面,要确保制度的前瞻性与时代性,基于对新阶段、新格局、新趋势的准确把握,探索制定新时期的网络舆论引导制度,使其更能满足新传播环境下的网络舆论引导需求。与此同时,要坚持与时俱进,基于网络舆论引导实践和对未来网络舆论生态的研判,及时完善网络舆论引导制度体系,确保制度更具可行性和针对性。坚持制度创新,是未来新闻媒体网络舆论引导能力建设与提升的重要路径,它将为新闻媒体的网络舆论引导提供更具可操作性的方案,助力提升新闻媒体网络舆论引导的执行力。

五、全面提升新闻媒体网络舆论引导能力的对策思路

新闻媒体的网络舆论引导,是一项关乎意识形态安全和国家软实力建设的重要工作。面对新形势下的新挑战与新任务,提升新闻媒体的网络舆论引导能力显得更为紧迫。一方面,在新的历史时期,新发展阶段、新发展理念、新发展格局对新闻媒体的网络舆论引导工作提出了更高要求;另一方面,进入智媒时代,网络舆论生态更加凸显复杂性和不确定性,网络舆论引导难度不断加大。在此形势下,新闻媒体亟须加快转变思维模式,创新方式方法,推动网络舆论引导能力实现全面提升,助力开创网络舆论引导工作新局面,构筑良好网络舆论生态。

(一)把握传播规律与舆论发展规律

在新技术、新应用驱动下,信息传播格局不断重塑,信息传播规律与舆论发展规律也随之发生变化。在新时期背景下,要推动新闻媒体的网络舆论引导能力建设迈上新台阶,就必须准确认识、理解和遵循新传播格局下的信息传播规律、网络舆论发展规律,在舆论引导形式、机制等方面加快创新探索步伐,以更好适应网络舆论引导的新形

势、新需求。一方面,要深刻认识到网络舆论引导的本质并未发生改变,其旨在借助各种传播手段对网络中的思想观念进行规训、引导,使网络舆论沿着正确方向发展演进,营造清朗网络空间。另一方面,要在"不变"中认识和把握"变"。参与主体、参与形式、内容形态、传播渠道等传播特征都在发生显著变化,信息传播与网络舆论引导所涉要素更加庞杂,必须做好统筹协调,更好把握时、度、效,围绕网络舆论引导形成新的解决方案。因此,要想提升新闻媒体的网络舆论引导能力,就要在对规律认识和把握的基础上,用动态的、发展的眼光着手网络舆论引导工作,并探索建立健全网络舆论引导的效果评估机制,使新闻媒体的网络舆论引导更具针对性、可行性和适用性。在此过程中,应坚持善用技术,防范因遵循规律而过度依赖技术所带来的其他社会风险。

(二) 平衡情绪表达与思想观点碰撞

网络舆情发掘研判与处置能力是新闻媒体网络舆论引导能力的重要组成部分。在新传播格局下,网络空间中多元思想观念交织交错,在进行网络舆论引导过程中,新闻媒体必须对舆情所涉内容进行准确识别,不能盲目引导。针对网络空间中围绕特定社会议题的讨论,新闻媒体要在坚守底线的基础上,留足空间、加以引导,对于不同观点的碰撞要实时动态追踪,及时发现和消除各类错误社会思潮的滋生与泛起苗头,确保网络舆论始终在主流价值的框架之内。在新传播格局下,网络空间中的话语表达更加自由开放,多元社会思潮势必加快涌入,网络舆论场所面临的形势将更为复杂。基于此,要提升新闻媒体的网络舆论引导能力,必须继续发力网络舆情发掘研判与处置,平衡网络空间中的情绪表达与思想观点碰撞,在保障和不断增强网民话语表达安全感的同时,及时发现并有效介入涉及意识形态安全、国家制度安全的网络讨论,消除网络舆论安全风险。

(三) 兼顾成果巩固与阵地拓展

网络舆论阵地建设一直是新闻媒体网络舆论引导的重要任务,阵地建设成效直接影响着新闻媒体的网络舆论引导能力水平。随着我国进入新发展阶段,新闻媒体的网络舆论引导也进入新的历史阶段。推动新闻媒体的网络舆论引导能力提升,必须兼顾网络舆论引导成果巩固与网络舆论阵地拓展,促使网络舆论引导工作稳中求进,不断取得新进展。在网络舆论引导成果巩固方面,要及时总结经验、吸取教训,按照既定机制模式使网络舆论引导稳步推进,形成网络舆论引导的常态化机制。在网络舆论阵地拓展方面,要加快思维创新与转变,用新理念探索网络舆论引导的新模式,使网络舆论引导不断在广度、深度、高度上实现延展,推动新闻媒体的网络舆论引导工作提质增效。在巩固和拓展网络舆论阵地过程中,要注重强化网络舆论引导的基础支撑,包括人才队伍建设、话语体系建设、制度体系建设等,为新闻媒体的网络舆论引导工作的高效开展提供坚实保障。与此同时,网络舆论阵地建设应注重社会效益和经济效益的双重提升,使二者相互支撑、相互促进,推动形成网络舆论阵地建设的合力。

（四）统筹舆论引导与网络综合治理

网络舆论引导与网络综合治理密不可分。网络舆论引导有助于营造良好网络舆论氛围,为网络综合治理提供话语支撑;网络综合治理有助于扫除网络空间中的不良信息,维护网络秩序,为网络舆论引导提供制度保障。要实现新闻媒体网络舆论引导能力的全面提升,必须将网络舆论引导与网络综合治理有机统筹起来,同时推进网络舆论的话语环境与制度环境建设,推动形成网络舆论引导与网络综合治理融合共生、协同共进的发展格局。一方面,要建立健全网络舆论引导工作的体制机制,有效应对新传播格局下复杂多变的网络舆论生态,不断赢得网络舆论斗争的主导权,更好占领、巩固和拓展主流舆论阵地,广泛凝聚社会共识;另一方面,要坚持完善网络综合治理体系,充分依靠新技术新应用,落实好主体责任,推动形成全方位、立体化、多层次的网络空间治理格局,提升网络综合治理能力水平。将网络舆论引导与网络综合治理统筹起来,既是能够切实提升新闻媒体网络舆论引导能力的现实路径,又是对国家治理体系和治理能力现代化这一重大战略任务的有效响应,将为党和国家各项事业的顺利推进提供良好的网络舆论氛围。

第二节　全媒体时代塑造主流舆论新格局的探索

全媒体时代,信息发布门槛的下降使得公众可以广泛参与到信息生产与传播过程中,在不同场域中扮演普通网民、意见领袖、社会组织成员等各类角色,社会公众对各类舆情事件的参与度提升。然而,当虚拟与现实、线上与线下、国际与国内的传播边界逐渐模糊甚至消失,舆情事件的卷入因素不断增加,尤其内容、技术、资本等要素的结合与联系越发紧密,舆情所涉各类主体间的复杂关系及结构易使矛盾和冲突激化,舆论发展方向难以预测,充满未知性。

党的二十大报告提出,加强全媒体传播体系建设,塑造主流舆论新格局。[①] 面对

---

① 习近平. 高举中国特色社会主义伟大旗帜　为全面建设社会主义现代化国家而团结奋斗:在中国共产党第二十次全国代表大会上的报告[N]. 人民日报,2022-10-26(2).

舆论发展的不确定与不稳定性,聚焦主流舆论的高质量传播与引导,我们应兼顾和平衡好舆论场中的边缘与中心、内部与外部、技术与人等相关要素,最大限度消除主流舆论传播的风险因素,为主流舆论的可管可控提供坚实保障。① 在新形势下,我们有必要深入认识和厘清构建主流舆论格局的重要意义,准确把握主流舆论格局构建所处的历史方位与发展趋向,继而探寻主流舆论格局构建的可行性方案,助力提升新闻媒体的主流舆论引导力,不断扩大主流价值影响力版图。

一、全媒体时代主流舆论格局构建的重要性与必要性

加快推进全媒体时代主流舆论格局构建,要与非主流思想抢阵地,要与不良社会思潮抢话语,要快速适应新时代背景下主流舆论传播与引导的新要求、新挑战,进一步巩固和壮大主流舆论阵地。在新形势下,深刻认识构建主流舆论格局的重要性与必要性,对于更好应对复杂多变的国际国内舆论环境,探寻具有现实针对性的主流价值引领方案具有重要意义。

(一) 主流舆论格局构建是意识形态安全的重要保障

意识形态安全是维护社会稳定的重要基石。习近平总书记强调,意识形态工作是党的一项极端重要的工作。② 在新时代背景下,党的意识形态工作不断取得显著成效。然而,当各类主体竞相加入舆论场,多元价值取向或利益诉求潜藏着不同的传播动机,进而间接造成传播效果具有较大差异性和不确定性。舆论环境的复杂化与传播行为的非专业化等容易使主流舆论传播与引导的安全风险增加,无形中给意识形态安全带来挑战。③ 同时需要清醒认识到,意识形态领域斗争日益尖锐,意识形态斗争在新技术应用驱动之下出现了数字化、信息化等新样态。

当前,舆论认知战已经成为美西方反华势力的主要攻击方式,且这一攻击方式正在从浅层的舆论攻击走向深层次的数字化、网络化攻击。以微博为例,美西方国家正改变以往的隐性价值渗透策略,以中文为主在微博平台发布官方信息,正面"对话"中国网民,为舆论战持续输送信息。随着中国国际地位变化,微博的国际影响力日益凸显,同时也成为美西方国家在重大国际议题中博弈与交锋的主要阵地之一。微博中的意识形态斗争日益呈现为独特的对话体系,在重大国际议题中多方声音与观点共同呈

---

① 胡正荣,郭海威. 全媒体时代主流舆论格局构建研究[J]. 电视研究,2023(3):18-22.
② 习近平. 习近平谈治国理政(第一卷)[M]. 北京:外文出版社,2014:155.
③ 胡正荣. 中国舆论场的新特点与新变量[J]. 人民论坛,2022(13):30-33.

现,不同主体形成了对重大国际议题的话语权争夺。虽然美西方国家在微博平台的公共外交策略并没有收获具有广泛动员性的"参与式互动",但它们对重大国际议题的议题设置已经延伸至微博平台。这一操作试图以更加直接、快速的方式,使信息直接到达微博用户端,仅向微博用户展现对其更有利的观点,并帮助其在微博"意见气候"条件下搜寻目标群体。

(二)主流舆论格局构建是重塑社会价值的航行坐标

经过多年网络"清朗"专项行动,网络空间乱象得到有效治理,网络环境得到净化。但网络暴力频发、网络舆情事件撕裂社会价值、未成年人网络权益保护不到位、网络诈骗等问题仍时有凸显。当短视频、直播越发成为日常化的社交语言,消费主义、享乐主义等价值取向在网络空间中蔓延,一些非理性消费行为容易带来巨大的社会价值沟壑。① 有公众对网络空间中的"海市蜃楼"充满向往却又缺乏理性判断,容易出现价值迷失,在网络空间中肆意宣泄情绪,成为"网络键盘侠"。② 针对社会价值迷失问题,主流舆论的传播"探针"有时难以刺破较为封闭的"私域"屏障,这些价值固化的"私域",往往以网络用户个体价值判断为依据,并在圈层传播过程中逐步形成并固化为群体价值认同。同时,随着社会公众个体认知、观念等发展变化,一些网络舆情事件在社会公众的行为和价值选择中出现"规训"效应,潜移默化中对人们的思想观念产生影响或引导作用。在长期的"规训"下,网络舆情事件中所体现的"错误价值"反而成为公众日后行为的参考系。

全媒体时代,互联网及数字媒介技术带来了新的信息沟通模式,尤其是语言符号系统的更新,更为彻底地释放了原来被束缚的个体和群体的信息生产力,有效激发其自我表达的意愿、参与各类媒体舆论场建设的主体热情。多元的价值观促进了"自由意见市场"的形成,并且人们的生存空间由现实世界扩展到虚拟世界,在多个"分身"的协助下,可以参与到不同的话题讨论中。③ 由此,多元化的价值取向活跃于网络公共空间,主流价值生存与传播空间受到挤压。在此形势下,推动主流舆论格局构建,将为社会价值体系重塑提供航行坐标,进一步强化主流价值引领。

---

① 章文宜,莫少群. 幻象营造与消费驯化:直播购物的消费主义文化逻辑分析[J]. 学习与实践,2022(1):119-130.
② 王仕勇,陈超. 良性互动与价值同构:网络舆论情感表达与主流媒体内容生产[J]. 中国编辑,2022(5):46-50,55.
③ 王晓红,倪天昌. 论媒体深度融合背景下主流价值传播的守正与创新[J]. 电视研究,2021(12):10-13.

（三）主流舆论格局构建是突破现有国际传播格局的重要基石

当前,互联网成为舆论主战场,国内热点事件往往会在第一时间传播至世界各地,在国内国际舆论场的交互中,形成全球性的舆论事件。在新传播格局下,互联网等数字媒体所具有的媒介特性使得舆论传播的不确定性激增,原本的"真相"被掩藏、被篡改、被扭曲,代之以"主观真相"或"片面真相",从而使有效的对话变得更加困难。除人为利用数字媒介制造"真相"导致舆论不明朗外,媒介也会制造舆论来迷惑大众。例如,由算法控制的社交机器人通过自动发布内容或模拟人类行为混入公共讨论,从而制造虚假宣传,一些美西方国家媒体对其加以利用,试图操控国际舆论,对我国形成夹击态势,进一步加剧国际舆论场的博弈。[1] 同时,国际力量通过对国内舆论的介入与渗透,尝试推动国内舆论发酵和升级,在对社会情绪进行煽动和干扰下影响舆论发展走向,进而在更深层次上加剧价值观念冲突和意识形态纷争。

立足百年未有之大变局,世界格局"东升西降""西强东弱"态势依旧,我国亦处在"两个一百年"奋斗目标的历史交汇期。在此形势下,推动构建主流舆论格局,积极主动塑造中国开放、包容的大国形象,有助于进一步联通内宣与外宣,以更加主动、开放的姿态讲好中国式现代化故事,为世界提供中国方案和中国智慧。全媒体时代的主流舆论格局构建,将为我国国际传播工作提供更为强劲有力的优质内容支撑、全能型人才保障、技术创新助力,切实推动提升国际传播的对象化、分众化水平,对于突破现有国际传播格局具有重要战略意义。

二、全媒体时代主流舆论格局构建面临的机遇与趋向

在新技术应用驱动下,媒体传播格局与生态不断发生变革,主流舆论格局构建既充满不确定性,亦有丰富的发展可能性。借力全媒体传播,锚定主流舆论格局构建,准确理解和剖析面临的机遇与未来发展趋向,将有助于媒体推动主流舆论引导乘势而为,在舆论场中把握战略主动。

（一）科技创新强势赋能,监管体系有待健全

互联网基础设施与技术为主流舆论格局构建提供了良好支撑。随着5G技术规模化应用渐入佳境,网络流量的持续增长显示出我国网民对互联网的深度依赖,多元

---

[1] 田晓,胡正荣. 构建基于全球传播生态的新时代中国国际传播体系[J]. 中国广播电视学刊,2022(12):65-68.

思想观念在互动交流中碰撞并广泛传播。在此过程中,科技支撑下的新传播格局在舆论引导、风险防范、决策辅助、参与社会治理等方面发挥了重要作用。总体来看,我国主流舆论安全的监测预警及管控能力仍有较大提升空间,尚不能充分满足网络空间管理部门的监管需求。在应用云计算、大数据、人工智能等技术构建主流舆论安全监管体系方面技术尚有不足,突出表现在"科技+传播""科技+文化"发展明显快于"科技+监管"。与技术创新迭代趋势相比,网络内容监管部门在"科技+传播"领域的人才队伍建设上相对滞后,缺乏具备核心技术开发能力的专业人才。同时,专业监管力量向互联网企业流动迁移的现象长期存在,在一定程度上削弱了网络内容监管部门技术能力提升的可能性。为了提升主流舆论引导力、实现主流价值传播高质量发展,相关部门后续应进一步强化前沿技术在网络内容监管体系建设进程中的有机嵌入,以技术创新应用把握网络内容安全及主流舆论安全监管的战略主动权,深化人工智能、大数据、物联网等技术接入,推进主流舆论格局构建与安全监管齐头并进、相辅相成。

(二)媒介情境泛在连接,激发创新创造潜能

社交媒体的强交互性带来了多元主体的广泛连接。当前,各类社交媒体发展迅速,信息的生产、扩散、分享都更为便捷,特别是以抖音、快手等短视频平台为代表的融媒体社交平台,得益于丰富的视听元素与多元化的传播情境,汇聚亿级规模网民,个体、群体间呈现出高频交互态势。建立连接、促进交互是互联网尤其是社交媒体平台的发展初衷,也体现了人类与生俱来的社交本能。基于媒介情境的广泛、深度连接,全媒体赋予人们更多的自主性,人的参与性和创造性被激发,从而在媒介技术的频繁使用中增强了自身的社会可见度。由此,散落在社会各个角落的人们在无形中被连接在一起,中央与地方、城镇与乡村、精英与大众也实现了有机高效交互。而这也意味着,在构建主流舆论格局过程中我们不仅要考虑传播主体的多元性,也应对不同主体之间的复杂关系进行梳理,借力大数据、云计算、人工智能等技术对全媒体时代的社交网络形成清晰认知。另外,互联网等新媒体技术的融合与连接特性还表现为虚拟与现实的杂糅。随着人工智能技术、移动数字终端技术、信息存储技术等技术的开发运用,媒体进一步实现了对人的感官延展,并深度介入人们日常生活的方方面面,由此也为主流舆论格局构建更好融入社会治理提供了新的思路与方向。

(三)全球格局演化重组,推进治理体系变革

随着全球经济格局与政治格局变化,冷战后以美西方国家为主导的全球治理体系日渐失灵,世界各国对规则主导权的争夺愈演愈烈。出于对新秩序和新体系主导权的

追逐,世界各地民族矛盾多发,美西方国家更是多次单边挑起贸易战和科技战,试图对经济正在崛起的国家围追堵截,使其边缘化。此外,在互联网等新媒介技术的全球化普及应用影响下,全球格局演化重组的不稳定性、不确定性持续增加,反全球化的舆论声量变大。同时,"加速社会"带来的环境污染、能源紧缺、生态破坏等全球性问题在现代文明发展进程中频发,给人类社会的可持续发展带来威胁。如何利用好新媒介技术辅助处理各类国际事务,是全球治理体系调整议程中的重要议题。全球经济与政治格局的变化将进一步促成上层建筑的理念转变。发展中国家和新兴市场国家为维护国家主权、赢得国际话语权,正寻求从信息传播领域和意识形态层面同发达国家展开较量。在此形势下,主流舆论格局构建的目标导向与功能导向进一步明确,即面向全球化、全媒体、全要素的发展趋势,准确把握和研判国际舆论场的演进方向,紧盯焦点议题,回应国际关切,切实提升主流舆论的全球传播力与影响力。

(四)媒体融合稳步推进,传统文化焕发生机

当前,我国媒体融合深入推进,"四全媒体"建设初具规模,新型主流媒体建设由点向面取得显著成效。在纵向层面,中央、省、市、县四级新型主流媒体的联动更加畅通高效,有利于主流舆论掌控全局动态;在横向层面,围绕内容的供给侧结构性改革加快推进,打破了传统媒体与新兴媒体的传播壁垒,为搭建一体化的全媒体组织架构扫清了障碍。优质品牌内容打造、升级版互联网平台焕新,以及全媒体生态系统的持续建设,进一步拉近了主流媒体与群众的距离,主流媒体通过多形式、多渠道与用户展开高频交互,提升传播力、引导力、影响力、公信力。全媒体建设的稳步推进,为中华优秀传统文化带来新生,借助新技术应用、新传播形态,中华优秀传统文化的传播范围得到进一步拓展。例如,人们在网络视听平台分享传统工艺流程、原生态自然景观、中华美食制作等内容。同时,主流媒体也不断突破自身藩篱,在内容上频频创新,积极为传统文化的传承贡献力量。中央广播电视总台将中国传统元素贯穿于春晚等节目制作中,对中华优秀传统文化进行现代化、数字化演绎。这些举措作为全媒体建设的典型表征,对扩大主流价值影响力版图、强化主流舆论引导力形成重要助力,在推动构筑新型主流舆论格局的同时,也在提升民族凝聚力、对外讲好中国故事、打造中国国际形象、抢占国际话语权等方面发挥着积极作用。

三、全媒体时代主流舆论格局构建的创新思路与对策

全媒体时代,聚焦主流舆论格局构建,我们要切实提升主流舆论引导能力,注重从

舆论主体、舆论内容、舆论阵地、舆论治理等维度切入，多措并举、协同推进，使主流舆论更生动、鲜活、自然地融入全媒体传播全流程，切实推动实现主流价值的传播与引领，使主流价值更能入脑入心。

（一）正视舆论主体，推动舆论结构由多元共治转向多元互治

主流舆论格局中的主体曾是掌握着媒介资源的政府，舆论主体较为单一。当前，作为舆论主体的群体和个体能够积极参与公共讨论，不仅基于各自利益诉求发出声音，更积极关心社会公共事务，主流舆论的整体结构呈现出多元主体共治的繁荣局面。同时，这种多元共治模式表现为各舆论主体的诉求不同，价值网络的匿名性与陌生化使得用户仅凭一段话、一幅图、一段视频即对人或事定性的舆论现象常常出现，使舆论实践向复杂化方向演变，出现了虽言共治，却是舆论撕裂和极化的局面。① 随着媒体智能化程度提升，人类社会的媒介化程度亦将越发提升，现实与虚拟、线上与线下的边界消融，彼此更加难分，多元化舆论主体竞相涌现。全媒体时代，应正视舆论场中的多元主体，既要关注个体表达，又要深入分析和挖掘个体、群体等交互背后潜在的社交关系。基于此，推动主流舆论格局构建，应深刻认识到社交关系纠缠交织是引发思想碰撞、观点交锋及各类社会问题的内在机制，要尝试探索从多元共治走向深层次的多元互治，实现主流舆论格局的结构性转向，推进多元主体之间达成高效的沟通对话。

（二）优化舆论内容，实现舆论功能由社会表达转向社会建构

优化舆论内容，一方面，要对各舆论场域中泡沫化、无意义，甚至负面的议题及相关表达进行清理。此类内容停留于舆论公共空间中，不仅容易混淆视听，引发舆论风波，且占用公共空间，使得更积极、有意义、正能量的言论被掩盖或稀释。主流媒体需要充分发挥其在构建主流媒体格局中的主体力量，面对复杂多变的舆论环境要敢于"亮剑"。② 只有在清朗的舆论环境中，更具建设性的内容才能被有效关注，助力实现社会治理现代化。另一方面，要积极主动地将代表社会主流价值观的内容在各舆论场予以凸显。例如，弘扬与时俱进、不断创新的红色文化与红色思想。

（三）坚守舆论阵地，推进舆论引导由简单参与转向全局赋能

随着传统媒体与新兴媒体舆论场的日趋重合，主流舆论阵地正不断壮大。要维持

---

① 肖唤元，郑晶晶. 新时代网络舆论生态治理的内在逻辑及实践指向[J]. 思想教育研究，2020(11)：9-14.
② 柏路. 社会主义核心价值观引领网络舆论治理制度化建设[J]. 探索，2021(1)：164-175.

这一发展态势,媒体需要紧盯技术创新赋能所带来的发展机遇与挑战,建强用好主流舆论阵地,以保证主流舆论效力在最大限度上得到发挥。在数字化与智能化转型背景下,媒体的深度融合发展将促进传统媒体与新兴媒体有效实现优势互补,汇聚融合传播力量,提升舆论引导效能。面向未来,推动主流舆论格局构建,应切实坚持将移动优先、内容为王、技术赋能作为媒体融合发展的关键引擎,在体制机制、技术革新、人才队伍建设等方面不断提质增效,通过融媒矩阵提升主动发声能力,掌握舆论话语权,不断提升主流舆论在线上与线下舆论场中的传播力、引导力、影响力、公信力,强化主流价值传播与引领。面对舆论场复杂因素增多、舆论发展的不稳定不确定性增强等形势,以主流媒体为代表的关键传播主体应注重从国家战略层面推进媒体深度融合转型,占领舆论引导高地,推动构建网上网下同心圆,形成网上网下一体、内宣外宣联动的良好发展格局。与此同时,要进一步强化底线思维,在推进媒体深度融合的发展进程中,注重防范和及时化解相关风险,消除技术、资本等因素在主流舆论格局构建过程中可能产生的负面效应。

(四)深化舆论治理,促使舆论斗争由被动回应转向攻防并举

推进主流舆论格局构建,要探索深化舆论治理体系建设,在国际舆论场掌握更大的话语主导权。提升主流舆论引导力,离不开舆论治理体系的完善和强化。在强化国内网络空间治理、稳定国内舆论场的同时,亦应注重在国际舆论场发出声音、提高声量,坚持攻防并举,积极参与全球网络空间治理,随时做好开展舆论斗争的准备。从被动应对的视角来看,随着我国经济和文化实力的快速崛起,国际舆论场中的中国声音越发响亮。面对国际上不友好的声音,要坚持发扬斗争精神、提高斗争本领,新闻媒体做到勇于应对、积极回应,充分运用互联网等新媒体的连接功能,积极对外传递中国声音,在拓展主流舆论阵地的过程中向世界传递中国智慧和中国方案,从而使世界各国民众能够客观公正地认识中国。从主动出击的视角来看,要注重斗争的策略方法,讲求斗争艺术,针对主流舆论传播与引导做好技术创新、叙事创新、理论创新及制度创新,建构形成具有中国特色和时代特色的对外传播话语体系,在主动叙事和平等沟通中争取话语主导权。

第三节 我国运用新媒体拓展国际话语权的难点与思考

在新一轮科技革命和产业变革驱动下,人工智能、大数据、云计算等技术的广泛应

用和深度嵌入为信息传播领域的变革带来不竭动力,新媒体发展越发蓬勃,并越来越多地被运用于国际话语权的拓展。

当前,以新媒体为工具和中介,我国国际传播取得一定成效,但在国际舆论场中仍处于被动地位,国际话语权依然较弱。① 要加快实现我国国际话语权的巩固、拓展与强化,必须认清新媒体在拓展国际话语权时所面临的难点、挑战及自身短板,着力补齐短板,并实现突破,探寻运用新媒体拓展国际话语权行之有效的解决方案。

一、运用新媒体拓展国际话语权面临的难点

运用新媒体拓展国际话语权是一项系统工程。站在全面建成社会主义现代化强国的新起点,需要厘清和深刻认识这项系统工程所面临的一系列难点,兼顾全局性与针对性、理论性与实践性,对难点进行综合研判、系统把握。

(一)如何对新媒体国际传播复杂局面进行全面把握

在新传播格局下,国际传播主体不再局限于主流媒体,各类新闻媒体、商业平台、用户、行业及社会组织、企业等都开始加入国际传播队伍。各传播主体发展水平参差不齐,传播能力差异显著。另外,随着我国互联网企业走向海外,用户基数更为庞大,加之投资热潮和产业发展的助推,新媒体应用将不时迎来新的引爆点。基于上述原因,我国以新媒体为中介的国际传播发展呈现出不均衡、不可预知情况多发的复杂局面,如何对这一复杂局面进行全面把握是一个难点。此外,人工智能、大数据等技术日新月异,新媒体的智能化升级进程持续加速,对迅猛发展的技术以及由技术带来的新媒体行业变革进行合理、科学的趋势预判,是准确把握新媒体国际传播局面的重要前提。

(二)在复杂国际舆论场如何保证新媒体传播的适用性

国际舆论场涉及各个国家及地区、各类议题、各类主体,充满不稳定性和不确定性,尤其近些年受到新冠疫情影响,更是变数不断,各类思想、态度、观念等相互碰撞,国际舆论场呈现出多种复杂性。运用新媒体拓展国际话语权,涉及数字技术、传播主体、传播对象、传播内容等多种常规变量,这些变量与不同国家和地区的技术应用程度、文化消费环境、审美风尚、经济发展水平等因素密切相关。环境的复杂性和文化的

---

① 黄楚新,郭海威. 我国应用新媒体拓展国际话语权面临的挑战及对策[J]. 新闻论坛,2021(4):19–21.

多样性决定了单一类型的新媒体传播方案难以适应差异化、多元化的传播格局,难以完成有针对性的传播任务,难以满足多样化的传播需求。在当前快速变化的国际形势下,我们必须不断突破研究思路和创新研究方法,以跨文化视角探索个性化传播、精准化传播的解决方案,从而在国际社会赢得更广泛认同,在国际舆论战中赢得主动。

(三)多重因素作用下如何探寻新媒体传播的高效性

运用新媒体拓展国际话语权并非简单的信息传递,人们会受到价值观投射、内容生产、渠道布局、制度建设、人才培养等多种因素影响和制约。在国际传播中,结合传播对象国的国情、民情以及瞬息万变的网情,找寻切实可行的新媒体传播方案,既是工作重点,又是工作难点。这需要我们对当前我国运用新媒体进行国际传播所涉及的多重要素进行全面综合了解和深入分析,在宏观、中观、微观等多个层面均应有精准的感知和把握,既要注重顶层设计,又要关注具体细节。与此同时,人工智能等技术应用在新媒体传播中介入程度不断加深,但缺少针对性、适用性的理论,我们亟须探索以马克思主义新闻观为指导的新媒体国际传播理论,将理论与实践都置于智能媒体环境中,探索构建兼顾前沿性、未来性、科技性与落地性的复合性传播框架,切实推动以新媒体为中介的国际传播提质增效。

(四)新传播态势下如何化解来自国际舆论场的安全风险

互联网的开放性和低准入性决定了网络话语的多元性,包括主体的多元、形式的多元、审美标准的多元、价值取向的多元等。互联网的互联互通在充分增进公众参与和交互的同时,也使得美西方国家的话语霸权拥有了更有利的载体。借助互联网及各类新媒体应用,美西方国家试图对其他国家和地区进行更广泛深刻的话语压制,并力图透过价值观规训实现社会公众对其意识形态的认同。此外,在新传播态势下,公众的创造力被激发,"观点的自由市场"和"真理的自我修正"在新媒体平台展现得淋漓尽致,各类社会思潮交织、交融、交错、交锋,无硝烟的网上舆论斗争持续不断。基于上述原因,来自国际舆论场的安全风险增加,这就要求新闻媒体工作者在运用新媒体拓展国际话语权时,要深入扎根社群,了解和体验各类网络空间的内容消费习惯,从而全面把握诸多网络社群、空间的文化内涵、传播特性及行为方式,科学合理地制定舆论风险的化解策略。

二、运用新媒体拓展国际话语权面临的挑战

新媒体的广泛应用为我国拓展国际话语权提供了诸多便利和可行性方案,但由于

新媒体在内容治理、技术把控、媒介素养等方面仍存在不足,导致在新的传播视野下运用新媒体进行国际话语权拓展困难重重、挑战不断。

(一)新媒体应用容易造成优质内容被稀释

一方面,主流媒体、政府机关以外的各类主体以新媒体为工具,积极介入和参与到国际传播事务中,国际传播内容规模更加庞大、主题更为丰富,但存在质量参差不齐、具体内容说法不一等问题。另一方面,在部分内容的采集、生产制作、传播等方面,媒体在一定程度上将部分工作交由人工智能执行。基于固定算法设计,内容生产与传播效率提升,但也存在内容同质性高、创新性不强、优质内容欠缺等问题。当前人工智能推荐存在对用户需求过度迎合问题,导致一些劣质信息、谣言及包含错误价值导向的内容长期流向用户。可见,新媒体虽然在国际传播领域获得广泛应用,但是来自庞大用户群体及人工智能生产的内容体量大幅增加,有深度、高品质的内容相对减少,从而导致优质内容被稀释。对此,新闻媒体亟须探讨内容生态优化的可行性方案,为优质内容生产与传播提供更多机会,防止国际传播的内容生态走向低质化、无序化,从而降低中国在国际舆论场中主流话语的吸引力、影响力。

(二)新媒体应用容易导致主流话语主导权弱化

随着越来越多主体开始运用新媒体并加入国际传播的队伍,主流媒体及政府机关在国际传播中的主导权正受到其他主体的挑战,"分权"已是"既成事实",其他主体乃至人工智能开始获得更大主动权和主导权。一些热度低但具有较高价值、有助于提升国际形象的新闻议题容易被淹没和忽视,主流话语对国家形象的服务性、建设性、优化性功能减弱,具有泛娱乐、"低级红"和"高级黑"、重包装轻实质等特点的内容占领更大市场。来自主流媒体及政府机关的主流话语传播的主导权被弱化和侵蚀,导致主流话语传播开始更多受到用户的人性本能以及技术理性驱使和影响,主流话语传播的可控性受到削弱。以新媒体为中介开展国际传播、拓展国际话语权,在调动多元主体参与积极性、创造性的同时,我们亦应注重对整体传播生态的可管可控、为我所用,提升对新媒体应用及其内容传播的驾驭能力,确保我国在运用新媒体开展国际传播的过程中提高主流话语的传播力、影响力、号召力。

(三)新媒体应用或给国际共识形成带来阻碍

在国际舆论场中,借助各种新媒体应用,人们能够在网络空间中实现自由交流,发表观点,参与社会讨论,互联网作为"观点的自由市场"的属性进一步增强。随着新媒体在国际传播中的广泛深入应用,尤其是人工智能主导的定制化内容生产与个性化精准传播,为各种思想观念提供了广阔的生长空间。新媒体国际传播所涉价值观多元,一些不良社会思潮夹杂其中,并不时呈泛起之势,具有较强的号召力和同化力,使得我国国际传播的主流话语乃至国家主流意识形态面临的风险都不断加大。不同社会思潮的斗争态势愈演愈烈,对我国国家形象以及在国际舆论场中的话语权构成威胁,使得围绕中国的相关议题难以达成有效共识。受到过滤气泡、圈层化传播等现象影响,新媒体国际传播可能造成信息茧房效应越发突出,继而使得主流话语传播难以穿透圈层屏障,停留在较浅层次。在群体内部,观点的极化特征或更趋显著,国际舆论场中观点的对峙与交锋更趋尖锐,导致我国在国际舆论场中的主流价值传播、舆论引导工作收效甚微,并在凝聚国际共识方面面临更大挑战。

三、运用新媒体拓展国际话语权面临的自身短板

知己知彼,百战不殆。以新媒体为支点和抓手拓展国际话语权,我们既要对整体的国际传播格局与态势有准确把握,又要对自身条件有深刻了解。清醒认识我国运用新媒体拓展国际话语权所面临的自身短板,是找到提升国际传播能力的切入点、搭建具有中国特色的国际传播模式的前提。

(一)新媒体国际传播的综合优秀人才匮乏

人才是媒体发展的关键,也是国际传播取胜的重中之重,新传播格局的形成对我国的新媒体国际传播人才队伍建设提出了新的要求。一方面,传统的人才培养模式已经难以适应和满足新媒体环境对传播人才的需要。在新传播格局下,新媒体国际传播人才不仅要具备扎实的采、写、编、评、摄等基础能力,也应拥有对各类新技术、新形态、新业态的运用和适应能力,做到对新媒体来之即用、用之即优。另一方面,国际传播的传播对象、传播内容等不同于国内传播的传播对象、传播内容,这就要求新媒体国际传播人才具备多语种、跨文化传播的能力,对传播对象国家或地区的人文底蕴、自然资源等有充足认识和了解,能够以当地人的视角和口吻讲述中国故事。目前,此类人才资源供应不足,国家亟须在新媒体国际传播人才培养理念、培养模式等方面加快创新步伐,制定科学合理的人才培养战略。

(二)新媒体国际传播落地能力有待提升

以新媒体为渠道和抓手,要实现国际话语权的拓展,关键在于能够平衡好国际传

播与在地传播,实现在传播对象国或地区的"本土化"传播,从而赢得认可与认同。然而,在当前阶段,我国在运用新媒体开展国际传播过程中的落地能力仍然较弱,与传播对象在话语表达、交互对话等方面的契合度较低,自说自话现象凸显。对此,我们应着重在传播话语表达、概念、形态创新等方面花大力气、下苦功夫,在传播对象地"走好群众路线",并从各个角度挖掘对象国与中国的关联性,以共同记忆和"自家人"的口吻讲述中国故事,从而获得更广泛的理解和认同。

(三)对新传播规律的把握和运用能力不足

在新媒体环境下,信息传播生态与格局不断解构和重构,信息传播规律也持续调整,对传播规律的把握和运用水平关系到具体的传播成效。从我国运用新媒体拓展国际话语权的角度来看,我们对新媒体国际传播的认识存在误区,对新传播规律的把握和运用能力仍显不足。运用新媒体拓展国际话语权,目前更多是简单地将已有的国际传播方案原封不动地移植到新媒体平台,缺乏对传播思维的转变,忽视了新媒体传播的交互性特征,新媒体的功能属性未得到充分发挥,国际传播的"自说自话"并未得到明显改善。在未来的国际传播中,传播主体要在对新媒体本质属性及新传播规律的认识和把握中,基于新传播规律,创新传播思路和方式方法,着力在内容形态、传播手段、交互方式等方面加大创新步伐,充分调动各类主体参与国际传播、讲述中国故事的主动性,在国际舆论场中激发各类主体围绕中国议题进行广泛的积极的讨论。同时,我们要探索适应新传播规律的跨界合作方案,将国际传播中的新媒体应用同生态保护、反恐等议题相结合,找寻中国与世界的共鸣点,在人类命运共同体理念下拉近与传播对象的心灵距离,致力于赢得认可认同,凝聚共识。

(四)新媒体国际传播的舆论斗争本领较弱

近两年,国际形势越发复杂,全球动荡和风险点增多。美西方借贸易战遏制中国,借新冠疫情污名化中国,借新疆问题诋毁中国,借南海问题、港台问题打压中国,逆全球化、单边主义、民粹主义、极端民族主义等思潮更是在国际舆论场中泛起、活跃,导致国际舆论场中的不利格局更加凸显,我国对外舆论斗争压力增大。从斗争形势来看,虽然多次对各种攻击、抹黑等制华手段予以有力回击,但面对美西方的话语霸权,我国在国际舆论斗争中仍处于被动地位。围绕各类主题,美西方国家频频造出各种易吸引眼球的负面议题,并通过"加滤镜""双标"等方式在国际舆论场中挑起对华恐惧、怀疑、厌恶甚至仇恨等情绪。虽然我们运用新媒体积极对外答疑解惑、回应国际关注,但被动回应居多,且从谣言传播规律来看,人们更易记下谣言的信息内容,对后续事态发展情况以及辟谣内容则记忆不深或是选择性忽视。

四、运用新媒体拓展国际话语权的优化路径

通过对所面临的难点、挑战及自身短板的梳理、剖析,本书旨在对我国运用新媒体拓展国际话语权的现实图景进行全面系统的考察。基于此,立足全面提升国际话语权,围绕新媒体应用,本书试图从以下视角提出切实可行的解决方案,为我国运用新媒体拓展国际话语权提供路径参考。

（一）打造敢战能胜的新型人才队伍

立足新媒体发展趋势、新的国际形势,要用好新媒体拓展国际话语权,必须打造一支具备高水平综合素质的新媒体传播人才队伍。我国应积极推动新闻传播人才培养体系创新改革,着力输出兼具政治素养、专业素养、人文素养、科技素养的优秀人才,引导他们肩负起民族复兴大任,积极投身国际传播,讲好中国故事,促成和强化国际舆论对中国的认可、认同。新闻媒体要坚持立足现在、面向未来,立足国内、放眼国际,着力提升人才队伍的斗争本领、斗争能力,强化对党负责、对国家负责、对人民负责的政治责任意识,勇于斗争、善于斗争,充分发挥创新创造活力,以新思路、新方法、新策略应对新挑战、新问题。国际竞争归根结底是人才的竞争,国际话语权的竞争同样如此。运用新媒体拓展国际话语权的关键突破口始终在于对人才的驾驭能力,明确国际传播人才的需求坐标,建立科学的人才培养框架,在当前形势下极为迫切。

（二）构建新时代国际传播话语体系

以新媒体为支撑和载体,多元主体入场国际传播,新时代背景下的国际传播格局不断发生深刻变化。在此形势下,打造适应新传播格局、符合传播对象话语表达和接受习惯的国际传播话语体系,是一项必要且紧迫的课题。一方面,必须牢固坚持马克思主义,以高度的理论自信打造、传播和阐释立足中国实践、体现中国特色并为国际社会所广泛理解和认可的新概念、新范畴、新表述,抵御不良思潮对我国主流话语的冲击、消解等威胁,时刻警惕并严格防范来自国际舆论场中的话语渗透与话语陷阱。另一方面,基于传播的不同面向,要探索创新和转变话语表达方式与风格,学会用传播对象的"本土化"视角讲述中国故事、阐释中国理念、解读中国方案,以人文交流等方式让本地人"讲中国故事、传中国精神",着力提升传播内容的亲和力、感染力、引领力。

(三) 积极应用新技术讲好中国故事

智媒时代,以人工智能为代表的前沿技术在新媒体中的广泛应用,使得信息传播场景的边界得到拓展,既实现了向更大范围、更远地理边界的外部拓展,又实现了基于虚拟场景建构的内部拓展。多样化的传播场景为国际传播提供了更大的创新空间。运用新媒体拓展国际话语权,我们需要紧紧抓住智媒时代带来的重要机遇,将人工智能、大数据、云计算、虚拟现实等技术充分应用于国际传播,丰富传播内容的形式与品类,利用好当下中国丰富的新媒体应用,鼓励新闻媒体、民间力量等主体通过短视频、直播等各种形式对外展示真实的中国,把握和利用好新技术给讲好中国故事带来的诸多可能性。同时,我们应平衡好技术与内容,要坚持高品质内容的输出,防范因过度重视新技术应用带来的劣质信息、虚假信息、不良价值取向信息泛滥,以及由此产生的观点极化等问题,用主流价值导向驾驭算法,确保新技术应用的可管可控。

(四) 主动出击,抢占舆论斗争主动权

在坚持讲好中国故事、发出中国声音、提供中国方案的同时,须设法改变当前我国在国际舆论斗争中的被动地位,做好短、中、长期参与国际舆论斗争的议程规划。既要打好国际舆论斗争的闪电战,又要打好持久战,既坚持协同作战,又注重单兵作战。与此同时,围绕新技术、新形态、新业态,我们要积极参与国际规则制定,主动发起成立相关国际组织,既要话语权,又要话事权,突出强化对国际事务的主导权,构筑有利于中国的国际传播新格局。

第四节 智媒时代主流媒体在信息战中的发声实践

当前,面对百年变局,国内国际舆论场不断呈现出新动向,舆论斗争态势依然严峻。主流媒体作为舆论斗争的主力军,充分发挥自有优势,加快融合发展步伐,在舆论战中积极作为、主动发声,在维护意识形态安全、增强民族凝聚力向心力方面发挥重要作用。[①]

---

① 黄楚新,郭海威. 充分发挥主流媒体在舆论战中的效能[J]. 南方传媒研究,2023(1):19-23.

一、舆论战中主流媒体主动发声作用发挥情况

(一)开展舆论斗争更加客观理性

据中国互联网络信息中心数据显示,截至 2023 年 12 月,我国网民规模达 10.92 亿,其中手机网民规模达 10.91 亿。舆论场中的思潮越发多元,加之全球网络互联互通,全球范围内的信息传输更加便捷,网络空间成为各类文化、思想的聚集地,意识形态纷争、舆论斗争不可避免。美西方国家对我国社会主义意识形态进行长期渗透攻击,尤其在当前时期,面对地缘冲突不断、霸权主义横行、世界经济下行等形势问题,美西方国家为转移国内矛盾,恶意制造谣言,抹黑攻击社会主义体制,试图瓦解我国主流意识形态。在此形势下,作为国内国际舆论场的重要参与主体,主流媒体的主力军角色、主人翁意识进一步凸显,面对夹杂西方意识形态的各类思潮和美西方国家的舆论攻击,积极开展斗争予以驳斥。在意识形态斗争、舆论斗争过程中,主流媒体表现出高水平的专业素养,摆数据、讲事实、做对比,客观理性地对不良社会思潮展开评析,表现出稳扎稳打、底气十足的斗争态势。主流媒体在舆论斗争中主动发声,其客观理性的表现既是新闻专业水平的良好映射,又反映出我国综合国力的不断提升。

(二)意识形态领域发声更积极主动

随着互联网信息技术快速迭代升级,信息传播渠道和方式更加多元,新媒体应用不断涌现。主流媒体作为舆论斗争的主力军,充分运用各类传播手段占领各类舆论阵地,发挥引领作用,在国内国际舆论场积极主动发出声音,传播正能量,同非主流意识形态开展辩论。一方面,主流媒体勇担责任使命,积极作为,主动参与到展现发展成就、讲好中国故事、塑造中国形象的传播实践中。另一方面,对于舆论场中的不良社会思潮,主流媒体敢于并善于发声。在相关舆情中,主流媒体勇于担当,从事实出发,对不良社会思潮展开批驳,对错误思潮进行有力反击,有力维护了主流意识形态安全,不断巩固壮大主流舆论阵地,扩大主流价值影响力版图。

(三)主流价值引领力持续提升

在后疫情背景下,全球治理失衡,区域冲突形势加剧,不确定不稳定因素增加,国内国际舆论斗争迎来更大变数,主流价值引领所面临的挑战更趋严峻。与此同时,中国特色社会主义建设事业不断取得新成就、实现新飞跃,各领域的实质性进步进一步

满足人民日益增长的美好生活需要。同时,我国更加深入参与到各项国际事务中,致力于推动构建人类命运共同体,大国担当越发凸显。以此为切入口和着力点,主流媒体全力出动,在舆论斗争中积极宣介推动世界和平发展的中国方案、中国智慧、中国力量,激发广泛的爱国热情,使民族自信心、自豪感不断增强。在广泛而深刻的舆论斗争中,主流媒体始终坚守最前线,使主流价值在人民群众中的影响力引导力显著提升。针对一些社会热点事件所滋生的网络舆情,以及由此引发的不良思潮,主流媒体发挥专业优势、渠道优势、矩阵优势、协同优势,开展舆论斗争、意识形态斗争,揭示不良思潮背后的错误逻辑,在新形势下的舆论斗争场域中打造主流价值传播范本,助力提升网民对各类错误思潮的辨识能力、反击能力,进一步强化主流价值在舆论斗争新格局中的感召力、引领力。

二、舆论战中主流媒体主动发声存在的问题

(一)面对美西方意识形态渗透,难以精准识别并有效应对

当前,国际局势不稳定因素增多。美西方意识形态渗透变本加厉,除了一些政客试图通过编造针对中国的谣言并炒作成热点议题捞取政治资本外,美西方敌对势力在国际舆论场中针对我国的意识形态渗透、舆论攻击整体呈现出隐蔽化、全面化和精准化的特征。一方面,敌对势力借重要时间节点、重大事件,通过偷换概念、编造信源等方式进行公开臆测,运用"先入为主"策略,强行利用国际问题"碰瓷"中国,并加以片面、歪曲解读,试图引导和主导有关中国议题的相关舆情走向,刺激国际社会中的反华情绪,通过引发舆论纷争无形中破坏中国国家形象。这一战略正从特定类型议题渗透转向全方位渗透。另一方面,美西方意识形态渗透的对象群体更为精准。美西方媒体围绕诸多议题制造话题,并进行合理化包装,扣上侵犯人权、与国际社会割裂等帽子,挑动特定社会群体的敏感神经,散播焦虑,可能在无形中形成大范围的社会动员。

对于上述现象,主流媒体的识别不准、应对不力问题凸显。

(二)面对网络舆情事件,舆论安全风险防范化解能力依旧较弱

当前,网络空间日益成为全球社会最重要的舆论场域,一些社会事件经网络转发讨论,往往会迅速发酵成为热点舆情事件。随着短视频、直播等越发成为主流传播形态和社交形态,网络舆情事件讨论泛化趋势越发显著,主流意识形态安全、舆论安全面临的冲击和被消解风险增加。一方面,受消费主义等思潮驱使,网络舆论讨论泛娱乐

化,各类严肃的舆情事件最终沦为全民狂欢的娱乐性事件,隐藏于其后的则多是资本操控和不良社会风向、价值取向。泛娱乐化讨论易导致舆情事件讨论失焦,舆论焦点转移至花边新闻,而事件核心议题却被忽视,由此引发的流量追逐、谣言泛滥、三俗内容充斥网络等问题频现。另一方面,网络舆情事件泛政治化讨论势头依然强劲,舆情事件碰瓷意识形态的现象时有出现。针对一些社会事件的讨论被恶意诱导而上升至国家体制层面。网络舆情事件的讨论泛化在本质上是非主流意识形态的泛起。

其中,主流媒体既是见证者,又是亲历者。针对网络舆情事件的讨论泛化现象,主流媒体的介入程度不足,导致舆论场域中各类思潮交锋对峙此起彼伏。

(三)面对网络舆论场的复杂监管态势,在协同治理体系中的参与程度不足

在全媒体环境下,网络舆论斗争的参与主体更加多元,舆论斗争形式更加多样,舆论斗争话题更加广泛,由此导致网络舆论生态越发复杂,对其进行监督、管理的难度不断加大。就传播内容而言,舆论场中涉意识形态内容趋于隐蔽,往往披着非意识形态的外衣,行意识形态斗争之实,"低级红""高级黑"现象时有出现,在无形中造成对主流意识形态的破坏;就传播形式而言,一些别有用心之人趁机钻网络空间的内容监管漏洞,将意识形态讨论相关内容进行形式上的变种,将文字、视频进行图片化处理,或将文字、图片进行视频化处理,抑或在网络平台进行直播讨论,使其中的涉意识形态内容难以被及时发现。网生代长期生活和驻留于多元思潮并存的网络空间,对各类意识形态内容均具有一定的接受能力,易形成认知模糊和理解误差,容易接受非主流意识形态内容相关暗示,导致其对主流意识形态的认识出现错位,甚至造成信仰缺失,形成错误价值观念。

围绕建成共建共治共享的社会治理格局,主流媒体虽然在舆论斗争中主动出击、积极发声,但是在网络舆论场的协同治理体系中仍表现出参与程度不深入、互动机制不健全、支撑力度不强劲等问题。

三、舆论战中主流媒体主动发声的对策建议

(一)借助新媒体应用开展好舆论引导工作

在新传播格局下,要做好党的新闻舆论工作,有效应对舆论斗争,占领和巩固舆论主战场主阵地,维护好社会主义意识形态的主导地位,就要充分运用好新媒体的传播优势,创新传播理念、手段、方法,把握好新传播规律,做好对象化、精准化传播。我们

要理解并适应新媒体传播视野下的用户思维模式、行为方式和话语表达习惯，利用好多样化的新媒体平台，搭建全方位、立体化传播矩阵，注重线上线下舆论引导的同频共振，打造新时代舆论引导新格局，在舆论场中讲好中国故事、传播好主流价值，不断稳固和增强社会主义主流意识形态的主导地位。同时，主流媒体应注重引导用户积极参与到主流价值讨论与传播过程中，基于短视频、直播等内容平台支撑，强化同用户间的交互连接，使其参与到对不良社会思潮的辨析与批驳工作中，深刻体会并认识到不良社会思潮传播所带来的舆论安全风险、意识形态安全风险。围绕舆论引导，主流媒体应激发广泛的创新创造热情，从而有效应对时代变化，在新形势下的舆论斗争中赢得更大胜利。

(二) 做好意识形态领域讨论平衡点的把握

复杂多变的舆论场中充满新事物、新思想、新观点，网民思维更趋活跃和发散，主流媒体在开展舆论斗争和主流意识形态培育过程中，应在牢固坚守舆论安全和意识形态安全底线的基础上，给予社会舆论一定的讨论空间。在主流媒体"在场"的情形下，允许、引导和主导社会公众围绕不同社会思潮、意识形态进行讨论，从而使其在对比分析过程中更深刻理解、接受和主动传播主流价值。另外，主流媒体应进一步加大对舆论纷争的介入力度，围绕舆论纷争、意识形态斗争及时做好监测预判和应对预案，适时适度予以有效引导。针对过于激烈的舆论斗争要及时干预纠偏，做好主流意识形态安全风险防范，进一步壮大主流舆论。

(三) 注重主流意识形态培育的协同联动

主流意识形态培育和维护是一项系统工程。主流媒体作为重要参与方，应充分调动既有资源，发挥比较优势，协调多元主体参与其中。一方面，要做好主流舆论和主流意识形态内容板块建设，在内容传播方面守好底线，坚持社会效益优先，兼顾经济效益，为主流意识形态培育提供强有力的支撑。另一方面，要强化同监管部门等各类主体的协同联动，重视全域性、全局性主流意识形态传播体系建设，建立健全网络意识形态监管机制，鼓励正能量内容传播，调动多元主体共同做好网络空间内容监督管理，维护好网络意识形态环境，基于多主体协同联动，推动形成主流意识形态培育的"大合唱"。面对国际力量对比的深刻变化，以主流媒体为重要驱动的主流意识形态培育共同体将有效赋能新形势下网络舆论生态建设，为赢得舆论斗争、形成网上网下同心圆提供有力支撑。

（四）立足全球视野开展舆论引导和舆论斗争

新时期,主流媒体要做好舆论引导、赢得舆论斗争,应跳脱以往"小我"视野,坚持国际眼光,以世界整体发展形势为大背景,综合考量全媒体时代开展舆论斗争的机遇、挑战、趋势和目标,充分发挥主流媒体的资源优势,牢固树立和强化主流价值在舆论斗争中的主导和引领地位。主流媒体工作者应立足"两个大局",坚持与时俱进,进一步开阔眼界、增长见识、拓展思路,增强批判和斗争意识,勇于并善于对非主流意识形态展开批驳,强化维护主流意识形态的能动性。面对日趋严峻的国际舆论斗争态势,我们要加快建强用好主流媒体这支主力军,通过线上线下等多元渠道在国际舆论场赢得主动、抢占优势,为中国理念、中国方案积极发声,充分展现中国特色社会主义制度的优越性,进一步拓展主流舆论阵地,增强主流价值认同。

第六章
主流价值传播的历史方位与发展趋向

人工智能技术迭代发展驱动着新闻媒体变革创新。智媒时代,要实现新闻媒体对主流价值的高效传播与引领,必须对主流价值传播当前所处环境、面对的机遇挑战、未来发展趋向进行分析,从而找准主流价值传播的历史方位。本章将在上述研究的基础上,确立智媒时代主流价值传播的历史方位,进而对其引领未来的图景展开探索与想象,为决策者预知及预判形势、优化治理提供参考。其中,对于未来图景的理解主要包括两个部分。一是可以想象的、能够看到的未来,即将当下的前沿技术推广应用后的未来,例如5G、VR、AR、图像识别等技术的大规模运用。二是根据技术发展趋势预测可能存在的未来,即人工智能技术迎来"奇点",实现从弱人工智能向通用人工智能的转变后,主流价值传播与引领可能面临的风险与挑战,包括对传播主体的认定、培育向善的人工智能、丧失人的主体性风险等问题。[①] 通用智媒时代的到来看似遥远,但我们理应有所准备。

第一节 主流价值传播环境分析

在媒介环境学视野下,媒介即环境,媒介构筑形成了人们所感知到的外部环境,人们对客观世界的认识正是基于媒介构建出的拟态环境。智媒时代,新闻传播格局不断发生变革重塑,新闻传播业在主体、内容、渠道、形态、体验等方面都迎来颠覆性变化。以人工智能技术发展与应用为切入点,剖析当前我国主流价值传播所面临的整体环境,对于更好把握主流价值传播的时代背景、提升主流价值影响力具有重要意义。

---

① 薛宝琴. 人是媒介的尺度:智能时代的新闻伦理主体性研究[J]. 现代传播(中国传媒大学学报),2020(3):66-70.

一、技术应用延展多样化传播场景

在传统媒体环境下,新闻传播场景往往受到媒介属性的影响与限制。随着移动化传播时代的到来,手机、平板电脑等成为信息接收终端,有效拓展和丰富传播场景,人们能够在有网络信号的任意地点、任意时刻接收信息,信息传播边界得到拓展。在智媒时代,以人工智能为代表的前沿技术被广泛深入地应用到新闻传播领域,信息传播的场景边界得到进一步拓展,既实现了向更大范围、更远地理边界的外部拓展,又实现了基于虚拟新闻场景建构的内部拓展。在当前形势下,人工智能得到广泛应用,更加多样化的传播场景为主流价值传播提供了更大的创新空间与可能。[①]

一方面,人工智能等技术的应用推动新闻传播的全场景覆盖。智媒时代,新闻传播跳出了以往媒体环境下传播场景受限的困境,随着全媒体传播体系逐渐形成和完善,媒体能够突出时空限制,随时随地进行传播。当用户发生位移时,媒体能够借助人工智能,综合分析在特定时间用户的地理位置、信息接收场景,同时结合用户使用偏好等数据,实现对用户的精准化信息传播,并提供关联性的服务推荐。例如,在为用户推荐其可能感兴趣的新闻内容时,媒体会基于地理位置向其推送附近的各类服务,在此形势下,用户能够获取基于全场景传播的综合性信息服务系统,信息传播的贴近性更加突出。以此为依托,多样化的传播场景使得主流价值传播拥有更多选择。媒体结合用户偏好与所处场景,通过大数据分析向其推送符合场景特征的新闻内容,有助于提升传播效果。与此同时,借助技术应用,用户能够实现对新闻内容生产与传播流程的有效参与。在特定场景下,用户等各类主体也能成为主流价值传播的主导者和参与者,尤其在新闻媒体围绕特定议题发起用户可参与生产的活动时,将进一步激发用户参与主流价值传播的热情,丰富主流价值传播的视角维度,增进主流价值内容供给,切实提升主流价值传播成效。

另一方面,人工智能等技术应用推动媒体实现对新闻传播场景深度的拓展。结合虚拟现实、全息影像、3D等技术,新闻媒体能够基于硬件设备或软件实现对虚拟场景的构建,同时将各种新闻传播要素融入其中,使信息的呈现形式更加丰富多样,为用户的信息接收与体验提供多样化选择,使用户能够在视听等感官体验方面获得新的感受。智媒时代,新闻传播场景向更深层次的延展为主流价值传播的形式、内容、渠道等方面的创新提供了基础,跨时空、跨场景的传播成为可能。异地同屏、人工智能主播等

[①] 李金宝,顾理平. 技术赋能:5G时代媒介传播场景与应对方略[J]. 传媒观察,2020(9):5-14.

形式能够有效延展传播场景,为用户带来新鲜感、在场感,使其在对场景的沉浸中加强对主流价值的认可与认同。另外,在虚拟情境中,用户能够实现与周边环境的实时交互,获取更多维度的丰富信息,进一步增强参与感与互动感。由此,虚拟情境中的人机交互使得场景得到进一步的延展,主流价值的呈现与传播维度更加多元化。

随着人工智能、大数据、传感器等技术应用更加趋向成熟,物联网发展更加充分,新闻传播场景将更加丰富。万物皆媒体,通过智能互联,全场景、富媒体传播能够随时随地实现,每一个智能终端都可以成为多元场景的接收者和构建者,由此,全场景时代到来。[1] 基于此,新闻媒体的主流价值传播将被置于更加智能化的传播体系之中,主流价值传播的资源支撑更加有力、传播范围更加广泛、传播渠道更加多样、传播形态更加丰富。因此,在智媒时代,新闻媒体在开展主流价值传播时,应充分应用多样化的传播场景,结合用户内容消费场景,打造个性化的主流价值传播体验,让主流价值传播与用户需求痛点实现有效对接,在满足用户需求的同时,传播好主流价值。

二、交互连接凸显个性化传播需求

在智能媒体环境下,人们能够便捷使用各种媒体渠道或手段,从而实现交往互动。随着物联网的快速发展,万物互联的时代正在到来,每个人、每个智能终端都成为信息传播网络中的一个节点,并通过各种应用实现有机互联。在这个传播网络中,人与人、人与机器的交互变得更加简单便捷。基于广泛而多元的连接与交互,每个用户的行为偏好等都以大数据的形式被广泛地分布在传播网络中,用户通过人际、人机交互实现观点和意见的表达,用户对各种事物的看法与态度以数据的形式展现出来。基于对这些数据的深度挖掘分析,媒体能够对特定用户或群体实现有效区分,个性化需求在大数据环境下更加凸显,且越发受到重视,对用户个性化需求的挖掘与满足是智媒时代新闻媒体价值创造与实现的重要标准。

从人与人的交互连接来看,智媒时代,借助各种社交媒体应用,人与人之间的连接更加便捷,交互变得更加频繁和容易达成,联系也更加紧密。随着人际的交往互动更容易实现,不同用户的态度、观念与行为习惯从多个维度显露出来。这种交互使得人与人之间的区分"外显化",具有相同价值取向或行为习惯的人之间联系更加紧密。随着由人工智能主导的精准推荐的应用普及,圈层化程度不断提升,不同偏好的用户或用户群体之间的分野更加明显,人们对事物的认知或偏见在精准化推荐的影响下得

---

[1] 胡晓巧. 人工智能技术在新闻传播业中的场景应用:以百度大脑为例[J]. 新媒体研究,2020(11):23-24.

到进一步强化,用户的个性化需求更加凸显。不同社会观念或思潮之间的争锋更加激烈,甚至出现失控现象,观点极化也容易带来社会撕裂的风险。在此背景下,个性化需求的外显,对于新闻传播而言,机遇挑战并存。机遇在于,媒体满足用户的个性化需求就能够获得用户关注和认可,新闻传播的价值得以体现,同时获得社会效益和经济效益。挑战在于个性化需求的外显也意味着社会圈层化的出现和强化,而以人工智能为主导的信息传播则容易在一味迎合用户需求的情况下造成更大程度的社会观念分化甚至极化,同时可能引发数字鸿沟和新的社会不公。因此,随着人与人之间的交互连接更加便捷、更容易达成,个性化需求更加明显,主流价值传播既应在需求满足上下功夫,又应在风险防范上投入精力,最大限度放大正面效应和影响。

从人与机器的交互连接来看,智媒时代,人们通过各种移动化应用获取大部分信息,以手机等移动端为中介,通过各种媒体平台、内容平台等获取感兴趣的信息,其中涉及大量的人机交互行为。用户通过搜索、反馈等方式与各种应用程序实现交互,应用程序为用户提供需要的信息内容,人机交互由此达成。在此过程中,人机交互有两个层次。第一个层次是人机硬交互,即在收到用户的需求反馈后,应用程序向用户输出固定模式与组合的信息内容,此时,机器行使的是设定好的回应功能,不同用户在使用该功能时所获取的信息也基本一致。第二个层次是人机软交互,此时,人工智能占据主导,它通过对已有用户大数据的挖掘分析,同时对比其他存有用户行为轨迹的数据库,能够对用户进行精准画像,识别和预测用户的信息偏好,继而根据用户偏好向其推送相关内容与服务。无论是第一个层次,还是第二个层次,在人机交互过程中,用户数据都能够被人工智能获取并用于挖掘分析,从而更加精准地识别用户的个性化需求。在此形势下,人工智能对用户的个性化需求的感知更加精准和灵敏。个性化需求的凸显能为媒体所用,媒体瞄准用户需求,并结合其行为偏好制定个性化、定制化的主流价值传播方案,能够有效提升主流价值传播效果,提升传播力、影响力和引领力。

总体来看,智媒时代,交互连接的普遍性、便捷性、智能化等特征,为主流价值传播提供了良好的数据基础。基于日益凸显的个性化需求,如何平衡好主流价值引领与用户需求满足,是智媒时代新闻媒体开展主流价值引领需要思考的重要问题。

三、用户导向注重沉浸化传播体验

智媒时代,新闻媒体的发展逻辑正在发生深刻变化,从媒体本位逐渐转向用户本位,坚持用户导向成为新闻传播发展的重要趋势。在人工智能技术驱动下,用户的个性化需求得到凸显。为更好实现价值创造,新闻媒体的人性化趋势也越发显著,新闻媒体致力于更好满足用户的个性化需求,从而获得社会效益和经济效益。在此背景下,用户导向也越发成为新闻媒体开展主流价值引领的重要标准。媒体必须坚持以人为本,瞄准用户需求,无论是技术的升级应用,还是具体到新闻信息的采集、内容生产与传播等环节,最终都要服务用户,为用户提供更好的传播体验,从而更好实现主流价值引领。随着虚拟现实等技术逐渐成熟和广泛应用,沉浸化传播成为智媒时代新闻传播的重要特征。基于人工智能、虚拟现实、全息影像等技术,通过打造虚拟的传播情境,使用户在情境中能够体验到较强的沉浸感、在场感、参与感,进而优化用户体验,提升传播效果。① 这一发展趋势将为主流价值传播提供新的契机,通过构筑沉浸化的传播场景,让用户沉浸其中,在对用户个性化需求进行满足的同时,使用户浸润在主流价值的环境之中,让主流价值在潜移默化中被用户理解和吸收。在智媒时代,对于用户而言,这种沉浸化体验主要有两类。一是基于现实场景的沉浸化体验,二是基于虚拟情境的沉浸化体验。虽然两者都有大数据挖掘、分析等作为支撑,但是由于场景性质不同,在进行主流价值传播时媒体应基于具体场景制定可行性方案。

现实场景中的沉浸化体验主要是人工智能通过对用户行为、所处地理位置、周边各类服务等进行大数据挖掘和分析,从用户进行新闻消费的具体场景出发,进行新闻、政务、商务等服务推荐。因此,此类沉浸化体验建立在真实场景之中,技术支撑主要来自人工智能、大数据、云计算等,无论用户在任何时间任何地点,在进行信息消费时,都能够及时获取在该场景中所能享受到的所有服务选项。对于用户来说,不再有陌生场景,用户能够迅速对任意场景进行熟悉、产生亲近感。在此场景中,媒体应注重主流价值传播与具体场景的全面深度融合,将主流价值传播充分融入内容消费场景之中,在为用户提供综合服务时,应坚持主流价值导向,将主流价值内容蕴含其中,同时应注重主流价值传播的方式方法和手段创新,防止让用户感到突兀。基于现实场景进行主流价值传播,并不是单纯地将强烈体现主流价值导向的内容生硬地插入推荐清单,媒体应更多地探索将主流价值融入具体的新闻内容、政务服务、商务服务、生活服务等各类服务当中,或号召用户基于特定议题参与讨论,坚持新闻媒体主导,在用户的交互过程中引入主流价值,从而进一步提升主流价值传播的深度。

虚拟情境中的沉浸化体验主要是基于人工智能、大数据、虚拟现实、物联网等技术,建构出虚拟化的传播情境,使用户沉浸其中而获得的特殊体验。② 例如,2020年中国数字阅读云上大会将5G、虚拟现实、全息影像等技术应用于沉浸阅读体验的打造

---

① 华维慧. 边界突破与真实重构:论VR新闻的真实性逻辑[J]. 编辑之友,2021(2):71-75.
② 曹竞,刘俞希. 5G时代下的媒体融合发展 中国青年报沉浸式体验新闻的探索与思考[J]. 新闻与写作,2020(3):89-93.

中,通过构筑虚拟阅读情境并加入互动元素,使用户能够深层次融入其中,解锁新的内容消费体验。目前,各类媒体对于虚拟情境的构建并没有完全脱离现实场景,而是在现实场景的基础之上,通过新技术应用构建出虚拟场景,并与现实场景相叠加,融入多种现实场景中不具备或难以体现的信息元素,用户在其中能够获得多种形态的信息内容。富媒体、深交互是虚拟情境的重要特征。随着技术发展,虚拟情境传播将是未来传播的重要趋势。借助相关设备,它能够为用户打造超现实的信息消费与体验场景,进一步延伸和拓展人的感官系统,人体感官的丰富性得到更大程度的还原。因此,基于虚拟情境,主流价值传播的空间将得到进一步拓展,形式将更为多样。探索主流价值在虚拟情境中的有机嵌入,是今后开展主流价值传播需要思考的重要议题。

第二节 主流价值传播面临的机遇与挑战

伴随人工智能技术的快速发展,它在新闻传播业中的应用也越发广泛而深入,推动新闻传播格局、生态发生重要变革。在人工智能技术助力提升新闻生产与传播效率、优化用户体验的同时,围绕信息茧房、数字鸿沟等负面效应的讨论也不断增加。在利用人工智能技术时,如何做到趋利避害,推动智媒时代的主流价值传播向好向优,进一步扩大主流价值的影响力版图,提升主流价值的引领力,是智媒时代主流价值传播所面临的紧迫课题。

一、人工智能为主流价值传播提供重要机遇

人工智能通过提供强有力的技术支撑,推动实现了新闻生产与传播的流程、场景、平台、体验的革新与重构,促进新闻媒体的融合发展走向快车道,新闻传播实现了效率与效果的双提升。基于当前智能媒体建设所取得的重要进展与显著成效,新闻媒体构建了高效的信息传播网络,传播条件更为优越,这对于主流价值传播而言,无疑是重要机遇。与此同时,"对于人工智能在新闻媒体中应用的认同度"调查结果显示,有超过50%的受访者对"有效提升新闻生产效率""有效促进新闻传播的个性化、精准化""有效提升新闻内容的时效性""有效降低新闻传播成本""提供'新闻+'等各类关联服务"这几项作用表示认可,数据如图6-1所示。这一调查数据从侧面表明人们对人工智能的应用表示认同和期待。

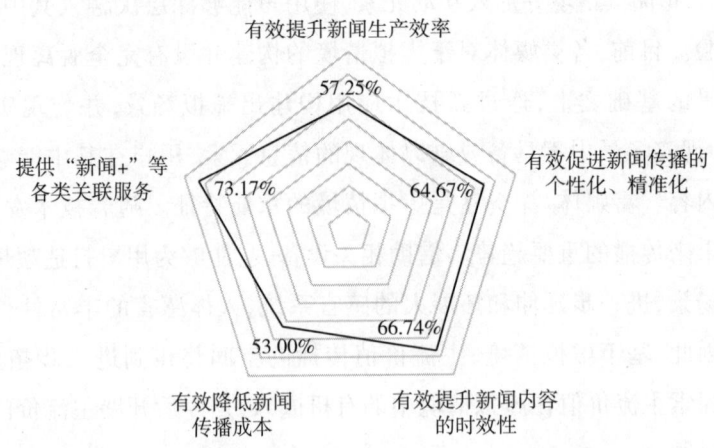

图6-1 对于人工智能在新闻媒体中应用的认同度调查

(数据来源:智媒时代新闻媒体主流价值传播调查问卷,N=1110)

人工智能拓展主流价值传播深度。人工智能应用于新闻媒体,推动新闻采集、生产、传播、反馈等环节实现智能化,能够帮助媒体实现对大数据的采集与挖掘分析,使新闻工作者从一些繁杂的事务中解脱出来,对新闻质量提升投入更多精力。以人工智能技术为支撑,新闻媒体通过有效的人机协同,能够围绕特定新闻选题进行更深层次的挖掘报道,使媒体人透过现象看到本质,对特定议题的解读与分析更加深刻。新闻的建设性特征越发凸显,即新闻不再局限于报道新闻事件、传递新闻信息,而是力图在对新闻事件的深度解析中,为问题的解决乃至经济社会的发展提供可供执行的方案。[①] 智媒时代,建设性新闻迎来更大的发展空间,这对于主流价值传播而言无疑是一大利好。基于对议题的深度分析和解读,媒体在新闻生产制作过程中将主流价值融入其中,这将使媒体对于主流价值的阐释更加深刻,既能够提升主流价值阐释的理论高度,又能拓展主流价值传播的理论深度。与此同时,媒体应着重在话语体系方面进行创新,以用户喜闻乐见的方式传播新闻内容,使用户在进行新闻内容消费的过程中,提升对主流价值认识的深刻性,有效拓展主流价值传播深度。随着人工智能技术不断发展升级,其学习、识别等能力将不断提升,今后在新闻传播应用过程中,人工智能将能够助力新闻工作者更加立体地解读和分析主流价值传播体系,兼顾主流价值的整体传播与局部传播,从而使得主流价值传播的深度得到进一步提升,主流价值的引领力得到进一步提升,更好地强化社会舆论中的主流价值导向,凝聚社会共识。

人工智能提升主流价值传播精度。智媒时代,用户的内容消费与使用偏好能够被

---

① 匡文波,韩廷宾. 消息写作有可能被人工智能取代[J]. 新闻论坛,2017(4):32-35.

精准识别,并用于新闻内容的精准分发。精准分发使得用户能够随时获得自己感兴趣或需要的信息内容,有效满足了用户个性化需求,在一定程度上提升了传播效果。[①] 对于主流价值传播而言,信息内容的精准分发使新闻媒体能够基于用户在特定场景的信息需求,为用户定向制作并推荐特定类型的新闻内容,在满足用户需求的同时,增进用户对新闻媒体及新闻内容的认可度。智媒时代,不同用户对内容形态、传播渠道与方式、接收方式等都体现出差异化的偏好特征,能否在最大限度上满足用户的个性化需求决定着新闻内容的传播效果。以人工智能技术为驱动,新闻媒体能够基于特定偏好进行新闻内容的定制化生产与传播,新闻内容对主流价值的体现与诠释更能契合用户需求,用户对特定新闻内容的接受度提升。随着技术支撑更加有力,新闻媒体对主流价值的分析将继续向更多维度、更多层次延伸拓展,数据导向将更加凸显,新闻内容生产与传播对数据的依赖性更加突出,媒体对主流价值的分析与传播将更加精准,主流价值传播精度得到进一步增进。媒体需要抓住这一机遇,在向舆论主战场进军的同时,注重穿透圈层和茧房,进而推动实现主流价值对更广阔舆论阵地的占领,扩大主流价值影响力版图。

人工智能增加主流价值传播厚度。智媒时代,基于各种新媒体应用、内容平台,新闻媒体依托自身优势逐渐构建形成完善的信息传播矩阵,能够实现全方位、立体化传播。面对泛在化的传播网络、个性化的消费需求,新闻媒体纷纷在传播网络打造上发力,基于同一新闻选题,推出图文、视频、直播等多种形式,并不断创新内容呈现与交互方式,使用户无论在何种信息平台上都能获取相关信息,信息内容无处不在、无时不在,信息传播在广度上显著延伸。在人工智能助力下,主流价值传播能够覆盖各种内容平台,传播形态丰富多样,使不同用户主体都能够基于使用偏好有效接收相关内容,主流价值传播厚度在传播网络的交织与叠加中不断增加。在未来媒体环境下,随着人工智能在新闻传播领域的深入应用,加上虚拟现实、全息影像等技术应用的成熟度和普及度逐渐提升,新闻传播网络将得到更加立体性的丰富与拓展。虚拟情境与现实场景交织,传播场景更加多元,主流价值越发渗透到各种传播场景中,并贯穿新闻传播全链条、全网络,实现全覆盖。面对这一机遇,新闻媒体应坚持与技术应用升级保持同步,在传播形态、渠道、用户体验等方面的创新上加快实践探索步伐,避免在技术应用发展成熟后应对不及,落后于其他技术平台、内容聚合平台,导致传播力、影响力下降。

人工智能提升主流价值传播温度。智媒时代,新闻媒体在渠道、手段、形态等方面不断实现创新发展,推出各种形态的新闻内容,为用户的新闻内容消费提供了多样化

---

① 吴诗晨. 智媒时代深度报道的问题与出路[J]. 新闻前哨,2020(12):72-73.

的选择,新闻媒体的人性化发展趋势越发显著。最大限度上识别并满足用户需求是当前新闻媒体的重要特征。一方面,借助算法,新闻媒体能够做到更懂用户,对于用户的内容消费偏好、行为习惯等有更精准的认知。在此基础上,媒体能够从满足用户需求的角度出发,进行新闻采集、生产与传播,实现新闻内容的供需有效对接。另一方面,基于对用户大数据的采集与挖掘分析,人工智能能够在一定程度上感知和预测用户可能需要的各类服务,继而通过"新闻+"模式,向用户关联推荐其他类型的服务,包括政务、商务、生活、健康等服务,为用户量身打造综合性的信息服务生态。基于此,在进行主流价值传播过程中,新闻媒体能够将用户的某些特征属性融入新闻内容的采集、生产与传播过程中,同时借助关联分析,辅以综合性的信息服务推荐,为用户带来人性化的信息接收体验,提升主流价值的传播温度。在今后发展过程中,媒体要用好人工智能,在主流价值传播与引领过程中更多融入人文性,突出主流价值传播的人性化特征,探索新的解决方案。

二、正视人工智能给主流价值传播带来的挑战

人工智能技术具有两面性,在推动新闻传播格局重塑、新闻传播流程变革的同时,也给主流价值传播带来挑战。例如,算法黑箱现象容易对主流价值形成冲击和消解,精准推荐可能因形成信息茧房,给主流价值传播带来阻碍,数据导向可能造成隐私泄露等风险。正视人工智能给主流价值传播带来的挑战,对于有针对性地寻找解决方案,从而更好掌握主流价值传播的主动权和主导权具有重要意义。[1]

人工智能应用容易造成优质内容被稀释。智媒时代,新闻内容的采集、生产与传播等在一定程度上都交由人工智能执行。基于固定算法设计,人工智能能够实现对热点信息的有效抓取并制作新闻,同时将各类新闻内容精准分发给特定用户,新闻生产与传播的效率显著提升,传播效果得到优化。但与此同时,基于固定的算法模型,人工智能生产的新闻在一定程度上表现出一定的同质性,内容的创新性不强,优质内容相对较少。随着人工智能新闻数量的增加,由人或人机协同生产的有深度的高品质新闻数量相对较少,导致优质新闻内容被稀释,用户接收到优质新闻内容的概率下降。另外,随着人工智能在新闻分发中的应用程度加深,精准推荐机制往往更多被数据主导,以用户偏好为基准,以满足用户的个性化需求为目标。人工智能推荐的新闻内容逐渐表现出对用户需求的过度迎合趋势,从而导致一些低质劣质信息、虚假信息以及体现

---

[1] 郑珊珊. 人工智能给主流媒体带来全方位变革[J]. 人民论坛,2020(35):87-89.

错误价值导向的内容流向用户。另外,受到流量追逐等影响,一些品质不高但能够吸引用户注意力的内容进入推荐清单,由此导致在新闻传播生态中优质内容匮乏。智媒时代,要实现主流价值的传播与引领,媒体亟须探索优化内容生态的可行性方案,为优质内容生产与传播提供更多空间,防范优质内容被稀释而导致内容生态走向低质化、无序化。

人工智能应用导致新闻媒体主导权弱化。随着人工智能在新闻媒体中的应用走向深入,新闻媒体在信息采集、内容生产与传播、用户反馈等环节的主导权逐渐被削弱,人工智能开始获得更大主动权和主导权。从信息采集来看,人工智能主导的新闻媒体通过大数据挖掘分析,能够及时提取舆论场中的热点议题,但它更多以话题热度为主要参考,而非将社会效益置于首位。在人工智能对新闻传播业主导性增强的同时,一些热度较低但具有较高社会价值的新闻议题很容易被淹没和忽视,导致新闻媒体对社会的服务性和建设性功能减弱,各种娱乐新闻泛滥。从内容生产来看,基于算法和数据支撑,人工智能新闻往往更聚焦社会热点议题,加上可视化呈现,更容易获得用户关注,人工智能在新闻生产中的主导性逐渐增强,新闻工作者的主导性有所减弱。从内容分发来看,人工智能新闻以满足用户需求为目标,以流量高低为评价标准,进行差异化、个性化推送,这导致媒体对用户需求的过度迎合,人工智能逐渐开始主导新闻议程设置,一些迎合用户猎奇、低俗等偏好的内容大行其道。从用户体验来看,以往新闻媒体限于单一形式,更多在内容上下功夫,着力为用户输送高品质的新闻内容,以赢得用户认可与认同。而智媒时代,传播形式与形态等更加丰富,人工智能主导的新闻传播更注重在表现形式上进行创新,从而给用户带来新鲜感,吸引用户关注,导致以优质内容生产力为优势的新闻工作者逐渐受到冷落。在此形势下,人工智能对新闻传播的主导性增强,新闻媒体的主导权被弱化,由此主流价值传播更多受到技术理性驱使和影响,主流价值传播的可控性受到削弱。

人工智能应用给凝聚社会共识带来阻碍。借助各种移动应用,人们能够在现实和网络空间中实现自由交互,发表自己的观点,参与社会讨论,互联网作为"观点的自由市场"的属性进一步增强。随着人工智能在新闻传播业中的广泛深入应用,尤其是人工智能主导的定制化内容生产与个性化精准传播,为各种思想观念提供了生长空间,社会中的思想观念更加多元。与此同时,各种不良社会思潮夹杂其中,并不时呈泛起之势,主流意识形态面临的安全风险不断加大,不同社会思潮的交织交锋态势愈演愈烈,对舆论安全、社会稳定等造成威胁。受到圈层化传播影响,信息茧房效应越发突出,主流价值传播难以进入圈层内部,用户对特定观念的认同度不断被自我强化,观念极化、分化现象突出,极易造成社会思想领域的斗争冲突,严重时甚至会造成社会撕裂。面对这种形势,新闻媒体的主流舆论引导、主流价值传播工作收效可能不大,难以有效凝聚社会共识。

第三节 我国网络空间治理整体态势

在世界发展进程中,以互联网为代表的信息技术日新月异,越发深刻地嵌入和渗透至社会生产生活中,不断创造人类活动新场景、推动社会发展新变革、开拓国家治理新疆域。依托人工智能、大数据等技术,网络空间日益成为与现实空间相互映射、协同共进的超真实空间系统。当前,网络空间活动趋向多样化和复杂化,一些新的治理难题与挑战随之出现,网络空间治理的必要性与紧迫性更加凸显,治理难度不断增加。客观理性地认识我国网络空间治理的整体状况,把握网络空间治理所面临的新机遇,助力网络空间治理的思路创新与成效提升,对于推进国家治理体系与治理能力现代化、实现国家长治久安和促进社会和谐稳定发展具有重要意义。

一、我国网络空间治理的新特点

在技术、政策等因素驱动下,互联网对人类生产生活的介入程度逐渐加深,网络空间治理作为国家和社会治理的重要组成部分,重要性也持续提升。以党的创新理论成果为指导,以营造清朗的网络空间为目标,我国网络空间治理在方法手段及机制模式等方面不断拓展,形成具有鲜明时代特征和中国特色的网络空间治理格局。

(一)坚持协同视野,网络空间治理主体趋向多元化

技术的迭代升级与创新应用在变革传播格局与生态的同时,赋能各类主体,用户拥有更多主动权和主导权,多方共同参与成为网络空间发展新常态,价值创造模式逐渐从传统媒体环境下的一元主导转向价值共创。[①] 在新传播格局下,我国网络空间治理日渐趋向多方协同联动。在政府引导下,监管部门、技术平台、媒体、行业协会、用户等都成为网络空间治理的重要参与者。从内部协同来看,各主体内部要素加快统筹协调、配置优化,有力推动了主体参与网络空间治理的最优动力输出。从外部协同来看,各参与主体通过有机交互实现资源共享和优势互补,在充分发挥主观能动性的基础上

---

① 黄楚新,郭海威. 我国网络空间治理现状及发展趋势[J]. 前线,2022(4):46-49.

形成共建、共治合力,比较优势得以有效凸显,网络空间治理的新模式、新方案不断涌现。在多主体协同视野下,我国网络空间治理的系统性、全面性持续凸显,治理能力与水平显著提升,监管、履责、监督、自律的网络空间治理格局逐渐形成,网络生态不断向上向好发展。

(二)坚持人本视野,网络空间治理方式趋向科学化

习近平总书记强调:"我们要本着对社会负责、对人民负责的态度,依法加强网络空间治理。"[①]这一重要论述为我国网络空间治理指明了方向、提供了遵循,以人为本、服务于人始终是网络空间治理的核心目标。在人本视野下,我国网络空间治理的战略优势不断凸显,以政策法规、新兴技术等为支撑,网络空间的治理方式越发向智能化、人性化、精细化趋势迈进。一方面,网络空间治理旨在维护网络空间的良好生态,通过调动和引导多主体共同参与,实现要素集聚,积极化解、消除网络空间中的各类安全风险,推动营造清朗的网络空间。另一方面,网络空间治理致力于释放网络空间更大发展活力,让网络能够更好地服务和满足人民对美好生活的需求。基于此,网络空间治理不只局限于对阵地的拓展与巩固,更聚焦于对人的需求的满足,从而更好地争取人心、凝聚共识。

(三)坚持全局视野,网络空间治理维度趋向立体化

互联网打破时空限制,消除人与人、国与国之间的隔阂。作为各种思想观念、行为偏好及社会舆论的集聚地和放大器,互联网已经超出了单纯信息技术的范畴,涵盖更多社会意义。我国网络空间治理正逐渐走向全面治理、系统治理和日常治理。从治理范围来看,当下网络空间治理的主题从以往的内容治理拓展至网络内容、技术、行为等方面的综合治理。我国围绕网络内容生态建设、防范技术滥用与技术欺凌、规范网络空间行为等出台系列措施,采取多种行动,网络空间治理层次不断实现深化。从治理模式来看,我国通过网上网下相结合的治理模式进一步拓展了治理维度,畅通网上网下双向沟通渠道,有助于我们及时精准感知社会态势,使网络空间治理更具全局性。

(四)坚持世界视野,网络空间治理理念趋向国际化

随着全球化进程不断提速,网络空间的互联互通程度进一步加深,网络空间日益成为国际竞争新领域。在此背景下,我国的网络空间治理坚持世界格局、全球视野,创

[①] 习近平. 在网络安全和信息化工作座谈会上的讲话[N]. 人民日报,2016-4-26(2).

新治理理念,将国际化与本土化相结合,从而实现网络空间治理提质增效。一方面,以世界的眼光洞察网络空间发展态势,积极借鉴其他国家及地区网络治理的先进经验,在与本土实际相结合的基础上,制定和实施符合中国国情、体现中国特色的网络空间治理解决方案。另一方面,积极推进全球网络空间治理,同国际社会开展交流合作,以构建全球网络空间命运共同体为目标,主导并参与国际网络空间规则制定,以开放、共赢的姿态推动达成国际共识,建立健全全球网络空间治理体系。治理理念的国际化在一定程度上保障了我国网络空间治理的前瞻性,进而为网络空间的健康稳定发展提供坚实支撑。

二、网络空间治理凸显的新问题

以技术升级、消费升级、营销升级等为驱动,网络空间持续向纵深发展,移动化、智能化、人性化特征越发凸显,网络生态向好向优。然而,技术的爆发式发展所带来的问题随之凸显,尤其是受到全球新冠疫情影响,技术滥用、网络攻击、隐私泄露等问题受到广泛关注,网络空间治理在前瞻性、全面性、规范性等方面短板突出,亟须我们补齐短板。

(一)网络空间动态发展与静态治理不平衡

作为一个开放性的活动场域,网络空间始终处于动态发展过程中。人工智能、大数据等技术的深度嵌入与应用为网络空间发展升级提供了重要驱动力,一些新场景、新业态、新模式应运而生。技术的便捷化、智能化升级使得网络接入门槛不断降低,随着网民规模持续增长,网络空间主体身份更加多元,网络生态也趋于复杂化。与网络空间的快速发展相比,网络空间治理体系表现出较为显著的滞后性,传统的治理方法与手段已经难以应对不断变化的现实局面。媒体亟须加快构建能够适应新格局、新形势的新型治理机制,从而为动态性的治理议题匹配具有前瞻性、及时性的解决方案,优化网络空间治理格局,提升治理成效。

(二)治理规则广度与治理需求精度不对称

党的十八大以来,作为国家治理体系和治理能力的重要组成部分,网络空间治理受到党和政府高度重视,以习近平总书记关于网络强国的重要思想为指导,网络空间治理在建章立制方面取得重要成效。《中华人民共和国网络安全法》《国家网络空间安全战略》《App违法违规收集使用个人信息行为认定方法》《信息安全技术 个人信息安全规范》等法规相继发布,"净网""剑网""清源""护苗"等系列治理行动持续开展,推动网络空间治理规则在广度上不断拓展。随着人工智能、大数据等技术在网络空间中的嵌入与应用程度逐渐加深,算法黑箱、唯数据导向等问题凸显,而现有治理规则在专业化和细分化方面表现出明显不足,导致网络空间治理的执行力、处置力受到限制,增进网络空间治理的精准性、垂直性显得更为迫切。

(三)应用场景拓展与技术善用边界不清晰

当前,以5G、人工智能、大数据、云计算等为代表的新兴技术不断开拓新的应用场景,并以各种方式渗透至社会生产生活的各个环节,应用方式日新月异,在一定程度上解决了媒体行业痛点,并有效满足了多样化的用户需求,为经济社会发展提供了更多可能。然而,在具体应用过程中,技术善用与滥用的边界模糊,导致网络安全风险增加,违法违规采集和保存用户信息、利用大数据杀熟等技术欺凌现象时有出现,这些都为网络空间治理提出了新的挑战。解决此类问题的关键在于摸清技术成因并提升技术应用的透明度,我们需要厘清技术应用背后的逻辑,涉及技术应用方式、程度、效果等,由此对技术应用形成客观判断和理性反思,继而为网络空间治理找到着力点,确保网络空间中的技术应用可管可控。一些前沿技术的滥用往往具有一定的隐蔽性和复杂性,这就导致技术治理需要较强的专业性。目前我国在此方面的治理机制尚不健全,划清技术应用边界、促进技术善用依然任重道远。

(四)网络霸权主义与谋求多边协作不协调

网络空间是全人类共同的活动空间,这决定了网络空间治理是一项全球性议题,需要多边共同参与,我们应以构建网络空间命运共同体为目标,增进国际和区域间合作,谋求对网络空间的共建共治共享。面对世界百年未有之大变局,各国坚持协商、强化合作、实现共赢是全球网络空间治理的必然路径。然而,现实图景却不容乐观,一些国家鼓动推进网络空间政治化、军事化进程,打着"清洁网络"等旗号,实施技术封锁、舆论操纵,逆全球化趋势而为之,霸权主义、单边主义依然存在,对全球网络空间的和平稳定发展构成巨大威胁。把握新发展阶段,立足新历史起点,瞄准新发展目标,掌握全球网络空间治理主动权、主导权,化对抗为对话,建立良性竞合关系,推动形成多边共同参与的网络空间治理新机制,构建网络空间新秩序,是我国在当前和今后一段时期面临的一项重要任务。

三、网络空间治理面临的新机遇

在新一轮科技革命和产业变革驱动下,国内国际发展格局不断实现创新变革,一系列新模式、新业态、新理念的出现,为我国网络空间治理提供了有力抓手,网络空间治理迎来前所未有的历史机遇、时代机遇和现实机遇。能否把握和抓住这些机遇,不仅关乎网络空间治理格局,更关乎国家治理体系和治理能力现代化进程。

(一)推进跨界协同合作,创新网络治理机制

围绕互联网在国家管理和社会治理中的作用,习近平总书记指出,要推进技术融合、业务融合、数据融合,实现跨层级、跨系统、跨部门、跨业务的协同管理和服务。[①]这一重要论述为数字化、智能化背景下的网络空间治理提供了新思路。依托跨界协同,各媒体能够有效集聚不同领域的资源要素,实现知识、认知、思维等的跨界交织与碰撞,为网络空间治理的机制创新提供关键驱动力。面对经济社会发展的新变化、新需求,跨界协同创新越发成为实现网络空间治理水平提升的新路径。在开展网络空间治理过程中,应牢牢抓住并用好跨界融合的重要机遇,推动治理模式变革升级。在新传播格局下,以政府为主导,企业、技术平台、媒体、用户、行业组织等均成为网络空间治理的重要主体。借助开放、平等、交互等互联网特性,各主体之间的边界趋于模糊、重合甚至消失。各主体固有的认知方式、思维模式、创新体系等在一定程度上能够实现跨界融合,从而迸发出强劲的创新动力与活力。以此为支撑,网络空间治理将在跨界协同与合作中实现观念、方法等方面的突破性、前瞻性创新,治理机制也更能适应新的发展局势,有效提升网络空间治理在具体操作过程中的判断力、执行力。

(二)加强新兴技术应用,丰富网络治理手段

近年来,以人工智能、大数据等为代表的新兴技术在社会治理过程中表现出显著优势,各类新兴技术被广泛应用,有效赋能经济复苏、社会发展,成为国家治理体系和治理能力现代化的重要驱动力,助力治理效能显著提升。以新兴技术应用为支撑与驱动,社会治理的数字化、智能化转型提速,社会治理格局实现变革、重塑,我国制度优势进一步凸显。基于此,结合我国在新兴技术研发应用方面的突出优势,将新兴技术有机嵌入和应用于网络空间治理,无疑对治理手段创新、治理效能优化起到重要促进作用。在此过程中,不能仅仅将技术视为治理工具,而应注重"以用促治",将治理理念与行为融入为用户等主体提供服务的过程中,强化对技术的源头管控与治理,注重前瞻性治理,提升对技术应用过程中的风险预警能力,营造良好的网络空间秩序。我们要对技术本身可能潜在的风险保持关注,提升技术应用的透明度,针对可能出现的信

---

① 习近平主持中共中央政治局第三十六次集体学习[N].人民日报,2022-1-25(1).

息茧房、数字鸿沟、技术欺凌等问题,我们要及时对技术进行优化升级,最大限度减少技术应用可能带来的负面影响。此外,突出技术导向并不意味着唯技术论,我们要坚持网络空间治理的人文性与技术性并重,走好群众路线,以人性化治理激发广泛的社会参与,进而形成网络空间治理的良性循环。

(三)提升数字素养,夯实网络治理基础

数字素养主要是指对数字资源的理解、获取、使用等能力。作为数字化社会的重要素养之一,数字素养是数字化生存的基础,也是经济发展和社会进步的重要支撑。因此,全球各国共同关注数字素养这一重要议题,并以各种形式制定和实施提升数字素养的相关规划,如欧盟的《数字素养框架》、美国的《21世纪技能框架》、新加坡的《数字化就绪蓝图》等。随着我国网信事业的快速发展,经济社会各领域数字化水平不断提高,我国民众数字素养提升也进入快车道,有效推进了数字化转型进程。数字化时代的网络空间治理主张多主体共同参与,全民数字素养的提升为网络空间治理提供了基础能力支撑与保障。数字素养提升作为驱动力,将有效激活全民参与网络空间治理的主动性、创造性,从而助力探索更为高效的网络空间治理模式。数字素养提升意味着多元参与主体的问题预警能力、发现能力、解决能力、执行能力的提高,这将不断推动网络空间治理工作再上新台阶、取得新进展,提升网络空间治理的综合效能。

四、推进网络空间治理的新思路

我国以技术创新、政策创新、模式创新等为驱动,推动网络空间发展持续向好向优,网络空间治理成效显著。随着我国现代化建设步伐加快,网络空间治理所面临的时代环境、技术环境、社会环境等不断发生深刻变化,机遇与挑战并存。面对新任务、新需求,要进一步推动构建网络空间综合治理体系,提升网络空间治理效能,亟须变革治理的方式方法,创新治理理念,形成网络空间健康良性的可持续发展格局。

(一)构建网络空间综合性评估体系

网络空间治理的实施前提是对网络空间发展情况进行系统性评估。针对当前网络空间治理的迫切性与复杂性,我们有必要构建网络空间综合性评估体系,为网络空间发展现状、趋势等提供系统性、多层次的分析框架,进而为解决方案的设计与实施提供参考。网络空间作为一个完整的社会子系统,与现实空间既有联系,又有本质区别,因此,在网络空间综合性评估体系构建过程中,既要注重网络空间的社会性、动态性、又要兼顾多样性与统一性,重视网络生态的自我修复与积极干预的影响,坚持活跃度与有序度的统一。确定网络空间发展态势的评价指标,构建网络空间综合性评估体系,能够以科学、客观的方式分析和评估网络空间概况,对政、产、学、研等各界了解网络生态,更好地推进网络空间治理、构筑良好网络生态具有重要促进作用。

(二)提升网络空间治理法治化水平

为维护网络空间秩序,打造良好网络生态,我国在网络空间治理体系建设方面不断花大力气、投入巨大精力,相继发布并实施一系列规章制度,为网络空间治理的高效开展提供了法治保障。但从具体治理实践来看,目前关于网络空间治理的法制建设仍存在多头治理、深度不足、渠道不畅等问题,难以满足当下精细化、垂直化的治理需求,给监管带来一定阻碍。对此,各责任主体应加快厘清、调整有关网络空间治理的各项法律法规关系,完善相关衔接配套,以建立健全网络空间综合治理体系为目标,积极完善网络空间的立法机制和法规体系,注重治理的基础性、操作性、前瞻性与交叉性,强化网络空间治理的制度支撑,有步骤地研究制定网络空间底线标准框架,不断总结论证、细化条款、完善细则,并加快建立长效治理工作机制,加强网络空间建设与管理。

(三)打造高水平网络空间治理人才队伍

人才队伍建设作为网络空间治理的关键要素,直接影响着治理进程与实效。随着人工智能、大数据等技术在网络空间的嵌入和渗透程度加深,智媒时代的网络空间治理对人才提出了新的要求。复合型、全能型人才的稀缺制约着网络空间治理的现代化进程,打造一支知识结构丰富、具备强大实战能力的网络治理人才队伍显得极为迫切。结合网络空间发展态势与治理需求,网络空间治理人才队伍建设应从两方面切入。一方面,网络空间治理涉及对网络空间发展态势的发现力、研判力、执行力、处置力、引导力,要建设全面覆盖的人才梯队。另一方面,网络空间新发展格局为人才提出了更高、更新的要求:能准确把握网络发展规律,对大数据、传感器、物联网等技术有较高的认知和掌握水平,能在治理思路与理念方面做到与时俱进、守正创新。

(四)提高网络空间发展性共识的输出能力

加快网络空间治理能力建设,我们在注重提高态势感知能力、风险防御能力、参与斗争能力及协同合作能力的同时,亦应提高发展性共识的输出能力。媒体要持续加强网络空间中的主流价值内容供给,不断提升主流价值在网络空间中的传播力、感染力、号召力和影响力,这是防止网络意识形态极化、网络环境恶化及社会治理成本增加的重要治理举措。对于国际网络空间治理而言,我们要主动融入全球性网络空间治理新格局中,积极参与制定国际网络空间治理的规则标准,同时结合不同国家和地区实际,创新性地将我国主流价值传播触角向海外延伸,提升我国在国际网络空间治理领域中的影响力。加强发展性共识输出能力建设,形成有利于网络空间健康可持续发展的社会共识、国际共识,使治理与建设并重,将有效助力构筑良好网络生态。

第四节 主流价值传播的未来发展趋向

未来,伴随技术迭代升级,新闻媒体将迎来更多发展空间,为主流价值传播与引领提供更多可能。未来主流价值传播的发展趋向主要体现在以下几个方面。

一、强化技术驱动:赋能主流价值传播

从人工智能技术的发展与应用趋势来看,在未来发展过程中,人工智能仍将是新闻媒体实现跨越式创新发展的重要驱动力,人工智能对新闻传播领域的支撑将更为有力。以人工智能技术为代表的新技术将对新闻媒体产生驱动作用,将在未来有力赋能主流价值传播,推动主流价值传播实现模式创新、效能提升,有效提升主流价值的引领力。随着人工智能、大数据、云计算、虚拟现实等技术进入新的发展阶段,智能媒体的建设动力将更加充沛,为主流价值传播与引领提供更为坚实的基础保障。

受访者胡先生认为:"从技术研发视角来说,除了机制建设、内容建设等方面,对于新闻媒体而言,技术建设或技术平台建设同样至关重要。从对用户的服务来看,技术能力的强弱决定着服务质量的高低。对新闻内容来说,技术能力的强弱不仅关系到人们看到的新闻内容的优劣,还关系到人们是不是愿意接受媒体的观点,再扩大而言,就关系到整个互联网的内容生态。其中也隐含着一点潜在要求,在媒体开展新闻舆论工作、主流价值传播工作时,媒体不仅要具备技术能力,还要有人才队伍来支撑技术改进工作,这样才能事半功倍。"

在信息采集方面,随着物联网快速发展,各类数据库将有效实现互联互通,数据更加透明,新闻媒体能够依托人工智能技术实现对特定类型新闻议题的有效筛选与析出。通过优化算法和强化主流价值导向,人工智能在选择新闻议题和协助进行议程设置时,主流价值导向更加明确,从而确保所选议题符合主流价值观,能够体现新闻媒体服务社会的建设性功能。在当前环境下,由于发展水平有限,人工智能对于事件发

展始末以及信息真实性的核验能力仍显不足,导致不时出现基于虚假信息、谣言信息而生成的新闻内容出现。对于同类型或相似度较高的新闻事件,目前人工智能在识别能力上仍有待提升。未来,随着计算能力、学习能力等的提升,人工智能将体现出更加强劲和精准的信息识别、采集、挖掘、分析能力,信息的准确性、有效性将得到显著提升。

在内容生产与分发方面,目前,人工智能在新闻传播业中的应用有效提升了新闻内容生产与分发效率。通过算法模型和大数据分析比对,人工智能能够基于丰富的新闻资源进行自动化生产创作,同时能够基于不同用户的个性化需求进行精准分发与推荐,使得内容能够精准找到用户,定制化、差异化传播逐渐成为现实。① 然而,由于当前人工智能应用仍处于弱人工智能阶段,其中难免出现一些因技术应用不成熟而导致的不良效应。首先,在内容生产方面,由于算法模型较为固定,机器生产新闻往往体现出一定的同质化倾向,优质内容相对较少。由于存在信息识别方面的短板,人工智能产品在进行内容生产时可能会将错误信息、虚假信息等作为素材融入内容生产中,进而导致不良信息的传播。目前根据用户偏好生产的内容也通常基于较为普遍的用户标签展开,定制化生产程度仍然较低。其次,在内容分发方面,人工智能能够基于用户数据识别和预测用户行为偏好,进而将与用户身份标签相对应的新闻内容推送给用户。然而,当前的个性化推荐、精准传播仍有较大局限性,对用户需求的过度迎合易产生信息茧房、圈层化、数字鸿沟等问题。未来,随着技术升级发展,当人工智能从弱人工智能走向通用人工智能,前述的内容同质化、信息茧房、数字鸿沟等问题将得到有效解决,助力主流价值实现高效传播。

在用户体验方面,当前,人工智能、虚拟现实等技术已经被有效运用到提升和优化用户体验的探索实践中。人工智能等技术通过打造虚拟情境、融入交互元素,在为用户带来新鲜感的同时,增强用户在进行新闻内容消费时的沉浸感、在场感、参与感,对于提升新闻媒体的传播力、影响力、引导力具有重要促进作用。然而,当前虚拟现实等技术的成熟度仍然较低,虚拟情境的质感不佳,且用户有时还须借助特定设备完成信息接收和体验,加上设备的技术支撑不够,用户体验感仍有较大提升空间。未来,随着各种技术应用的发展成熟,人们的信息接收过程将更加便捷,无须通过其他设备,仅通过手机、智能眼镜等便携式移动设备即可实现对虚拟情境类新闻内容的接收与使用,且体验感将得到显著优化。因此,在未来传播情境中,随着技术发展更加充分,支撑更加有力,主流价值将潜移默化渗透在各种新闻内容消费场景中,为用户所吸收,从而在

---

① 黄国春. 人工智能新闻写作的路径探析[J]. 出版广角,2019(15):65-67.

更深层次上实现主流价值引领。

二、主张多方联动：推动实现价值共创

在当前传播格局下，新闻媒体的价值创造模式正在从一元主导、二元主导转向多元主导，多方力量共同参与价值创造。从价值共创的模式来看，通过协同参与、整合交互、价值优化、融合共生等方式，价值创造与增值有效实现。未来，随着人工智能等技术对新闻传播领域的驱动更加强劲，新闻传播将迎来更大变革，价值创造的环境、条件等都将发生深刻变化，多方联动、实现价值共创，是未来主流价值传播的重要发展趋势。

一是媒体内部及媒体间的协调联动。随着媒体融合逐渐向纵深发展，媒体机构内部进行部门整合，媒体内容生产传播流程重塑。与此同时，媒体之间的融合进程不断加速，如各地探索成立传媒集团，形成由多个媒体单元组成的综合性媒体组织。媒体融合发展使得在媒体内部及媒体之间能够实现对相关资源的有效交互，通过资源整合与重组提升新闻生产与传播效率，避免资源浪费。未来，伴随技术创新、政策创新、体制机制创新，媒体融合将进一步走向深度融合、全面融合，融合媒体中的各子系统、各部门、各成员的关系将更加紧密，媒体资源的整合与重组也将更加便捷和更易实现。围绕特定议题，融合媒体内部各主体之间能够高效协同，借助各种新技术、新应用开展新闻内容生产与传播，缩短价值创造流程，提升价值创造实效。在未来传播环境下，在媒体内部，人与人、人与机器的协同联动将更加频繁高效，人际协同、人机协同推动实现资源整合与配置的最优化。在坚持主流价值引领的导向下，人机等各方力量参与到新闻传播过程中，致力于在优势互补中实现价值共创，强化媒体对主流价值传播的支撑能力。

二是媒体与其他主体的协调联动。智媒时代，新闻传播流程所涉及的主体更加多元，除了新闻媒体之外，政府监管部门、技术平台、用户、行业协会等其他社会主体也越发深刻地参与和介入新闻传播流程。未来，随着技术环境、传播格局等继续发展，尤其是技术应用不断趋向成熟，新技术不断涌现，新闻传播所涉主体将更加多元，各种智能设备厂商、软件提供方等都将介入新闻传播链条，且各主体的介入程度将不断加深，每个主体都成为新闻传播链条中不可或缺的一部分。主流价值传播关系到国家发展和社会进步，它不是由社会中的某一方可以单独完成的，需要各种社会力量的共同参与。在未来传播环境下，以媒体为中介或协调方，将新闻传播链条中所涉及的各类主体在不同环节集聚在一起，以技术为支撑进行资源整合与优化配置，从而共同致力于主流

价值的传播,推动价值共创,将有效推动实现主流价值的智能高效传播。与此同时,随着其他主体在主流价值传播过程中的卷入程度加深,其他主体对主流价值的感悟将更加深刻,这一点也将通过其他传播实践得以体现和强化,这无疑将从另一维度上提升主流价值的传播力与引领力。

三是国内国际的协调联动。智媒时代,新闻传播的边界和疆域得到进一步拓展与延伸,尤其面对当前复杂的国际形势,对外传播的重要性越发凸显。随着我国综合实力和影响力的不断提升,在对外传播中讲好中国故事、传播好中国智慧、发出中国声音,对于构建新时期的中国国家形象意义重大。未来,我们应注重对外传播边界的延展,结合传播对象国的内容消费偏好,依托人工智能、大数据等技术,做好做实落地传播。在此形势下,国内国际的多方主体联动将是未来主流价值传播的重要特征。借助乡缘、商缘、政缘、学缘等优势,不断扩大我国在海外进行主流价值传播的朋友圈,同当地媒体开展合作,将为主流价值传播提供诸多资源支撑。通过联合国内国际各种传播力量,主流价值传播触角将伸向更广地域,进而为推动构建人类命运共同体提供有力舆论支撑。

总体而言,多方力量联动参与,进而推动实现价值共创,是未来主流价值传播的重要趋向。在此过程中,我们需要根据传播环境等方面的变化,有针对性地进行方案调整与优化,从而助推形成更大合力,实现主流价值传播的效益最大化。

三、推进混合智能:平衡好算法与人工

人工智能推动新闻传播业实现创新变革,有助于提升新闻传播效率,但基于算法的新闻传播业也暴露出一些问题,如信息茧房、数字鸿沟、观点极化分化等。未来,人工智能将逐渐实现由弱到强的转化。在此过程中,人的主导性仍然至关重要。推进混合智能发展,兼顾技术与人文,着力平衡算法与人工,是今后人工智能发展的基本逻辑。基于此,未来人工智能在新闻传播业中的应用亦将遵循这一逻辑,推动算法与人工有机结合,确保主流价值传播不偏离航向,从而不断提升主流价值的传播力、影响力和引领力。

一方面,未来人工智能的算法设计将更加优化。主流价值观将被更加明确地融入算法设计过程中。算法的终极目标不是无原则、无底线地对用户需求的满足,而是通过被设计遵守基本的原则和标准,从而确保算法的运行始终被置于主流价值的框架之内。在此过程中,算法将集聚人类与机器的综合优势,并将两种机制共同植入算法当中,实现在最基本层次上的协同共生。在这一层次上,偏见与歧视将被降到最低程度,

算法在特定范围内基本实现技术中立。随着算法的不断优化,它在支撑主流价值传播时将更为可靠。在未来传播环境下,主流价值驾驭的算法将确保主流价值传播的源头安全,以人工智能为驱动的主流价值传播的源头把关能力将显著提升,从根源上避免风险进入。例如,在基于算法进行新闻内容采集时,算法将在兼顾社会效益与经济效益的同时,增加社会效益所占比重,从而确保在议题选择、信息提取、数据挖掘等方面始终坚持主流价值导向,规避由技术或人单方面主导可能产生的价值偏向。在进行信息分发与推荐时,主流价值驾驭和引领的算法将在对用户需求和主流价值的双重参考下,实现信息的有效分发,从而避免出现对用户需求的过度迎合而导致的信息茧房、圈层化等现象。

另一方面,在未来传播格局中,算法与人工的主导权将得到进一步平衡与优化,从而避免由单方主导可能导致的价值偏向。从算法视角来看,未来它将在主流价值导向范围内,最大限度发挥其计算力,助力驱动新闻传播系统的高效智能运行。在此过程中,算法将在有限的可控的范围内突出主导性,致力于推动实现主流价值传播的效益最大化。从人的视角来看,未来人对新闻传播的主导性将得到增强,其中主要是指新闻工作者。围绕议题选择、新闻制作、新闻分发等环节,新闻工作者将有效把握主导权和主动权,针对算法可能出现的失误及时纠偏,确保算法运行在正确轨道。而对于用户而言,用户作为个体的主体性亦将得到有效强化。借助新技术新应用,用户仍握有对新闻内容消费的一定的主导权,结合技术助力,尤其在人际交互、人机交互不断增强的趋势下,用户对特定新闻议题的解读将具有更大决定权,由此将直接影响主流价值传播的具体成效。但同时,随着用户在新闻传播链条中的卷入程度逐渐加深,在算法与人工保持平衡的情境下,主流价值传播将对用户持续产生较大的影响力,能够穿透体现强烈个性化价值偏向的圈层屏障。

未来,随着能够平衡好算法与人工的混合智能的出现与应用,人机协同的优势将得到充分体现和发挥。当前主流价值传播所面临的技术、环境等障碍将得到有效清除。算法与人工有机协作,二者将共同致力于主流价值在更广范围、更深层次、更多维度的传播与引领。

第七章
全面提升主流价值引领力的观念与对策

基于对主流价值传播所处的历史方位与发展趋向的研究,有必要全面系统地论述并回答智媒时代全面提升主流价值引领力的基本原则,明确全面提升主流价值引领力的重要任务,并形成切实有效的方案来应对智媒时代的传播态势,为新闻媒体实现媒体深度融合以及智能媒体建设提供观念阐释和对策引领,推动构建新型立体化传播格局,为主流价值传播提供更好支撑,夯实党和人民共同奋斗的价值基础。在此过程中,本研究将致力于实现主流价值引领对策的灵活性和适应性,保障其在更大的时空跨度上发挥作用。

第一节 全面提升主流价值引领力的基本原则

主流价值引领是一项体现多维面向、涉及多重要素的系统工程。我国新闻媒体在多年的发展历程中,坚持以国家整体发展布局为参照和背景,不断在媒体发展模式、运营思路、传播模式等方面进行创新探索,助力主流价值传播不断取得新成效。因此,可以认为,我国主流价值传播持续向好,关键在于我国新闻媒体在发展过程中坚持与时俱进,实施差异化传播策略。随着智媒时代的到来,我国主流价值传播进入新的发展阶段,面临新的发展环境与格局,要继续做好主流价值传播,全面提升主流价值引领,应牢固坚持以下四个基本原则,推动主流价值传播守正创新,取得实效。

一、坚持正确方向,确保主流价值传播稳中求进

在我国,新闻媒体一直肩负着特殊的历史使命,除了要做好向民众传递最新的新

闻消息、帮助人们了解各区域、各领域的最新进展之外,还承担着开展舆论引导、培育主流意识形态以及对外传播等任务。新闻工作关系到我国舆论安全、意识形态安全以及国家形象,其重要性不言而喻,因此,新闻媒体的领导权始终掌握在党的手中,我国新闻媒体在进行主流价值传播的过程中,也始终坚持和服从党的领导。在不同的发展时期,围绕主流价值传播,我国新闻媒体基于媒介技术发展水平、社会舆论环境、国际环境,在党的领导下不断调整和创新传播模式、传播思路,在推动实现跨越式发展的同时,积极弘扬和传播好主流价值,确保主流价值传播始终坚持正确政治方向,为我国的舆论安全和意识形态安全提供坚持保障。

习近平总书记在党的新闻舆论工作座谈会上指出:"党和政府主办的媒体是党和政府的重要宣传阵地,必须姓党。"①这一重要论述进一步明确了我国新闻媒体的本质属性,为我国新闻媒体的创新发展以及开展主流价值传播提供了正确方向和基本遵循。只有坚持党的领导,坚持正确的政治方向,才能够有效确保新闻媒体自身发展及其开展的主流价值传播活动是与我国的具体发展形势相契合的,助力新闻媒体了解和把握不同时期的新闻传播规律。当前,我国媒体融合正在不断向纵深推进发展,坚持党的领导、坚持正确政治方向,将为新闻媒体的主流价值传播提供坚实的理论支撑与现实保障,确保主流价值传播沿着正确轨道向好向优发展,不断取得新突破。

受访者李女士表示:"结合中央网信办内容建设与管理这方面的规划文件,以及习近平总书记近年来对网络内容建设与管理提出的一系列要求,各类媒体平台在内容传播的过程中,都应深刻了解和重视高度站位的问题。必须坚持正确的政治方向,尤其是在着力推进主流价值传播、巩固壮大意识形态阵地方面,要把握好几个重点,即重要的转折点、重要时点与重要特点。"

智媒时代,要继续开展好主流价值传播,全面提升主流价值引领,应继续牢固坚持党对新闻媒体的领导,坚持正确政治方向。在人工智能驱动的新传播格局下,多元社会主体参与到新闻传播过程中,舆论场中思想观念呈现出多元交织的态势。多种社会思潮共存于舆论场中,舆论安全和意识形态安全风险增加,算法干预或主导新闻传播容易导致信息茧房、数字鸿沟、观点极化分化等问题。此外,一些商业内容平台为追求经济效益,以流量为终极目标,弱化甚至不惜损害社会效益,主流价值传播被边缘化的风险不断增加。在此形势下,新闻媒体要做好主流价值传播,提升主流价值影响力,就必须继续坚持和加强党的领导,坚定正确政治方向,立足国家整体发展布局和当前所

---

① 习近平在党的新闻舆论工作座谈会上强调:坚持正确方向创新方法手段 提高新闻舆论传播力引导力[N]. 人民日报,2016-02-20(1).

处发展阶段,把握并遵循符合当前时期发展特征的信息传播规律,突出新闻内容对社会的服务性、建设性功能,为新时代党和政府工作提供舆论支撑。①

二、坚持双重属性,促进主流价值传播良性循环

以改革开放为大背景,我国新闻媒体在不断发展的过程中,逐渐体现出事业和产业的双重属性。新闻媒体的事业属性是为了保障其始终能够坚持正确的政治方向,并有力地肩负起舆论引导、主流意识形态培育、构建良好国家形象等任务使命,从而保障舆论安全和意识形态领域安全。新闻媒体的产业属性是为了能够使其具备更强的发展活力,依托新闻媒体自身资源,通过开展各种符合政策规定的经济活动,实现一定程度的经济效益,为新闻媒体发展提供更有力的经济支撑。这两种属性之间相互配合、互为支撑,助力新闻媒体不断实现跨越式发展。一方面,事业属性的凸显确保新闻媒体在内容生产等核心竞争力不断提升,进而不断提升新闻媒体的传播力、影响力和号召力,从而能够为新闻媒体开展的相关经济活动提供内容支撑。另一方面,产业属性的凸显,使得新闻媒体取得更好的经济效益,这将有效反哺其在事业属性上的表现,为更好开展新闻传播提供经济支撑。与我国新闻媒体的双重属性相对应,智媒时代,在开展主流价值传播过程中,新闻媒体应继续坚持和凸显双重属性,确保经济效益和社会效益平衡发展,从而确保主流价值传播的健康可持续发展。

智媒时代,新闻媒体在开展主流价值传播过程中,应首先注重社会效益的实现和优化。作为社会瞭望塔,新闻媒体承担着对社会环境的监测、信息传递、舆论引导等多重功能。近年来,随着共建共治共享的社会治理格局的逐渐形成与完善,新闻媒体作为重要的社会主体,也越发深入地参与到社会治理过程中,国内对建设性新闻和新闻的建设性的探讨也日益增多,新闻媒体所承担的社会责任更加重大。新闻媒体的主流价值传播不仅关系到舆论发展走向,更关系到主流意识形态安全和国家发展稳定,其重要性不言而喻。因此,在新闻媒体发展升级过程中,社会效益应始终被置于首位,坚持以主流价值传播实现舆论引导和价值引领。在实现社会效益的同时,智媒时代的新闻媒体也应结合具体实际开展实现经济效益的探索,以社会效益打造新闻媒体的品牌影响力,为经济效益奠定品牌基础,继而以经济效益的实现为驱动,进一步提升新闻媒体自身的竞争力,更好助力社会效益的实现。近年来,在媒体融合过程中,一些媒体集团在做好新闻传播本职工作的同时,依托自身的资源优势,对外提供各种解决方案,实

---

① 李扬.5G时代分众化传播的形成及舆论引导[J].人民论坛,2020(22):118-119.

现了对社会效益和经济效益的有机平衡。

受访者吴先生提出:"提及新闻传播、舆论引导等议题,必须提到公有资本和非公有资本问题,智媒时代的主流价值传播与引领,新闻媒体仍是主力,其传播主流价值的行为本身就是一种示范。但在新闻舆论工作中,对于谁有资格参与新闻舆论工作必须划清界限,尤其是对非公有资本应列出禁入清单,将其造成舆论安全和意识形态安全的风险消除在源头。推动公有资本、非公有资本在主流价值传播过程中聚焦自身所擅长领域,做好主责主业,切实发挥优势特长,形成互补,才能创造更大社会效益和经济效益。"

我们要兼顾社会效益和经济效益,带动更多主体参与到主流价值传播过程中,调动多元主体参与的主动性、能动性,从而促进主流价值传播实现良性循环发展,主流价值引领力不断提升。

三、坚持以我为主,实现主流价值传播借力发展

主流价值传播是关系舆论安全、意识形态安全以及国家稳定发展的重要工程。我国新闻媒体的身份属性确保了其在主流价值传播过程中能够坚持正确发展方向。但要实现主流价值传播守正创新,不断取得新实效和强化引领力,则需要在以我为主的前提下,探索借力发展。智媒时代,主流价值传播所涉及的主体更加多元,提升主流价值引领力的重要手段之一就是将用户、商业内容平台等主体纳入主流价值传播过程中,与新闻媒体实现优势互补、互为支撑,进而共同推动主流价值传播与引领。

在技术支撑方面,目前我国多数新闻媒体的技术自主研发能力相对较弱。要实现新闻媒体的跨越式发展,进而推动主流价值传播,就必须同其他技术服务提供商进行合作。调查数据显示,在新闻媒体智能化升级过程中,有43.29%的受访者表示应对技术进行自主研发,30.97%的受访者认为应采取自主研发与外部合作相结合的方式,25.74%的受访者认为应采用技术外包的形式,具体数据如图7-1所示。在借力技术平台的过程中,新闻媒体要不断强化以我为主的观念意识,确保技术应用的主导权、控制权在新闻媒体手中,使技术可管可控,从而防范可能由技术把关不严而导致的传播风险。在内容支撑方面,智媒时代,人人都能成为自媒体,网络空间等场域中的内容越发纷繁复杂。新闻媒体在搭建内容集聚平台或引用用户等其他主体所生产的内容时,必须牢牢把握主导权,将内容的审核与把关权严格控制在自己手中,防止因把关不严对主流价值传播与引领造成风险。

另外,在我国新闻媒体不断升级发展过程中,以经济社会发展形势和相关政策规

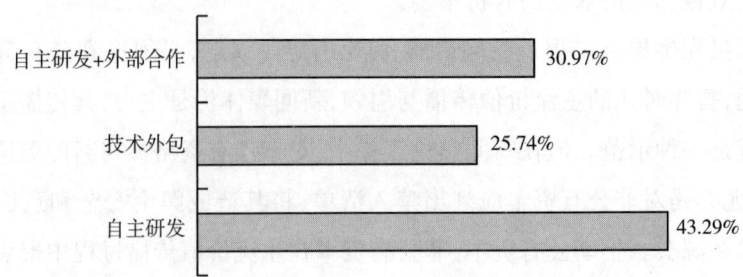

图7-1 新闻媒体智能化升级中的技术研发方式倾向调查

（数据来源：智媒时代新闻媒体主流价值传播调查问卷，N=1110）

定为遵循，新闻媒体在运营模式方面积极探索创新，旨在获得更为有力的资本支撑，从而更有力地推动新闻媒体的软硬件改造、人才队伍培养等。基于此，一些非公有资本开始进入新闻媒体领域，为新闻媒体的发展升级提供经济支撑。需要注意的是，非公有资本的进入虽然能为新闻媒体创新发展提供更好助力，减少其在资金方面的压力，但这类资本本身具有较强的逐利性，对经济利益的追求是其最终目标，因此，这类资本的进入也给新闻媒体带来了一定挑战。智媒时代，要进一步提升新闻媒体的发展动力和核心竞争力，助力主流价值传播，资本引入仍是一种重要方式。在此过程中，必须严格确保政府、新闻媒体对主流价值传播的绝对领导权和控制权，严防新闻媒体被非公有资本操控和影响，从而干预和阻碍主流价值传播。

四、坚持优化布局，形成主流价值传播良好格局

作为一项系统工程，主流价值传播涉及多种主体和要素。在全面提升主流价值引领力的探索实践中，应始终坚持和突出系统观念、全局观念，以新闻媒体为主导，推进统筹协调，优化主流价值传播布局，形成多方共建共治共享的主流价值传播新格局。围绕智媒时代的主流价值传播，新闻媒体应从系统论视角出发，用科学的方法和逻辑剖析当前主流价值传播存在的问题、面临的机遇和挑战，协调各方，促进资源整合与优势互补，形成聚焦主流价值传播的整体性、战略性、前瞻性布局。

在主体布局方面，要坚持推动新闻媒体、监管部门、政务服务部门、技术服务提供商、商业内容平台、行业协会、商业服务提供商、金融机构、用户等各类主体共构，形成联系紧密、有机交互的主流价值传播网络，使主流价值传播触角延伸至各个领域，增强主流价值传播的广泛性与深入性。在技术布局方面，要瞄准面向未来的前沿技术、关键核心技术，推动人工智能、大数据、虚拟现实等技术在新闻传播领域的产学研用的有

机互动,为主流价值传播力、引领力的提升提供坚实的技术支撑。在内容布局方面,要聚焦主流价值传播,围绕重大事件、重要时间节点等,以专栏专题等形式做好主流价值传播,并激发用户的广泛参与。在日常的新闻传播过程中,要坚持主流价值导向,广泛挖掘和传播体现正能量、主旋律的内容。

此外,智媒时代的主流价值传播也应充分结合所处发展环境,包括技术环境、舆论环境以及国际传播环境,适时在布局上进行调整优化,既注重开放共享,又坚持可管可控,推动形成与国家和社会发展格局相适应的主流价值传播格局。

第二节 全面提升主流价值引领力的重要任务

近年来,我国新闻媒体在主流价值传播与引领方面积极探索,取得诸多成效,为经济社会发展与稳定提供了良好的舆论环境。智媒时代,新闻传播格局重塑,生态调整,新闻媒体所承担的主流价值传播任务并未改变。当前,随着我国进入新的发展阶段,主流价值传播所面临的条件、环境等都发生深刻变革。在此形势下,主流价值传播与引领的使命更加重要。

一、维护意识形态安全

随着我国改革开放持续深入推进,新业态新模式层出不穷,传统的经济秩序被打破和重塑,人们的思想观念也发生巨大变化,意识形态安全更加受到关注和重视。我国新闻媒体是党和政府的宣传支撑,是主流价值传播、主流舆论引导、主流意识形态培育的主力军,始终站在最前沿、冲在最前线,为我国迈向全面建设社会主义现代化国家新征程提供重要话语基础。智媒时代,全面提升新闻媒体主流价值引领力的最核心任务就是要确保意识形态安全,确保新闻媒体能够积极传播和培育主流意识形态,更好凝聚社会共识。

在当前新的传播格局中,多元主体越发广泛而深刻地介入新闻传播链条,尤其是借助各种社交媒体等移动应用,人们能够便捷地接入互联网,并能够在互联网空间中实现自由交互。舆论场中的思想观念也变得更加多元复杂,其中不乏大量与主流价值不相符甚至是完全相背离的价值取向,我国的主流意识形态不断面临着被冲击和消解的风险。

因此,在智媒时代,要传播好主流价值,全面提升主流价值引领力,必须牢固坚守意识形态主阵地,将主流价值传播的主动权严格控制在政府和新闻媒体手中。同时,要严格把关非公有资本对媒体领域的介入和影响程度,要确保新闻媒体始终坚持党的领导,坚定正确的政治方向和价值取向,并有效运用人工智能、大数据、云计算、虚拟现实等各类新技术新应用,创新新闻生产与传播流程,创新运营模式,使主流价值传播在内容、渠道、思路等方面有更多可行性的方案选择。此外,要把握好媒体深度融合这一大的发展趋势,用好各种社交媒体平台、内容平台,传播好主流价值,弘扬好主旋律和正能量,对各种错误思想观念予以批驳纠正,坚决维护好主流意识形态安全。

作为媒体工作者的受访者王女士表示:"人工智能等技术带来了新的传播环境,要求我们必须始终保持清醒的政治头脑,对意识形态领域可能存在的问题时刻保持高度警惕、重点防范。在日常采编工作中,严格执行'三审三校'的编辑流程和重要新闻报道工作规范,做好重大稿件审核把关。对于社会中的相关主题的不实言论和负面言论,本报按照相关要求组织相关报道,澄清事实,回应关切,发挥了引导社会舆论的积极作用。"

在未来传播环境下,在各种新技术对新闻传播领域支撑更加有力的情境下,新闻传播网络将更加庞杂,各类主体在新闻传播链条中的嵌入程度加深。互联互通的信息网络中,不稳定因素将不断增加,主流意识形态面临来自多个层次、多重维度、多种因素的挑战,主流意识形态安全风险增大,主流价值传播与引领的任务将更加艰巨。

二、确保正确舆论导向

我国新闻媒体肩负着舆论引导、主流意识形态培育等重要职能,在党和政府的宣传工作中始终占据重要地位。无论是在传统媒体时代,还是在智媒时代,传播主流价值、引导舆论,都是新闻媒体必须坚定履行和完成的重要任务。能否做好舆论引导、确保正确舆论导向,关系到凝聚社会共识,关系到经济社会稳定,更关系到国家长治久安。在不同的发展时期,由于所处的传播环境不同,舆论场中的影响因素不同,民众的思想观念不同,新闻媒体在进行舆论引导时的实施方案、推进路径等也存在差异。在任何发展时期,新闻媒体都要确保正确舆论导向这一关键任务和目标并未改变。

在传统媒体时代,由于传播条件有限,人们进行新闻信息接收的主要渠道为报纸、广播、电视。由于没有其他大众传播渠道或手段,在党和政府领导下,这三类媒体在传播主流价值、确保正确政治方向与舆论导向方面发挥着决定性作用,且效果显著。随着媒介技术发展,各种新技术新应用进入新闻传播领域,推动新闻传播格局重塑,尤其当前人工智能、大数据、云计算等技术在新闻媒体中的嵌入和应用程度持续提升,新闻媒体在新闻传播过程中的主导性地位有所减弱,用户等其他主体对新闻传播流程的介入和影响程度逐渐增加,新闻媒体舆论引导功能的发挥受到越来越多的挑战。一方面,借助技术应用升级发展,用户等各类传播主体在新技术应用驱动下得以实现自我赋权,加上全球网络的互联互通,一些不良社会思潮趁机涌入国内舆论场中。另一方面,多元社会主体参与新闻传播流程,给新闻媒体的主流舆论引导、主流价值传播等带来挑战,经济效益凌驾于社会效益之上的新闻传播现象时有发生。基于此,新闻媒体在开展主流价值传播过程中,更应重视确保和引导正确舆论导向,坚持多措并举,不断巩固和拓展舆论引导与主流价值传播的主阵地和主战场。①

智媒时代,新闻媒体在开展主流价值传播过程中,应注重探索对舆论的多维度介入,全方位、立体化引导舆论,从而有效确保舆论导向的正确性。② 一方面,要在舆情监测分析上下功夫,围绕社会热点议题,对相关舆情进行监测研判,为制定主流价值传播的可行性方案提供参考。另一方面,要注重对议程设置的把控能力,借助人工智能、大数据等技术,对民众关注的热点议题进行筛选分析,从主流价值出发,及时回应社会关切,纾解社会负面情绪。与此同时,新闻媒体应在舆论引导上进行主动挖掘,探索主流价值传播新思路,依托各种技术手段和新闻工作者自身线索资源,贴近群众,讲好百姓身边的中国故事。③

三、激发媒体创造活力

智媒时代,要全面提升主流价值引领力,关键在于充分激发和释放新闻媒体的创新创造活力,继而推动形成以新闻媒体为引领的主流价值传播格局,探索新的传播思路与模式,有效扩大主流价值影响力版图。

我国新闻媒体在发展过程中,不断通过创新引领发展,在创新过程中激发自身发展活力。新闻媒体行业在具体的发展过程中,除了坚持做好舆论引导、主流价值传播等宣传工作,还在体制机制上不断探索创新,通过体制机制改革,积极开展合作,从而使得行业活力不断被释放,行业竞争力和综合实力日益提升,为主流价值传播与引领奠定了良好基础。就新闻媒体机构而言,对新模式新机制等的探索,能够推动新闻媒体机构不断提升新闻生产与传播效率,优化新闻传播效果,继而助力新闻传播生态不断调整。面对主流价值传播与引领的重要使命,新闻媒体不断拓展发展思路,加快推

---

① 顾理平. 可能与可为:人工智能时代主流媒体的舆论引导[J]. 传媒观察,2020(3):5-11.
② 苏宏元. 5G 时代舆论生态变化与舆论引导新范式[J]. 人民论坛,2020(27):112-115.
③ 王晓红,眭黎曦. 融媒体生产中的舆论引导创新[J]. 新闻战线,2017(1):45-47.

进媒体融合进程,同时主动融入智能媒体等更为庞大的传播网络中。

智媒时代,新闻媒体在主流意识形态培育、舆论引导等方面的主导权面临着被削弱的风险。要继续做好做强主流价值传播、全面提升主流价值引领力,必须在新闻媒体变革创新方面投入更多精力,充分激发新闻媒体在主流价值传播过程中的创新创造活力,推动围绕主流价值传播不断推出新形式、新形态、新业态。① 要用好人工智能等新技术,不断拓展主流价值传播的场景边界,为用户带来更具沉浸感、参与感的主流价值传播形式,从而有效增强用户黏性,使新闻媒体更有力占据主流价值传播与引领的制高点。② 与此同时,随着我国在国际社会中发挥越发重要的作用,不断提高对国际舆论场的参与度,做好对外传播显得更为重要。对此,新闻媒体在激发自身创新创造活力的过程中,也应将视野对准海外,积极探索实施"走出去"战略,结合国际国内舆论形势,探索切实可行的主流价值创新传播方案,助力提升主流价值引领力。

四、注重要素协同创新

智媒时代,要全面提升主流价值引领力,必须着力推动媒体融合转型发展,深入推进新闻媒体领域的改革创新,准确把握当前主流价值传播的重要性和新闻媒体创新发展的紧迫性,并科学统筹新闻媒体发展及主流价值传播的各项关键要素,实现有机协同,形成推动媒体升级和促进主流价值传播的重要合力,为新时期的主流价值传播提供充足的动力支撑。

要素协同创新既是我国新闻媒体创新发展的重要经验,又是更好助力主流价值传播创新的重要驱动力。我国新闻媒体发展一直紧密围绕国家整体发展布局与形势,在具体的发展过程中,结合所涉传播要素的变化,制定实施差异化、有针对性的要素整合与协同方案,并基于要素协同进行创新实践,发掘新闻媒体发展的新方向、新路径,继而更好促进主流价值传播与引领。

受访者徐先生表示:"新闻媒体的内容建设与管理,主流价值的传播,意识形态阵地的建设,都涉及多个部门、多种要素。其中包括内容建设、阵地建设、政治建设、机制建设以及技术平台建设,目前这些方面我们都在同时推进,但怎么做更具针对性、操作性,怎么做到提质增效,还需要进一步研究。"

智媒时代,新闻媒体转型发展及主流价值传播成为一项更加系统的工作,其中所

---

① 郭海威,王晓红. 论短视频与社会创新[J]. 现代视听,2020(7):36–40.
② 新华社"人工智能时代媒体变革与发展"课题组,毛伟. 人工智能时代新闻媒体创新发展的对策建议[J]. 中国记者,2020(2):16–18.

涉及的要素也发生了深刻变化。结合新时期的传播规律与发展特征,探索实施新的要素协同创新方案,显得极为迫切。智媒时代,新闻媒体要继续开展主流价值传播,并力图实现全面提升主流价值引领力、号召力。在要素协同创新方面,应由内而外,进行相关要素资源的整合、优化配置与相互协同,力求形成主流价值传播与引领的最大合力。从内部的要素协同创新来看,要在新闻媒体机构内部或新闻媒体之间实现要素协同,对媒体机构内各类要素进行统筹,结合新传播格局、新传播规律,调整优化机构运行的体制机制,排除新闻媒体升级发展的各种内部障碍,注重机构内各个部门、子机构之间的协同交互作用,以最优的要素配置探索新的发展思路与模式。从外部的要素协同创新来看,要注重新闻媒体同其他主体之间的要素协同作用,基于新传播生态,统筹新闻媒体、监管部门、政府服务部门、商业服务提供商和技术服务提供商、用户、行业协会等各类主体,挖掘厘清各类要素资源,继而探索制定最优的要素配置方案,瞄准新闻传播环境下的主流价值传播,开展创新探索,为主流价值传播提供有效助力,推动实现价值共创。

第三节 全面提升主流价值引领力的方法策略

我国新闻媒体在进行主流价值传播的探索实践中,借助技术创新、渠道创新、方法创新、模式创新等,推动主流价值传播取得有效进展,成效显著。随着智媒时代的全面到来,主流价值传播与引领所面临的社会环境、技术环境、制度环境等都发生深刻变化,机遇与挑战并存。在此背景下,要实现全面提升主流价值的传播力、影响力,推动形成更加健康良性的主流价值传播可持续发展格局,必须加快守正创新,积极开拓思维,创新思路方法,推动主流价值传播再上新台阶,实现更有力引领。

一、加快推进媒体的深度融合

强化主流价值传播,全面提升主流价值引领,离不开新闻媒体作为关键主体的基础支撑。随着人工智能、大数据等技术在新闻媒体领域应用逐渐成熟,媒体融合也将进一步向深层次拓展和延展。智媒时代,提升主流价值传播力与引领力的重要抓手之一就是推进媒体深度融合发展,加快实现智能化升级,基于新技术、新应用,不断创新新闻传播流程,实现媒体深度有机融合,助力主流价值传播与引领。[①]

---

① 李海军. 5G时代媒体融合发展对策研究[J]. 中国广播电视学刊,2019(5):49-52.

一是要不断强化技术对媒体深度融合的驱动力。在新传播格局下，人工智能等技术在发展应用过程中，推动新闻内容的采集、生产、分发、体验、反馈等各个环节产生变革，新闻传播效率效果得到有效提升。在未来的发展过程中，要继续强化技术对媒体深度融合与转型升级的驱动力，着力在新闻传播整个流程中实现技术驱动，最大限度放大技术对主流价值传播的驱动与促进作用，用主流价值驾驭好算法，借助虚拟现实、全息影像等开拓主流价值传播的新场景、新情境，使主流价值的传播边界得到进一步拓展。要以技术驱动为杠杆，着力在推动媒体深度融合过程中将主流价值传播所涉多元主体有机联系起来，形成紧密联系的交互网络，有效提升主流价值传播效果。与此同时，应对技术驱动过程中可能带来的不良效应保持关注和警惕，要平衡好技术和人文在推动媒体融合和主流价值传播中的角色作用，防止因过度依靠单方主导而导致的价值偏向，给主流价值传播带来安全风险。要注重产学研用的有机结合，加强新闻媒体与技术研发平台的联系互动，及时弥补技术漏洞，并将最新研发成果探索性地运用到新闻传播实践中，不断为主流价值传播提供新的技术支撑方案。

二是要不断强化资源整合。在新发展格局下，推动新闻传播所涉多元主体之间有效实现资源整合、优势互补，是当下推进媒体深度融合需要重点关注和完成的任务。其中，资源整合包括对数据库、技术应用、人才队伍等全方位的融合互通。从媒体内部资源整合来看，要适应新发展格局，就必须在新闻传播平台再造和流程重塑方面着手创新，通过整合媒体内部各部门、各子机构的资源，着力打造具有强大聚合功能的中央厨房，由此推动媒体资源的集约化利用，助力媒体深度融合。从媒体外部资源整合来看，基于新的传播网络，集纳网络中各类主体的优势资源，能够实现对媒体融合发展的强有力资源支撑，打造更加高效智能的新闻传播生态系统。基于此，通过资源整合与优化配置，媒体深度融合将取得更大实效。新闻传播向更加高效更加智能化的方向迈进，这给主流价值传播带来更多机遇与可能。

三是把握好新传播规律。智媒时代，媒体融合将向更深层次、更高维度进发。随着新闻传播格局与生态重构，新闻传播规律也不断创新调整，在媒体深度融合过程中，要充分理解和把握新传播规律，使主流价值传播更加高效。要基于新传播规律创新传播思路，在内容形态、传播渠道、接收方式等方面探索新模式，适应智媒时代的精准化、个性化传播，更好满足用户需求，提升新闻传播效果。与此同时，要围绕新传播规律，探索与之相适应的新经营模式，积极推进跨界合作，为媒体深度融合提供新的动力引擎。总体而言，要在推进媒体深度融合过程中，把握和遵循新传播规律，并以此为基础，探索制定符合新传播规律的主流价值传播与引领方案。

二、打造新时代传播话语体系

随着人工智能等新技术在新闻媒体中的应用逐渐深入，媒体融合逐渐深入，信息传播格局不断发生巨大变化，新技术、新理念不断涌现，新闻传播话语权被多元主体所享有，信息内容生态更加丰富多样。面对差异化个体、多类型群体的不同信息接收习惯，探索实践多样化的话语风格、打造多维面向的新闻传播话语体系，使之能够更好为传播对象所理解和接受，对于全面提升主流价值影响力、引领力，是一项紧迫且必要的课题。

一是要打造多维面向的话语体系。智媒时代，媒体生态格局将继续向更加开放、更加多样、更加立体的方向演进，探索多样化的话语风格，以满足多元主体的信息接收需求，显得更为必要。一方面，新闻媒体要基于传播矩阵进行差异化布局。基于对各主流价值传播阵地的用户特征的挖掘分析，综合人工智能与人的创新性、创造性，在不同平台运用差异化的话语风格，从而更好契合不同用户群体的接收习惯。在此过程中，要注重与时俱进，跟上时代发展步伐，让用户时刻感受到内容的亲和力和感染力，从而为主流价值传播创造更好的话语环境。另一方面，要基于不同的传播方位探索话语风格创新。在国内国际不同舆论场中，有效结合不同国家和地区的用户语言习惯、文化消费习惯等，在传播话语表达、概念创新等方面下功夫、花精力，使得面向海外的主流价值传播能够更好落地，获得传播对象国家或地区用户的理解与认可。对于国内舆论场而言，新闻媒体要紧密围绕党和国家最新政策理论，并结合我国经济社会整体发展态势，探索话语风格创新，用民众喜闻乐见的话语表达方式来阐释主流价值、传播主流价值，进一步增强民众对主流价值的认同感。总之，要瞄准用户话语表达习惯与接收习惯，构筑立体多样的传播话语体系，使主流价值传播更能深入人心，获得认可。

二是打造适应智能传播的话语体系。智媒时代，人工智能对新闻传播的介入程度逐渐深入，对新闻传播的影响也越发深刻。在探索内容形态、传播方式、传播体验等方面创新的同时，亦应关注人工智能新闻，在人机协同机制下，探索打造能够自动学习和进化的新闻传播话语体系。在未来传播环境下，智能传播将贯穿新闻传播的整个流程，其中，人工智能新闻将在未来新闻传播中占据越发重要的地位。探索智媒时代的主流价值引领，必须对这一现象保持关注。围绕人工智能生产新闻，要坚持在主流价值导向下进行算法设计和升级，赋予其对新传播环境中各种新型话语学习与模仿能力。此外，要将其融入新闻内容的生产机制中，促使算法能够生产出与传播环境、传播主体等相适应的新闻内容，符合用户的话语接受习惯，从而强化传播效果，助力主流价值传播与引领。在此过程中，人的要素依旧不能缺席，要注重人机协同。不仅要及时介入升级和优化算法，也应在人工智能生产新闻时做好人工校验、审核等把关工作，确保算法主导的新型话语符合主流价值导向，防止因过度依赖算法而导致传播失控风险。

通过打造具有鲜明时代特征、符合新传播格局和用户接收习惯的话语体系，能够将最能吸引用户关注和符合用户偏好的话语风格融入新闻内容生产与传播过程，有效提升新闻媒体在主流价值传播过程中的亲和力，助力提升主流价值引领力与号召力。

三、丰富价值引领的制度供给

我国新闻媒体主流价值引领始终处于新闻媒体改革发展的框架之中，发展思路与模式也是以媒体发展升级相关制度、政策等为遵循和参照。近年来，我国新闻媒体在主流价值传播过程中，在确保不突破底线的前提下，主要通过边缘式创新来探索提升主流价值传播效果。在这种创新路径和策略思路下，主流价值传播往往受到政策、制度等因素的限制，媒体难以充分发挥自身能力，对优势资源的利用度不够高。简而言之，制度供给难以有效跟上主流价值传播创新的需求。在智媒时代，信息传播格局与生态的变革不断提速，如果不能及时创新跟进，往往容易落后于新传播规律与模式，导致主流价值传播效果不佳。因此，面向智媒时代的主流价值传播，应注重在传播政策、制度等方面的更新上加快探索步伐，在保证新闻媒体、主流价值传播可管可控的基础上，适当放宽主流价值传播在机制、模式、思路创新方向的制度限制。可探索先行先试，对于能够有效提升传播效果的传播模式予以支持，并及时上升至制度层面，使智媒时代的主流价值传播创新有制度可依。

首先，在引导性制度方面，围绕媒体融合转型升级与主流价值传播，要探索制定具有较强前瞻性、引领性的政策制度，为智媒时代的主流价值传播提供方向指引。一方面，要统筹把握当前一段时期以及今后较长时期内新闻媒体的发展趋势、发展可能，有效集合高校、科研院所、智库、行业协会等主体，及时围绕传播格局的新变化新进展展开探讨。要基于对国内经验总结和国外先进经验借鉴，探索在宏观层面开展顶层设计，为新闻媒体的融合转型升级以及主流价值传播提供方向指引和制度背书。在此基础上，应鼓励新闻媒体基于自身资源优势及未来发展趋势，探索制定新时期的主流价值传播预案。另一方面，针对媒体智能化建设与主流价值传播的引导性制度设计，应着重做好短、中、长不同阶段的规划布局，使媒体能够基于特定发展阶段进行大胆探索主流价值传播，保证新理念新模式新思路能够及时应用于主流价值传播过程中。引导性制度设计旨在从宏观视角为主流价值传播提供方向指引,由于其更具前瞻性和宏观视野,因此更能激发主流价值传播的创新动力,进而有效提升价值的传播力、引领力。

其次,在鼓励性制度方面,要在主流价值传播效果测量与评估上进行探索创新,基于人工智能、大数据、云计算等技术创新和优化主流价值传播的评估机制,从更深层次挖掘分析主流价值的传播力、引领力、号召力。与此同时,探索与效果评估机制相符合和对应的激励措施,充分激发新闻媒体等各类主体在主流价值传播创新与效果优化方面的创造力,激起广泛的参与热情。主流价值传播涉及新闻媒体、政府监管部门、政务服务部门、商业服务部门、技术服务部门、行业协会、用户等主体,围绕不同主体、不同领域、不同功能,探索制定差异化的激励措施,能够使各类主体在参与主流价值传播过程中充分调动自身的主观能动性和创造性,激发创新创造活力,从而为主流价值传播提供充足动力。

最后,在规制性制度方面,应结合对智媒时代的主流价值传播趋势前瞻,针对未来传播过程中可能出现的各类负面问题提前制定相关应对预案和规制措施,为新时期的主流价值传播划定底线标准,严防出现突破底线的不良行为扰乱主流价值传播秩序,确保主流价值传播航向不偏,不断向上向优发展。需要注意的是,要注重规制性制度与激励性制度和引导性制度之间的平衡性,对于新技术新应用新形态的主流价值传播探索,可根据具体情况放宽对其实践探索的限制,防止出现因过度规制而导致新闻媒体在主流价值传播方面不敢创新的局面。

四、构建新型立体化传播格局

以人工智能为代表的新兴技术给新闻传播业带来重要变革,新闻传播格局与生态发生重大变化,也对我国新闻媒体主流价值引领提出了新的任务。今后,要推动主流价值传播,提升主流价值引领力,必须准确把握新传播格局,了解传播环境与舆论生态,对新时期的主流价值传播对象有准确理解,了解并能够熟练运用最新的媒介技术手段,明晰媒体未来发展与变革趋势,探索构建全媒体传播体系,形成新传播格局,推进主流价值全方位、立体化传播。[1]

一是要丰富媒体布局。在新的传播形势下,新闻传播格局不断被解构与重构,主流价值传播理念与方式也面临着持续更新的需求。在此形势下,应注重在主流价值传播的媒体布局上进行创新探索。第一,要统筹好媒体融合共生的新传播生态布局,以

---

[1] 段鹏. 智能化背景下全媒体传播体系建构现状研究[J]. 中国电视,2020(5):48–51.

人工智能、大数据等技术为支撑,打造主流价值的综合性传播网络,使主流价值传播能够有效覆盖各类新闻媒体、商业内容平台、社交媒体等渠道,进一步拓展主流价值传播的覆盖范围、参与范围和影响范围,助力扩大主流价值影响力版图。第二,要统筹好网上传播与网下传播。新闻媒体要在主流价值传播渠道、模式等方面加快创新步伐,将线上主流价值传播与线下各类服务有机结合,使主流价值传播更好地延伸至线下,从而同时做好两种舆论场中的主流价值传播与引领。第三,要统筹好主流价值传播的国内布局与国际布局。伴随我国国际影响力提升,对外传播中国故事、发出中国声音、贡献中国方案的任务使命也更加艰巨。对此,要兼顾和平衡好国内国外两种传播环境,将主流价值传播纳入对外传播议程,助力中国在国际舆论场中占据主导权、掌握话语权。

二是要立足全球视野,提升国际传播能力。智媒时代,我国新闻媒体应该把握好人工智能等技术带来的各种创新发展机遇,主动融入国际传播格局中,充分发挥主观能动性,将主流价值传播触角有效延伸至海外,积极发力,在国际传播领域中进行话语权争夺。一方面,要善于学习、借鉴和吸收国外传播领域的先进技术、理念,有效推动主流价值对外传播的落地实施,利用好当地资源,传播好中国声音。另一方面,要善于在国际舆论斗争中抢占优势,积极参与规则制定,突出强化主流价值的对外传播能力建设,构筑有利于中国的传播格局。

第八章

新闻媒体主流价值引领的当下与未来

面对人工智能技术的发展,习近平总书记强调,我们要增强紧迫感和使命感,推动关键核心技术自主创新不断实现突破,探索将人工智能运用在新闻采集、生产、分发、接收、反馈中,用主流价值导向驾驭"算法",全面提高舆论引导能力。[①] 本书正是紧紧围绕全面提高舆论引导力这一重要课题,通过对新闻媒体主流价值传播的理论基底、万物皆媒环境下的社会价值共创、智媒时代主流媒体价值引领的创新实践、智媒时代主流价值传播的历史方位与发展趋向等开展研究,力图探索智媒时代新闻媒体主流价值引领的现状、方向与路径。

第一节 主流价值传播探讨的逻辑理路

一是对主流价值传播与引领的基础理论进行研究分析。本书对价值、主流价值、新时代中国主流价值的概念进行解读和分析。本书认为,新时代中国主流价值体现出显著的时代特征、强大的引领特征和鲜明的前瞻性特征。本书提出,智媒时代的新闻媒体将在技术、用户、市场等多维驱动下演进升级,构筑媒体领域的新发展格局。其主要遵循三重发展逻辑:强化技术支撑,推动媒体融合性发展;坚持以人为本,推动媒体人性化发展;创新运营模式,推动媒体市场化发展。本书对智媒时代新闻媒体主流价值传播体系重塑进行研究。本书认为,主流价值传播体系重塑主要体现在三个方面,即主流价值融入新闻媒体内容生产,主流价值嵌入新闻媒体内容运营,主流价值介入新闻媒体内容消费。本书认为,智媒时代新闻媒体实现主流价值引领的关键在于:掘

---

① 习近平. 加快推动媒体融合发展 构建全媒体传播格局[J]. 求是,2019(6):4-8.

进技术应用深度,提升全程融合力;探索新型内容形态,激发全息创新力;调动多元主体参与,提升全员生产力;构建协调联动机制,提升全效传播力。

二是着重对智媒时代的新闻媒体价值共创进行研究。本书分析了价值共创的内涵与模型,结合智媒时代新闻传播新变化、新形势,提出了新闻媒体价值共创的基本模型,试图从更广阔的系统性视角看待新闻媒体的价值共创,为智媒时代我国新闻媒体实现主流价值传播与引领提供思路参考。人工智能、大数据、云计算等技术在使用过程中可能出现的侵犯用户隐私、导致歧视仇恨、带来新的社会不公等问题,都在无形之中对主流价值传播与引领造成冲击和威胁,导致主流价值根基可能被动摇。在此背景下,强化新闻媒体自身所肩负的使命任务,推动实现价值共创,传播好主流价值,显得尤为迫切。本书提出,新闻媒体价值共创的迫切性主要体现在:算法黑箱冲击主流价值底线,精准推荐阻碍主流价值传播,数据导向造成隐私泄露风险,技术人文并重导向亟待提升。本书提出了智媒时代新闻媒体价值共创的实现模式,主要包括:协同参与,多方共同介入价值共创共享;整合交互,依托比较优势形成共创合力;价值优化,密切联系配合获得最大效益;融合共生,开放合作构筑新型价值生态。

三是对智媒时代新闻媒体主流价值引领的创新实践进行研究分析。本书分析了人工智能技术对新闻媒体变革创新的推动作用,在对人工智能技术原理剖析的基础上,透视其背后的逻辑与具体应用程度,从而提升人工智能技术在新闻媒体中应用的透明度,助力实现对人工智能技术的可理解、可应用、可控。为进一步探究技术发展与新闻媒体之间的关系,本书从媒介环境学和结构功能主义范式视角进行挖掘剖析,力图能够更加深刻地认识技术发展与新闻媒体变革之间的作用机制,并为考察智媒时代新闻媒体主流价值引领提供理论基础与支撑。本书对人民日报社、新华社等新闻媒体开展主流价值引领的创新实践进行分析。本书认为,人民日报社探索主流价值引领的思维逻辑表现为:与时俱进,找寻新发展路径;变革机制,构建新发展生态;强化引导,形成新发展格局;注重人才支撑,培育新型传播队伍。新华社在探索主流价值引领时的策略与思路表现为:强化使命担当,弘扬主流价值;严格抓好主导权,确保主流价值传播可管可控;适应发展形势,推动接地气的传播。基于上述分析,本书旨在为智媒时代我国新闻媒体的主流价值传播与引领提供经验借鉴,为探索更加科学合理的主流价值引领的现实方案提供思路参考。

四是探讨分析智媒时代主流价值传播所处的历史方位,进而对其引领未来的图景展开探索与想象,为决策者预知及预判形势、优化治理提供参照。本书以人工智能技术发展与应用为切入点,剖析当前我国主流价值传播所面临的整体环境,主要包括以下几个方面:技术应用延展多样化传播场景,交互连接凸显个性化传播需求,用户导向注重沉浸化传播体验。本书认为,对于人工智能技术,如何做到既能够有效利用其优势,又能够规避其不足,防范可能的风险,做到趋利避害,推动智媒时代的主流价值传播向好向优,进一步扩大主流价值的影响力版图,提升主流价值的引领力,是智媒时代主流价值传播所面临的紧迫课题。具体而言,从机遇来看,人工智能助力拓展主流价值传播深度、提升主流价值传播精度、增加主流价值传播厚度、提升主流价值传播温度。从挑战来看,人工智能应用容易造成优质内容被稀释,导致新闻媒体主导权弱化,给凝聚社会共识带来阻碍。本书提出,伴随技术迭代升级,新闻媒体将迎来更多发展空间,为主流价值传播与引领提供更多可能。整体而言,未来主流价值传播的发展趋向主要体现在以下几个方面:第一,强化技术驱动,赋能主流价值传播;第二,主张多方联动,推动实现价值共创;第三,合理利用人工智能,平衡好算法与人工。

五是围绕全面提升主流价值引领力,提出具有一定参考性的观念与对策。本书提出,随着智媒时代到来,我国主流价值传播进入新的发展阶段,面临新的发展环境与格局要继续做好主流价值传播,全面提升主流价值引领力,应牢固坚持四个基本原则:坚持正确方向,确保主流价值传播稳中求进;坚持双重属性,促进主流价值传播良性发展;坚持以我为主,实现主流价值传播借力发展;坚持优化布局,形成主流价值传播良好格局。随着我国进入新的发展阶段,主流价值传播所面临的条件、环境等都发生深刻变革。在此形势下,主流价值传播与引领的使命更加重要,有效完成主流价值引领任务、实现目标,意义重大。智媒时代,全面提升主流价值引领力的重要任务包括维护意识形态安全、确保正确价值导向、激发媒体创造活力、注重要素协同创新。本书提出,要实现全面提升主流价值的传播力、影响力,推动形成更加健康良性的主流价值传播可持续发展格局,必须加快守正创新,积极开拓思维,创新思路方法,持续发力创新变革,推动主流价值传播再上新台阶,实现更有力引领。具体而言,可从四个方面着手:加快推进媒体的深度融合、打造新时代传播话语体系、丰富价值引领的制度供给、构建新型立体化传播格局。

第二节 主流价值传播的阶段性演进

在研究视角上,本书主要运用传播学、新闻学的研究框架,并结合伦理学、政治学、社会学等人文社科学科视角展开对主流价值引领的认知与理解,结合人工智能领域的相关学术成果和对未来趋势的判断认知,综合展开具有智媒时代针对性的主流价值传播与引领研究,并积极探索形成有效的工作方法、伦理共识、策略性建议。

在研究思路上，本书采用系统分析法，致力于剖析挖掘智媒时代的时代特点和未来趋势，探索在相应语境下主流价值传播的未来方案。一方面，本书深入挖掘现有理论成果、经验材料，挖掘技术变化对传播主流价值的影响。另一方面，大胆推测小心求证，积极展开实证研究，综合分析传播主流价值所面临的现状、态势、挑战，在此基础上形成智媒时代主流价值引领的系统的、全方位的研究成果。

基于具体研究，本书的研究发现主要有以下几点。

一、赋能：技术应用拓展主流价值传播的想象空间

在新闻生产制作过程中将主流价值融入其中，新闻内容对于主流价值的阐释将更加深刻，既能够提升主流价值阐释的理论高度，又能拓展主流价值传播的理论深度。与此同时，着重在话语体系方面进行创新，以用户喜闻乐见的方式传播新闻内容，使用户在进行新闻内容消费的过程中，提升对主流价值认识认可的深刻性，有效拓展主流价值传播深度。

以人工智能技术为驱动，新闻媒体能够基于特定偏好进行新闻内容的定制化生产制作与传播，新闻内容对主流价值的体现与诠释更能契合用户需求，提升用户对特定新闻内容的接受度。主流价值传播需要抓住这一机遇，在向舆论主战场进军的同时，注重穿透圈层和茧房，进而推动实现主流价值对更广范围舆论阵地的占领，扩大主流价值影响力版图。

在人工智能助力下，主流价值传播能够覆盖各种内容平台，传播形态丰富多样，使不同用户主体都能够基于使用偏好有效接收相关内容，主流价值传播厚度在传播网络的交织与叠加中不断增加。将用户的某些特征属性融入新闻内容的采集、生产与传播过程中，同时借助关联分析，辅以综合性的信息服务推荐，为用户带来人性化的信息接收体验，能够提升主流价值的传播温度。

二、表征：价值共创是主流价值引领重要实现模式

在人工智能、大数据、云计算等技术支撑下，价值的创造不仅取决于新闻媒体，更多取决于多主体之间的协同关系，不同参与者的相互配合程度对于所创造价值的大小、价值实现程度具有重要影响。

在对各参与主体的资源整合与优势互补过程中，相关主体在积极发挥主观能动性的基础上共同形成价值创造合力。通过实现各类资源的整合、交互，比较优势得以凸

显和利用,新闻媒体在价值共创方面不断探索新模式、提出新方案,推动价值创造走向效益最大化和最优化。价值共创的各类参与主体在相互密切联系与配合下,通过构建形成高效的信息和服务网络,能够有效推动实现价值优化,使价值创造和主体价值增值获得最大效益。

今后,随着技术发展演进,价值创造的人性化趋势将更加凸显。以人工智能等技术为支撑的新闻传播联系网络将在价值创造、价值增值等方面表现出更突出的便捷化、高效化、智能化特征。基于对新传播生态与传播规律的把握,主流价值渗透与传播范围更广,亦更能入脑入心。

智媒时代,新闻媒体置身于多主体共构形成的融合共生价值生态系统中,在协同互动和开放合作中,多类主体能够有效实现资源的整合交互,价值创造的基础更加牢固,价值创造的边界得到延展。由此,新闻媒体的价值共创也得以有效实现。

三、迷思:主流价值引领需明确人工智能介入程度

在新的传播格局下,算法在新闻传播生态中占据的地位和重要性越来越凸显,以往的媒体本位开始让位于算法本位,算法作用于新闻传播的全流程、全链条。在此过程中,标榜技术中立的算法很难完全做到价值平衡,从而导致不良信息进入新闻传播链条之中,给主流价值带来威胁。究其原因,一方面是算法在设计过程中,夹杂了设计者自身的价值观,由此导致算法在干预新闻生产与传播过程中,表现出一定的倾向性。但这种算法偏见与歧视又往往难以被外界所察觉,用户等内容消费者仍具有一定的被动性。另一方面,在算法运行过程中,算法通过不断进行学习来实现自主演化,然而,算法的学习资源来源于互联网这一庞大的数据库,其中掺杂的多元化的价值取向、社会思潮等,使得算法不自觉地将这些内容内化为计算规则,进而将其在具体的新闻操作实践中体现出来,对主流价值和意识形态造成干扰。

用主流价值驾驭算法,推动算法走向透明化和开放化,有利于挤压和消除算法主导下可能产生的不良信息衍生空间,确保主流价值的传播力、影响力、引领力与号召力得以发挥。掀开算法黑箱,将算法置于主流价值的标准框架之内,对于扩大主流价值影响力版图、强化主流价值引领、推动实现新闻媒体的价值共创和价值增值,具有重要现实意义。

四、异化：数据导向与算法依赖使人的主体性丧失

人工智能应用于新闻媒体领域最为突出的表现就是能够实现个性化、差异化的精准传播。人工智能基于对用户数据、消费场景等内容的深度学习分析，能够精准识别用户的消费偏好，从而在新闻内容数据库中找寻相关内容，向用户进行定向精准分发。简而言之，人工智能能够准确了解用户看过什么、喜欢什么、想看什么。过去由媒体机构或新闻工作者主导的拟态环境构建开始交由人工智能主导，为人们提供定制化、类型化的新闻内容，但当人们开始适应并沉浸于由人工智能所构建的拟态环境中，信息茧房效应也逐渐凸显，算法或用户既有的对于事物的认知印象及模式会在人工智能精准推荐的机制下越发得到强化。在此过程中，算法对用户需求的迎合与满足虽然在一定程度上提升了用户体验，但同时也将用户困在了自己的兴趣偏好圈子内，导致用户的固有认知不断强化，圈层化趋势开始凸显，社会思想观念出现极化和分化现象，严重者甚至导致激烈的舆论纷争和社会撕裂。

一方面，从用户视角来看，人工智能的智能化精准推荐，使得固有使用偏好和价值取向不断被强化，人工智能对其他类型内容或与其自身价值观有出入的内容往往持抵制态度。可以认为，人工智能构筑的拟态环境促进了用户的自我涵化，用户之间、群体之间的圈层化现象日益显著，由此形成自我防护屏障，主流价值内容难以进入用户视野，导致主流价值传播受限。另一方面，从算法视角来看，受到算法设计时的个体主观价值植入、自主学习机制，以及媒体或平台倾向性影响，算法不时会在一定程度上出现与主流价值相斥的取向。用户至上、流量至上的理念在算法中更多时候居于主导地位，导致主流价值对算法的驾驭度不高，虽然能够通过制约性措施强化算法对主流价值内容的推荐，但是在效果实现上往往会打折扣。

五、祛魅：主流价值传播应兼顾技术人文双重理性

未来，人工智能将逐渐实现由弱到强的转化。在此过程中，人的主导性仍然至关重要，推进混合智能发展，兼顾技术与人文，着力平衡算法与人工，是今后人工智能发展的基本逻辑。未来人工智能在新闻传播业中的应用亦将遵循这一逻辑，推动算法与人工有机结合，确保主流价值传播不偏离航向，从而不断提升主流价值的传播力、影响力和引领力。

未来人工智能的算法设计将更加优化，其在设计之初即被融入人类社会基本的价

值观。与此同时,主流价值观将被更加明确地融入算法设计过程中。算法将集聚人类与机器的综合优势,实现在最基本层次上的协同共生。在这一层次上,偏见与歧视将被降到最低程度,算法在特定范围内基本实现技术中立。随着算法的不断优化,算法在支撑主流价值传播时将更为可靠。在未来传播环境中,主流价值驾驭的算法确保了主流价值传播的源头安全,以人工智能为驱动的主流价值传播的源头把关能力将显著提升,从根源上避免了风险进入。

在未来传播格局中,算法与人工的主导权将得到进一步平衡与优化,从而避免由单方主导可能导致的价值偏向。从算法视角来看,最大限度发挥计算力,有助于驱动新闻传播系统的高效智能运行。在此过程中,算法将在有限的可控的范围内突出主导性,致力于推动实现主流价值传播的效益最大化。从人的视角来看,人对新闻传播的主导性较当下将得到增强,其中主要是指新闻工作者。围绕议题选择、新闻制作、新闻分发等环节,新闻工作者将有效掌握主导权和主动权,针对算法可能出现的失误及时纠偏,确保算法运行在正确轨道。对于用户而言,用户作为个体人的主体性亦将得到有效强化。

第三节 强化主流价值引领的未来展望

从人工智能技术发展与应用趋势来看,在未来发展过程中,人工智能仍将是新闻媒体实现跨越式创新发展的重要驱动力。以人工智能技术为代表,强化技术对新闻媒体的驱动作用,将在未来有力赋能主流价值传播,推动主流价值传播实现模式创新、效能提升,有效提升主流价值的引领力。随着人工智能、大数据、云计算、虚拟现实等技术进入新的发展阶段,智能媒体建设动力将更加充沛,为主流价值传播与引领提供更为坚实的基础保障。

未来,随着能够平衡好算法与人工的混合智能的出现与应用,人机协同的优势将得到充分体现和发挥,当前主流价值传播所面临的技术、环境等障碍将得到有效清除。算法与人工有机协作,将共同致力于主流价值在更广范围、更深层次、更多维度的传播与引领。

本书在综合分析的基础上,探索性提出了智媒时代全面提升主流价值引领的基本原则、重要目标与方法策略,以期为智媒时代的主流价值传播实践提供参考。对于本书中尚存在的一些不足,笔者将在后续研究过程中着力完善,从而使研究体现出更好的完整性,使研究结论与对策建议更具参考性。

附录一

智媒时代新闻媒体主流价值传播调查问卷

尊敬的女士/先生：

您好！

感谢您在百忙之中抽出时间帮助我们完成这份问卷。本问卷聚焦智媒时代新闻媒体的主流价值传播，希望了解您对此话题的观点和态度。本问卷是匿名填答，所填答结果不会对外公开，仅用于支撑本研究，请您放心填答。

非常感谢您的支持。

1. 您的性别？（单选）
- 男
- 女

2. 您的年龄(周岁)？（单选）
- 19 岁及以下
- 20—29 岁
- 30—39 岁
- 40—49 岁
- 50—59 岁
- 60 岁及以上

3. 您的学历？（单选）
- 初中及以下
- 高中/中专/技校
- 大专

- 大学本科
- 硕士及以上

4. 您的职业？（单选）
- 党政机关事业单位领导干部
- 党政机关事业单位一般人员
- 企业/公司高层管理人员
- 企业/公司中层管理人员
- 企业/公司一般职员
- 专业技术人员
- 商务服务业人员
- 制造生产型企业人员
- 个体户/自由职业者
- 农村外出务工人员
- 农林牧渔劳动者
- 退休人员
- 无业/下岗/失业人员
- 学生

5. 您的个人月收入？（单选）
- 2000 元及以下
- 2001—3000 元
- 3001—5000 元
- 5001—8000 元
- 8001 元以上

6. 您目前的居住地？（单选）
- 一线城市（上海、北京、深圳、广州）
- 新一线城市（成都、杭州、重庆、武汉、苏州、西安、天津、南京、郑州、长沙、沈阳、青岛、宁波、东莞、无锡）
- 二线城市（昆明、大连、厦门、合肥、佛山、福州、哈尔滨、济南、温州、长春、石家庄、常州、泉州、南宁、贵阳、南昌、南通、金华、徐州、太原、嘉兴、烟台、惠州、保定、台州、中山、绍兴、乌鲁木齐、潍坊、兰州）
- 三线及以下城市（上述地区以外的其他城市）
- 乡镇及农村

7. 在新闻传播领域,您对哪些机构的人工智能应用印象最为深刻?(多选)
- 主流媒体(人民日报社、新华社、央视等)
- 视频平台(抖音、快手等)
- 资讯类平台(今日头条等)
- 社交媒体(微信、微博等)
- 搜索平台(百度、谷歌、搜狗等)
- 知识问答平台(知乎等)
- 音频平台(喜马拉雅等)

8. 您对新闻传播中哪种人工智能应用印象最深刻?(多选)
- 挖掘热点议题
- 人工智能主播
- 智能文字创作
- 智能视频生产
- 信息审核校对

9. 您认为人工智能对新闻传播哪个环节的影响最大?(多选)
- 信息采集
- 内容生产
- 内容传播
- 用户体验
- 反馈/交互

10. 您认为新闻媒体的智能化升级过程中,技术研发应该?(单选)
- 自主研发
- 技术外包
- 自主研发+外部合作

11. 您对人工智能新闻的信任度?(单选)
- 非常信任
- 比较信任
- 一般
- 不太信任
- 不信任

12. 以下情形是否会影响您对人工智能新闻的信任度？

	非常影响	比较影响	一般	不太影响	不影响
人工智能新闻来源					
人工智能新闻发布平台					
人工智能新闻是否有日期等精确信息					

13. 当发现人工智能制作或传播假新闻/过期新闻时，您会？（多选）
- 通过评论反馈
- 通过私信反馈
- 在社交媒体展示
- 不作回应

14. 您对人工智能在新闻媒体中应用的认同度为？

	非常认同	比较认同	一般	不太认同	不认同
有效提升新闻生产效率					
有效促进新闻传播的个性化、精准化					
有效提升新闻内容的时效性					
有效降低新闻传播成本					
提供"新闻+"等各类关联服务					

15. 您认为人工智能对新闻媒体的促进作用在于？（多选）
- 新闻传播流程重塑
- 变革新闻传播理念
- 推动新闻媒体体制机制创新
- 提升新闻传播效率
- 优化新闻传播效果
- 不了解

16. 您认为人工智能在新闻媒体应用中最大的挑战在于？（多选）
- 用户隐私数据泄露
- 版权保护难度增加
- 信息治理难度增加
- 过度迎合用户需求
- 传播假新闻/过时新闻

- 人工智能新闻版权界定问题
- 人工智能新闻缺少人文关怀
- 不了解

17. 您认为智能媒体传播过程中,占据主导地位的是?(单选)
- 人工智能
- 人
- 人机协同
- 不了解

18. 您认为人工智能对主流价值传播的支撑作用在于?(多选)
- 丰富主流价值传播主题
- 拓展主流价值传播范围
- 延展主流价值传播场景
- 增加主流价值传播内容供给
- 差异化、个性化传播提升主流价值传播效果

问卷填答结束,再次对您表示感谢!

附录二

关于人工智能在新闻传播业应用的访谈提纲

1. 贵单位目前在人工智能用于新闻生产层面有哪些新的进展，推出了哪些产品，取得了哪些成效？（人工智能应用给新闻传播业务带来哪些变革？给经济社会发展带来哪些推动？）

2. 目前贵单位推出的人工智能产品或服务有哪些落地场景？

3. 目前贵单位新闻报道中应用到人工智能的内容比例有多少？人工智能主要应用在哪些环节？

4. 贵单位对人工智能的应用秉持什么样的理念？（您认为新闻传播中人工智能的应用秉持什么样的理念？）在人工智能技术落地到具体应用过程中，有哪些步骤和原则？

5. 目前贵单位人工智能技术应用是自主开发还是合作开发？如有，合作模式是什么？（您认为新闻传播中的人工智能技术应用应是自主开发还是合作开发？或者两者兼顾）

6. 就贵单位及所在行业的人工智能应用而言，目前从研发走向产业落地的实际困难有哪些？

7. 就贵单位及所在行业来说，当前人工智能应用面临哪些机遇？

8. 在人工智能赋能新闻业的过程之中，您认为贵单位会扮演一个怎样的角色？

9. 您如何看待人工智能在新闻业应用的前景，可否给出一些判断或趋势性预测？

10. 贵单位是否有围绕人工智能应用的短中长期规划，未来目标是什么？

11. 您如何看待机器（技术）与新闻从业者（人）之间的关系？

12. 您认为人工智能技术对推动媒体融合发展有何意义？

13. 贵单位对于人工智能应用相关人才的培育培养模式是什么？

参考文献

奥尼尔. 算法霸权：数学杀伤性武器的威胁与不公[M]. 汪婕舒，译. 北京：中信出版集团，2018.

波斯特洛姆. 超级智能：路线图、危险性与应对策略[M]. 张体伟，张玉青，译. 北京：中信出版社，2015.

福特. 机器人时代：技术、工作与经济的未来[M]. 王吉美，牛筱萌，译. 北京：中信出版社，2015.

赫拉利. 未来简史：从智人到智神[M]. 林俊宏，译. 北京：中信出版社，2017.

霍金斯，布拉克斯莉. 人工智能的未来[M]. 贺俊杰，李若子，杨倩，译. 西安：陕西科学技术出版社，2006.

卡普兰. 人工智能时代[M]. 李盼，译. 杭州：浙江人民出版社，2016.

凯利. 机器智能[M]. 马隽，译. 北京：中信出版社，2016.

库兹韦尔. 机器之心[M]. 胡晓姣，张温卓玛，吴纯洁，译. 北京：中信出版社，2016.

库兹韦尔. 奇点临近[M]. 董振华，李庆成，译. 北京：机械工业出版社，2011.

库兹韦尔. 如何创造思维[M]. 盛杨燕，译. 杭州：浙江人民出版社，2013.

李开复，王咏刚. 人工智能[M]. 北京：文化发展出版社，2017.

罗素，诺维格. 人工智能：一种现代的方法[M]. 殷建平，祝恩，刘越，等译. 北京：清华大学出版社，2011.

马库斯. 技术的潜能[M]. 李峰，张箫箫，胡晶晶，译. 北京：人民邮电出版社，2017.

明斯基. 心智社会[M]. 任楠，译. 北京：机械工业出版社，2016.

牟怡. 传播的进化：人工智能将如何重塑人类的交流[M]. 北京：清华大学出版社，2017.

尼克. 人工智能简史[M]. 北京：人民邮电出版社，2017.

斯加鲁菲. 智能的本质[M]. 任莉，张建宇，译. 北京：人民邮电出版社，2017.

松尾丰. 人工智能狂潮：机器人会超越人类吗？[M]. 赵函宏，高华彬，译. 北京：机械工业出版社，2016.

泰格马克. 生命3.0[M]. 汪婕舒，译. 杭州：浙江教育出版社，2018.

唐绪军．新媒体蓝皮书：中国新媒体发展报告 2019［M］．北京：社会科学文献出版社,2019．

吴军．智能时代［M］．北京：中信出版社,2016．

习近平．论党的宣传思想工作［M］．北京：中央文献出版社,2018．

谢诺夫斯基．深度学习：智能时代的核心驱动力量［M］．姜悦兵,译．北京：中信出版社,2019．

徐英瑾．心智、语言和机器：维特根斯坦哲学和人工智能科学的对话［M］．北京：人民出版社,2013．

喻国明．媒介革命：互联网逻辑下传媒业发展的关键与进路［M］．北京：人民日报出版社,2015．

中共中央宣传部干部局．新时代宣传思想工作［M］．北京：学习出版社,2020．

白小豆．生成式人工智能语境中的视听新闻创新：基于 ChatGPT 技术应用的思考与展望［J］．中国广播电视学刊,2023(10)．

包国强,黄诚,万震安．"网络失智"：智能传播时代网络舆论监督的"智效"反思［J］．湖北社会科学,2020(8)．

曹三省．面向全媒体格局的智能融媒体创新发展路径［J］．领导科学论坛,2019(16)．

陈昌凤,袁雨晴．智能新闻业：生成式人工智能成为基础设施［J］．内蒙古社会科学,2024(1)．

陈虹,杨启飞．无边界融合：可供性视角下的智能传播模式创新［J］．新闻界,2020(7)．

陈凯泉,沙俊宏,何瑶,王晓芳．人工智能 2.0 重塑学习的技术路径与实践探索：兼论智能教学系统的功能升级［J］．远程教育杂志,2017(5)．

陈力丹,夏琪．2018 年中国新闻传播学研究的十个新鲜话题［J］．当代传播,2019(1)．

陈璐．人工智能技术下新闻舆论传播的机遇与挑战［J］．传媒论坛,2019(16)．

陈毅华,张静．从概念到集成化、产品化、商业化实践：从媒体大脑看人工智能技术与媒体业态的融合［J］．中国记者,2019(2)．

陈长伟."人工智能 + 内容"开启广电智媒体时代［J］．有线电视技术,2017(11)．

程明,赵静宜．论智能传播时代的传播主体与主体认知［J］．新闻与传播评论,2020(1)．

程明,赵静宜．论智能传播时代的信息生产：流程再造与信息连通［J］．编辑之友,2020(9)．

崔士鑫．用主流价值导向驾驭"算法"全面提高舆论引导能力［J］．传媒,2019(18)．

崔燕．生成式人工智能介入新闻生产的价值挑战与优化策略［J］．当代电视,2024(2)．

董秀成．受众心理视域下的智能传播伦理研究［J］．浙江传媒学院学报,2018(6)．

段鹏．试论我国智能全媒体传播体系建设的实践路径：内容、框架与模式［J］．现代出版,2020(3)．

段鹏．智能传播环境下广电媒体业务与服务模式创新路径探析［J］．中国电视,2019(12)．

段鹏．智能化背景下全媒体传播体系建构现状研究［J］．中国电视,2020(5)．

樊传果,孙洁,刘峰．5G 时代县级融媒体中心建设与发展趋势探究［J］．传媒观察,2019(11)．

范玉刚．现实主义电影与社会主流价值传播［J］．中国文艺评论,2019(12)．

方师师,邓章瑜．对外传播的"ChatGPT 时刻"：以《中国日报》双重内嵌式人工智能新闻生产为例[J].对外传播,2023(5).

方兴东,谷潇,徐忠良."信疫"(Infodemic)的根源、规律及治理对策:新技术背景下国际信息传播秩序的失控与重建[J].新闻与写作,2020(6).

方兴东,严峰,钟祥铭.大众传播的终结与数字传播的崛起:从大教堂到大集市的传播范式转变历程考察[J].现代传播(中国传媒大学学报),2020(7).

方兴东,严峰."健康码"背后的数字社会治理挑战研究[J].人民论坛·学术前沿,2020(16).

方兴东,钟祥铭.中国媒体融合的本质、使命与道路选择:从数字传播理论看中国媒体融合的新思维[J].现代出版,2020(4).

甘险峰,郭洁.5G与人工智能技术赋能下媒体融合的新发展:2019年中国新闻业事件回顾[J].编辑之友,2020(2).

葛方度.智能新闻生产对媒体公信力的冲击与重塑[J].中国广播电视学刊,2019(1).

耿晓梦,喻国明.智能媒体伦理建构的基点与行动路线图:技术现实、伦理框架与价值调适[J].现代传播(中国传媒大学学报),2020(1).

宫承波,王玉凤.主体性异化与反异化视角的智能传播伦理困境及突围[J].当代传播,2020(6).

顾洁,梁春阳.短视频新闻的主流价值传播策略[J].青年记者,2019(6).

顾理平.可能与可为:智媒时代主流媒体的舆论引导[J].传媒观察,2020(3).

关萍萍.网络媒体的技术演进及对拉斯韦尔模式的反思[J].新闻与传播评论,2019(2).

郭海威,任晓刚,刘菲.科技创新赋能网络文化安全建设[J].新闻战线,2023(3).

郭瑾,佟安然,高伟.人工智能技术在基础教育中的应用:基于新媒体联盟《地平线报告(基础教育版)》[J].软件导刊,2019(11).

郭晶,崔家勇.专用人工智能在新闻业的应用领域、关键技术与研发模式[J].科技与出版,2019(8).

郭小平,秦艺轩.解构智能传播的数据神话:算法偏见的成因与风险治理路径[J].现代传播(中国传媒大学学报),2019(9).

郭小平.智能传播的算法风险及其治理路径[J].国家治理,2020(22).

韩文静.基于用户画像的数字广告智能传播[J].青年记者,2019(18).

郝雨,文希.AI嵌入新闻生产的强势与限度:人机关系视域下ChatGPT与记者的新闻职业主场争夺[J].编辑之友,2023(11).

何苑,张洪忠."内容+科技":智能传播时代媒体融合的路径选择[J].青年记者,2020(24).

胡宏超,谢新洲.人工智能背景下虚假新闻的发展趋势与治理问题[J].新闻爱好者,2023(10).

胡剑.智能传播时代主流意识形态风险防范制度构建研究[J].学术探索,2020(3).

胡艳红,李鑫垚.新闻价值链视角下人工智能在新闻生产中的问题及对策研究[J].三峡大学学报(人文社会科学版),2022(4).

胡正荣,王润珏. 智能传播时代国际传播认识与实践的再思考[J]. 对外传播,2019(6).

胡正荣,张英培. 5G 与人工智能时代县级融媒体中心建设的关键点:以江苏邳州为例[J]. 电视研究,2019(5).

胡正荣. 智能化:未来媒体的发展方向[J]. 现代传播(中国传媒大学学报),2017(6).

黄鸿业. "媒介即意识":人工智能+媒体的媒介环境学理论想象[J]. 编辑之友,2019(5).

黄鸣奋. 成为艺术家:基于新媒体艺术与科幻电影的人工智能想象[J]. 文艺争鸣,2020(7).

黄勇军,郭安然. "艺术和科学的结合":AIGC 技术下新闻编辑的机遇、困境与优化[J]. 新闻爱好者,2023(7).

蒋雪颖,许静. 人机交互中的生成式人工智能新闻:主体赋能、危机与应对[J]. 河南社会科学,2023(12).

解学芳,张佳琪. AI 赋能:人工智能与媒体产业链重构[J]. 出版广角,2020(11).

黎攀. 用"主流价值算法"驾驭"多维舆论场":当前媒体融合发展面临的矛盾及变革策略探析[J]. 中国记者,2019(8).

李海军. 5G 时代媒体融合发展对策研究[J]. 中国广播电视学刊,2019(5).

李明德,王含阳,张敏,杨琳. 智媒时代新闻传播人才能力培养的目标、困境与出路[J]. 西安交通大学学报(社会科学版),2020(2).

李亚铭,李阳. 智媒体时代人工智能在电视行业的应用研究[J]. 出版广角,2019(3).

李燕临,马宁宇. 人工智能浪潮下的传播变革与媒体转型研究[J]. 中国广播电视学刊,2019(1).

李扬,刘云丹. 类 ChatGPT 技术对新闻生产与传播的影响及伦理考量[J]. 传媒,2024(3).

李昭熠. 基于欧盟《通用数据保护条例》的智能传播研究[J]. 当代传播,2019(1).

李昭熠. 智能传播数据库偏见成因与规制路径[J]. 当代传播,2020(1).

李子甜. 工具性收益与系统性风险:新闻从业者的人工智能新闻技术认知[J]. 新闻大学,2022(11).

林凌,李昭熠. 智能传播时代,主流媒体如何提升舆论引导能力[J]. 新闻战线,2019(19).

林凌. 智能网络舆论传播机制及引导策略[J]. 当代传播,2019(6).

刘斌,杨志鹏. 算法新闻透明性的内涵拓展与行动路径[J]. 现代传播(中国传媒大学学报),2023(5).

刘海明,付莎莎. 技术的界碑:人工智能对新闻真实的伦理挑战[J]. 现代传播(中国传媒大学学报),2019(9).

刘兢,陈芷薇. 西方跨学科"人工智能—社会"讨论对新闻传播学的启示[J]. 未来传播,2023(3).

刘珊,黄升民. 人工智能:营销传播"数算力"时代的到来[J]. 现代传播(中国传媒大学学报),2019(1).

刘伟. 智能传播时代的人机融合思考[J]. 人民论坛,2018(24).

刘鑫,王超群. 大数据智能传播中的算法歧视及其治理路径[J]. 新闻世界,2019(12).

刘雪梅,杨晨熙.人工智能在新媒体传播中的应用趋势[J].当代传播,2017(5).

刘雁军,齐竞竹,闫征.以小见大,做好短视频时代的主流价值传播:以津云新媒体短视频新闻《臊子书记》为例[J].新闻与写作,2019(12).

龙耘,袁肖琨.智媒时代的主流价值引领:内涵、挑战及策略[J].新闻与写作,2020(12).

卢迪,邱子欣.5G新媒体三大应用场景的入口构建与特征[J].现代传播(中国传媒大学学报),2019(7).

卢维林,宫承波.间性论视野下智能传播的算法审视[J].当代传播,2019(5).

陆小华.ChatGPT等智能内容生成与新闻出版业面临的智能变革[J].中国出版,2023(5).

栾轶玫,何雅妍.融合技能 智能素养 价值坚守:多元时代的中国新闻教育变革[J].新闻与写作,2019(7).

吕尚彬,黄荣.智能时代的媒体泛化:概念、特点及态势[J].西安交通大学学报(社会科学版),2019(5).

孟达,周建新.社会参与视角下人工智能传播中华优秀传统文化的机遇与路径[J].福建论坛(人文社会科学版),2019(6).

孟威.2018年新媒体研究热点、新意与走向[J].当代传播,2019(1).

孟威.2019年新媒体研究热点、新意与趋势[J].当代传播,2020(1).

牟怡.智能传播场景中的"真实"再定义[J].人民论坛,2020(18).

聂智.智能传播场域舆论引导探析[J].思想教育研究,2020(10).

彭兰.变革与挑战:智能化技术对传媒业的影响[J].信息安全研究,2019,5(11).

彭兰.增强与克制:智媒时代的新生产力[J].湖南师范大学社会科学学报,2019(4).

彭兰.智媒趋势下内容生产中的人机关系[J].上海交通大学学报(哲学社会科学版),2020(1).

彭培成.基于人工智能技术的媒体深度融合发展路径[J].城市党报研究,2020(9).

齐伟,刘学华.新时代献礼片的审美探索和价值追求[J].中国文艺评论,2019(12).

沈浩,杨莹莹.人工智能为媒体赋能[J].新闻战线,2019(1).

沈浩,袁璐.智能媒体:智能技术助力媒体融合纵深发展[J].人工智能,2020(2).

沈卫星,刘宇轩.ChatGPT介入新闻出版:功能、伦理风险及编辑把关[J].中国编辑,2023(5).

师文,陈昌凤.信息个人化与作为传播者的智能实体:2020年智能传播研究综述[J].新闻记者,2021(1).

师文,陈昌凤.驯化、人机传播与算法善用:2019年智能媒体研究[J].新闻界,2020(1).

史安斌,王沛楠.2019全球新闻传播新趋势:基于五大热点话题的全球访谈[J].新闻记者,2019(2).

宋建武.全媒体传播格局中的主流价值引领[J].新闻与写作,2019(11).

苏涛,彭兰.反思与展望:赛博格时代的传播图景:2018年新媒体研究综述[J].国际新闻界,2019(1).

苏涛,彭兰.热点与趋势:技术逻辑导向下的媒介生态变革:2019年新媒体研究述评[J].国际新闻界,2020(1).

孙江,何静,张梦可.智能传播秩序建构:价值取向与伦理主体[J].湖南工业大学学报(社会科学版),2020(1).

谭青.央视新闻主流价值的传播创新分析:以"2019正能量天团"为例[J].传媒,2020(4).

唐铮,林子璐.生成式人工智能与新闻业:赋能、风险与前瞻[J].新闻与写作,2023(11).

田丽.我国媒体人工智能发展现状与问题:对比足球记者小明与新浪体育的俄罗斯世界杯报道[J].新闻战线,2019(23).

王鸣.大数据+人工智能+云服务:技术创新驱动县级融媒体中心建设[J].传媒,2019(2).

王威力.生成式人工智能时代新闻传播学研究与教育新问题及欧洲经验:对话欧洲传播研究与教育学会主席约翰·唐尼教授[J].国际新闻界,2023(12).

王晰巍,贾若男,王铎,等.图书情报领域人工智能的研究热点及发展趋势研究[J].图书情报工作,2019(1).

王艳云,范媛媛.以新主流电影为路径,开拓主流价值新影像[J].电影新作,2020(3).

王源,李芊芊.智能传播时代沉浸式媒介的审美体验转向[J].中国电视,2020(1).

王哲.人工智能时代媒体行业的新发展和新机遇[J].人工智能,2020(2).

文远竹,沈颖仪.人机共存的困惑:机器人新闻的著作权归属与侵权危机探析[J].现代传播(中国传媒大学学报),2023(9).

吴尚儒.数字媒体艺术创作中虚拟现实技术的人工智能应用[J].信息记录材料,2020(1).

吴炜华,王念,赵姝杰.智能新闻生产的技术逻辑、实务模态和研究进路[J].中国新闻传播研究,2023(1).

吴炜华,张守信.面向智能传播的数字出版人才培养定性比较研究[J].现代出版,2020(2).

习近平论融合发展"金句":建成新型主流媒体 扩大主流价值影响力版图[J].中国报业,2019(3).

夏梦颖.人工智能传播环境下隐私权的法律保护及完善[J].当代传播,2019(5).

新华社"人工智能时代媒体变革与发展"课题组,何慧媛.国内外媒体应用人工智能的现状及影响[J].中国记者,2020(2).

新华社"人工智能时代媒体变革与发展"课题组,毛伟.人工智能时代新闻媒体创新发展的对策建议[J].中国记者,2020(2).

新华社"人工智能时代媒体变革与发展"课题组.人工智能时代媒体变革与发展[J].大数据时代,2020(2).

徐琦,赵子忠.中国智能媒体生态结构、应用创新与关键趋势[J].新闻与写作,2020(8).

许根宏.人工智能传播规制基础:伦理依据与伦理主体的确立[J].学术界,2018(12).

许向东,王怡溪.智能传播中算法偏见的成因、影响与对策[J].国际新闻界,2020(10).

薛宝琴. 人是媒介的尺度:智能时代的新闻伦理主体性研究[J]. 现代传播(中国传媒大学学报),2020(3).

闫伟,李晶晶. 智媒体视域下新闻编辑的职业焦虑研究:以人工智能与虚拟现实为例[J]. 温州大学学报(社会科学版),2019(5).

严三九. 融合生态、价值共创与深度赋能:未来媒体发展的核心逻辑[J]. 新闻与传播研究,2019(6).

杨效宏,徐晓芳,陈婧. 智能传播推进动态新闻内容的多元化创新[J]. 新闻界,2017(6).

殷乐,高慧敏. 具身互动:智能传播时代人机关系的一种经验性诠释[J]. 新闻与写作,2020(11).

尤红. 媒体融合智能化演进中的算法权力与风险防范[J]. 南京社会科学,2019(7).

于全,张平. 5G时代的物联网变局、短视频红利与智能传播渗透[J]. 浙江传媒学院学报,2018(6).

余红升,罗彬. 智能传播中媒介伦理的困境及反思[J]. 齐齐哈尔大学学报(哲学社会科学版),2020(11).

喻国明,程思琪. 认知神经传播学视域下的人工智能研究:技术路径与关键议题[J]. 南京社会科学,2020(5).

喻国明,兰美娜,李玮. 智能化:未来传播模式创新的核心逻辑:兼论"人工智能+媒体"的基本运作范式[J]. 新闻与写作,2017(3).

喻国明,王文轩,冯菲. 智能传播时代合成语音传播的效应测试:以语速为变量的效果测定[J]. 当代传播,2020(1).

臧志彭,解学芳. 人工智能时代文化产业主流价值传播:重塑与建构[J]. 毛泽东邓小平理论研究,2019(4).

曾静平. 智能传播的实践发展与理论体系初构[J]. 人民论坛,2018(24).

曾丽洁. 欧盟《通用数据保护条例》框架下智能传播平台数据合规风险防控[J]. 武汉交通职业学院学报,2020(3).

张爱军,师琦. 人工智能与网络社会情绪的规制[J]. 理论与改革,2019(4).

张波. 生成式人工智能对新闻传播教育的影响及因应[J]. 中国广播电视学刊,2023(10).

张海生,吴朝平. 人工智能与出版融合发展:内在机理、现实问题与路径选择[J]. 中国科技期刊研究,2019(3).

张洪忠,兰朵,武沛颖. 2019年智能传播的八个研究领域分析[J]. 全球传媒学刊,2020(1).

张建中. 人工智能如何重塑新闻业:2018年新闻媒体技术发展趋势报告解读[J]. 新媒体与社会,2018(2).

张秀. 智能传播视阈下伤害最小化伦理原则探讨:以智能人脸识别技术为例[J]. 当代传播,2020(2).

张志祯,张玲玲,罗琼菱子,郑葳. 人工智能教育应用的实然分析:教学自动化的方法与限度

[J].中国远程教育,2019(3).

赵蓓,张洪忠.2019年人工智能技术在中国传媒业的应用与思考[J].新闻与写作,2019(12).

赵静宜,程明.确定性抑或不确定性:关于信息传播一个基本问题的审思:兼论智能传播的未来发展[J].湖北大学学报(哲学社会科学版),2021(1).

赵一玮.人工智能在新媒体中的应用及其发展特征[J].科技传播,2019(17).

赵瑜.人工智能时代的新闻伦理:行动与治理[J].人民论坛,2018(24).

赵瑜.人工智能时代新闻伦理研究重点及其趋向[J].浙江大学学报(人文社会科学版),2019(2).

郑满宁.人工智能技术下的新闻业:嬗变、转向与应对:基于ChatGPT带来的新思考[J].中国编辑,2023(4).

周慧玲.人工智能时代媒介素养教育的作用与使命[J].出版广角,2019(3).

周利敏,刘和健.人工智能时代的社交媒体与灾害治理:兼论国际案例[J].理论探讨,2019(6).

周敏.论短视频传播主流价值观的创新路径[J].新闻前哨,2019(2).

Antonopoulou P, Kyriazis A. Potential applications of algorithmic (robot) journalism for the greek sport media[J]. New Media and Mass Communication,2018(67).

Ausserhofer J,Gutounig R,Oppermann M,et al. The datafication of data journalism scholarship: focal points,methods,and research propositions for the investigation of data-intensive newswork[J]. Journalism,2020,21(7).

Broussard M. Big data in practice[J]. Digital Journalism,2016,4(2).

Bucher T. Machines don't have instincts: articulating the computational in journalism[J]. New Media & Society,2017,19(6).

Buhl F, Günther E, Quandt T. Bad news travels fastest: a computational approach to predictors of immediacy in digital journalism ecosystems[J]. Digital Journalism,2019,7(7).

Caswell D,Dörr K. Automating complex news stories by capturing news events as data[J]. Journalism Practice,2019,13(8).

Caswell D,Dörr. K. Automated journalism 2.0: event-driven narratives[J]. Journalism Practice,2018,12(4).

Caswell D. Structured journalism and the semantic units of news[J]. Digital Journalism,2019,7(8).

Choi S. An exploratory approach to the computational quantification of journalistic values[J]. Online Information Review,2019,43(1).

Diakopoulos N,Koliska M. Algorithmic transparency in the news media[J]. Digital Journalism,2017,5(7).

Diakopoulos N. Accountability in algorithmic decision making[J]. Communications of the ACM,

2016,59(2).

Diakopoulos N. Computational news discovery: towards design considerations for editorial orientation algorithms in journalism[J]. Digital Journalism,2020,8(7).

Diakopoulos N. Towards a design orientation on algorithms and automation in news production[J]. Digital Journalism,2019,7(8).

Dörr K N, Hollnbuchner K. Ethical challenges of algorithmic journalism[J]. Digital Journalism, 2017,5(4).

Dörr K N. Mapping the field of algorithmic journalism[J]. Digital Journalism,2016,4(6).

Fletcher R, Schifferes S, Thurman N. Building the "Truth meter": Training algorithms to help journalists assess the credibility of social media sources[J]. Convergence: The International Journal of Research into New Media Technologies,2020,26(1).

Graefe A, Haim M, Haarmann B, et al. Readers'perception of computer-generated news: credibility, expertise, and readability[J]. Journalism,2018,19(5).

Haim M, Graefe A. Automated news[J]. Digital Journalism,2017,5(8).

Haim M. Agent-based testing: an automated approach toward artificial reactions to human behavior [J]. Journalism Studies,2020,21(7).

Häring M, Loosen W, Maalej W. Who is addressed in this comment? [J]. Proceedings of the ACM on Human-Computer Interaction,2018(2).

Heravi B R. 3Ws of data journalism education: what, where and who? [J]. Journalism Practice, 2019,13(3).

Hermida A, Young M L. Finding the data unicorn: a hierarchy of hybridity in data and computational journalism[J]. Digital Journalism,2017,5(2).

Jones B, Jones R. Public service chatbots: automating conversation with BBC news[J]. Digital Journalism,2019,7(8).

Jones R, Jones B. Atomising the news: the (in)flexibility of structured journalism[J]. Digital Journalism,2019,7(8).

Jung J, Song H, Kim Y, et al. Intrusion of software robots into journalism: the public's and journalists' perceptions of news written by algorithms and human journalists[J]. Computers in Human Behavior,2017,71.

Kasica S, Berret C, Munzner T. Table scraps: an actionable framework for multi-table data wrangling from an artifact study of computational journalism[J]. IEEE,2021(2).

Kim D, Kim S. A model for user acceptance of robot journalism: influence of positive disconfirmation and uncertainty avoidance[J]. Technological Forecasting and Social Change,2020.

Kim D, Kim S. Newspaper companies'determinants in adopting robot journalism[J]. Technological Forecasting & Social Change,2017,117(3).

Kim D, Kim S. Newspaper journalists'attitudes towards robot journalism[J]. Telematics and Informatics,2018,35(2).

Kunert J, Thurman N. The form of content personalisation at mainstream, transatlantic news outlets: 2010 – 2016[J]. Journalism Practice,2019,13(7).

Lamot K, Paulussen S. Six uses of analytics: digital editors'perceptions of audience analytics in the newsroom[J]. Journalism Practice,2020,14(3).

Lewis N P, McAdams M, Stalph F. Data journalism[J]. Journalism & Mass Communication Educator,2020,75(1).

Linden Carl – Gustav. Decades of automation in the newsroom: why are there still so many jobs in journalism? [J]. Digital Journalism,2017,5(2).

Lokot T, Diakopoulos N. News bots[J]. Digital Journalism,2016,4(6).

Lowrey W, Sherrill L, Broussard R. Field and ecology approaches to journalism innovation: the role of ancillary organizations[J]. Journalism Studies,2019,20(15).

Montal T, Reich Z. I, robot. you, journalist. who is the author? [J]. Digital Journalism,2017,5(7).

Orellana – Rodriguez C, Keane M T. Attention to news and its dissemination on Twitter: a survey[J]. Computer Science Review,2018(29).

Stalph F. Classifying data journalism[J]. Journalism Practice,2018,12(10).

Stray J. Making artificial intelligence work for investigative journalism[J]. Digital Journalism,2019,7(8).

Tabary C, Provost Anne – Marie, Trottier A. Data journalism's actors, practices and skills: a case study from Quebec[J]. Journalism,2016,17(1).

Thurman N, Dörr K, Kunert J. When reporters get hands – on with robo – writing[J]. Digital Journalism,2017,5(10).

Thurman N, Lewis S C, Kunert J. Algorithms, automation, and news[J]. Digital Journalism,2019,7(8).

Thurman N. Social media, surveillance, and news work[J]. Digital Journalism,2018,6(1).

Waddell T F. Can an algorithm reduce the perceived bias of news? testing the effect of machine attribution on news readers'evaluations of bias, anthropomorphism, and credibility[J]. Journalism & Mass Communication Quarterly,2019,96(1).

Weber M S., Kosterich A. Coding the news[J]. Digital Journalism,2018,6(3).

Wu Y, Agarwal P K, Li C, et al. Computational fact checking through query perturbations[J]. ACM Transactions on Database Systems,2017,42(1).

Young M L, Hermida A, Fulda J. What makes for great data journalism? [J]. Journalism Practice,2018,12(1).

Zheng Y, Zhong B, Yang F. When algorithms meet journalism: the user perception to automated news in a cross-cultural context[J]. Computers in Human Behavior, 2018(86).

Zubiaga A. Mining social media for newsgathering: a review[J]. Online Social Networks and Media, 2019, 13(10).

后　　记

　　人工智能环境下新闻媒体的融合发展，以及新闻媒体如何提升舆论引导力、主流价值传播力，是一项综合性跨学科的研究课题，需要从技术创新发展、技术行业应用和技术服务社会等维度构建研究路径。关注探讨新闻媒体主流价值引领这一议题，不仅需要了解人工智能环境下新闻传播业发生了什么，更要了解相关新现象、新问题是如何发生的，进而才能获取更广阔的视野。

　　本书以推动提高新闻媒体主流价值传播力与引领力为方向和统领，基于对新闻媒体主流价值传播的发展历程、表现特征与核心问题进行阐释，旨在厘清人工智能技术对新闻媒体主流价值传播的赋能与影响机制，并结合多层次多要素分析，探索如何用主流价值驾驭算法，为智媒时代提升新闻媒体主流价值传播力与引领力提出学术思考与对策建议。

　　围绕研究主题，本书着重从三个层次进行研究推进。

　　一是在理论研究层面，聚焦探讨技术与人的关系。研究以辩证统一的思路来看待人工智能技术对新闻传播业中人工生产与传播、人才培养与转型的赋能、挑战与冲击，将人工智能技术与新型人工生产并行研究，尝试建构一种新的技术赋能行业的研究框架。

　　二是在实践应用层面，紧密结合行业实践与发展需求。研究结合智能媒体发展的典型案例及深度访谈、问卷调查，对新闻媒体主流价值传播实践进行系统性研究，旨在发现行业发展瓶颈与现实需求，提出可行性解决方案。

　　三是在社会服务层面，回应国家治理需求。研究尝试从技术视角考察智媒时代新闻媒体的主流价值传播与引领问题，并以系统性视角审视我国新闻传播业所面临的挑战，力图为提高主流价值声量提出可操作的对策建议。

　　人工智能技术贯穿于全书始终，研究不仅关注人工智能环境下新闻传播业高质量发展的动力机制与运转逻辑，更关注技术可能带来的负面效应，力求从全局视角深刻把握技术应用带来的机遇与挑战,从而聚焦新闻媒体主流价值引领,探索更多可能性与更强可控性。本书提出,在人工智能环境下,新闻媒体的主流价值传播与引领过程可以用赋能、表征、迷思、异化、祛魅五个关键词概括,其不仅代表着新闻媒体主流价值传播的发展演进历程,也是对当下舆论生态的临摹呈现。

诚然,人工智能环境下新闻媒体主流价值的传播与引领,以及深度融合视野下的新闻媒体高质量发展,不仅牵涉技术创新,更涉及内容生产、用户接受、人才转型、社会治理等多重要素,本书虽对相关要素均有适度剖析并发掘关联性,但在研究深度及前瞻性方面仍有待进一步拓展。作为笔者在智能传播领域的阶段性研究总结,本书包含了笔者对新闻媒体主流价值传播与引领议题的理解与思考,限于自身理论基础不够扎实、研究视野不够宽阔,书中或难免存在观点偏颇、解析不全面等问题,亦诚请各位前辈、同仁不吝批评指教。

本书在研究实施、内容撰写及书稿完善过程中,获得来自王晓红老师、胡正荣老师、黄楚新老师、任晓刚老师、付宏老师的悉心指导与帮助,他们对研究框架、实施流程、研究结论等给予宝贵建议,在此一并感谢。本书在成文及出版过程中,获得来自中国社会科学院新闻与传播研究所、中国传媒大学电视学院、媒体融合与传播国家重点实验室(中国传媒大学)、北京市科学技术研究院、北京奥博众智咨询有限公司的大力支持,特此致谢。

郭海威

2024 年 6 月 5 日

于国家方志馆